孤高求败

王祥云 著

书海出版社

序 ○聂卫平

历时两年的人机大战,在社会各界引起了巨大的反响。很多人从对围棋毫不知晓,到频频讨论人机大战,这是多少围棋推广工作期望达到的效果。人机大战,是对围棋的挑战,更是棋界难得的历史机遇。

从围棋技术上来讲,现在我们不能停留在与人工智能争胜负的阶段,哪怕我们偶尔赢了人工智能也不能说明什么,因为最终机器会在围棋技术上取得压倒性的优势。最和谐的状态,应该是将人工智能为我们所用,最直接的是运用人工智能来学习,实现人类围棋技术的大突破。

我们绝不能因为人工智能压倒性的优势而悲观甚至否定围棋。围棋的魅力已历经千古,而今又焕发出新的生机与活力。艺无国界,围棋是我们与世界各国人民甚至机器沟通的桥梁,能有这座桥梁,我们何其有幸。

祥云是一个非常有心的女棋手,不仅比赛成绩不俗,讲棋的水平也在不断提高。面对 AlphaGo,每个职业棋手都很震惊,都有很多感触,而祥云可以将她的理解与感受写就成书,在年轻一代里实属难得。

"世界是你们的,也是我们的,但是归根结底是你们的。"年轻人,能立身,更能立言;有担当,更敢于担当,为她高兴!

目 录

第 1 局　高效率的碰
　　　　　● 满汉（潘亭宇）　○ Master　　　／001

第 2 局　掉转枪头
　　　　　● 燕归来（张紫良）　○ Master　　　／006

第 3 局　坚决不交换
　　　　　● Master　○ 圣人（丁世雄）　　　／011

第 4 局　强　硬
　　　　　● 卧虎（谢尔豪）　○ Master　　　／014

第 5 局　俗手的反击
　　　　　● Master　○无痕（於之莹）　　　／020

第 6 局　实用的愚形
　　　　　● Master　○ 翱翔（李翔宇）　　　／025

第 7 局　大道至简
　　　　　● Master　○ 重逢时（乔智健）　　　／028

第 8 局　急先手
　　　　　● 三齐王（韩一洲）　○ Master　　　／034

第 9 局　低级错误
　　　　　● Master　○ 愿我能（孟泰龄）　　　／038

第 10 局　后中先
　　　　　　● 愿我能（孟泰龄）　○ Master　　　／040

第 11 局　令人折服的大局观
　　　　　　● 风雨(陈浩)　○ Master　　　／045

第 12 局　投入与回报
　　　　　　● atomy（柳秀沆）　○ Master　　　／050

第 13 局　突　　破
　　　　　　● 远山君（王昊洋）　○ Master　　　／054

第 14 局　小不忍则乱大谋
　　　　　　● Master　○ 斩立决（严在明）　／056

第 15 局　飞仙天外
　　　　　　● XIUZHI（朴廷桓）　○ Master　　　／061

第 16 局　再次创新
　　　　　　● 剑术（连笑）　○ Master　　　／067

第 17 局　游刃有余
　　　　　　● 剑术(连笑)　○ Master　　　／074

第 18 局　空间感
　　　　　　● Master　○ 吻别（柯洁）　／079

第 19 局　弃子获利
　　　　　　● 吻别(柯洁)　○ Master　　　／085

第 20 局　愚形的秒杀
　　　　　　● Master　○ XIUZHI（朴廷桓）　／091

目 录

第 21 局　流畅的组合拳
　　　　　　● 龙胆（陈耀烨）　○ Master　　／ 100

第 22 局　大师的逻辑
　　　　　　● 龙胆（陈耀烨）　○ Master　　／ 106

第 23 局　难以想象
　　　　　　● Master　○ abc2080（金庭贤）　／ 111

第 24 局　不宜模仿
　　　　　　● Master　○ XIUZHI（朴廷桓）　／ 116

第 25 局　半目落败
　　　　　　● XIUZHI（朴廷桓）　○ Master　／ 120

第 26 局　运转得当
　　　　　　● Master　○ dauning（尹灿熙）　／ 127

第 27 局　两个劫争
　　　　　　● Master　○ ddcg（范廷钰）　／ 132

第 28 局　紧凑的治孤
　　　　　　● Master　○ 愿我能（孟泰龄）　／ 142

第 29 局　大雪崩定式
　　　　　　● 拼搏（芈昱廷）　○ Master　　／ 146

第 30 局　亮眼的一招
　　　　　　● 930115（唐韦星）　○ Master　／ 151

第 31 局　新　颖
　　　　　　● Master　○ blak201（李钦诚）　／ 157

第 32 局　大局意识
　　　　　● 星宿老仙（古力）　○ Master　　／164

第 33 局　新风吹来
　　　　　● Master　○ 星宿老仙（古力）　／168

第 34 局　围棋之美
　　　　　● Master　○ 我想静静了（党毅飞）　／171

第 35 局　下不好就不下
　　　　　● 若水云寒（江维杰）　○ Master　　／178

第 36 局　不同物种的较量
　　　　　● Master　○ 印城之霸（辜梓豪）　／183

第 37 局　被小利蒙蔽
　　　　　● Master　○ pyh（朴永训）　／187

第 38 局　追求子效
　　　　　● Master　○ 天选（柁嘉熹）　／192

第 39 局　超级乌龙
　　　　　● Master　○ jpgo01（井山裕太）　／198

第 40 局　脑洞大开
　　　　　● 愿我能（孟泰龄）　○ Master　／205

第 41 局　空中飞舞
　　　　　● airforce（金志锡）　○ Master　／210

第 42 局　完美弃子
　　　　　● Master　○ 时间之虫（杨鼎新）　／214

目 录

第 43 局　拿捏棋形
　　　　　● Master　　○ piaojie（姜东润）　　／220

第 44 局　朴实无华
　　　　　● spinmore（安成浚）　　○ Master　　／225

第 45 局　有趣的二路漏
　　　　　● Master　　○ 炼心（时越）　　／230

第 46 局　釜底抽薪
　　　　　● 剑过无声（连笑）　　○ Master　　／235

第 47 局　一厢情愿的悲剧
　　　　　● Master　　○ 段誉（檀啸）　　／244

第 48 局　多一种尝试
　　　　　● maker（朴廷桓）　　○ Master　　／253

第 49 局　留下伏笔
　　　　　● wonfun（元晟溱）　　○ Master　　／260

第 50 局　智　斗
　　　　　● 潜伏（柯洁）　　○ Master　　／268

第 51 局　模仿棋
　　　　　● 周俊勋　　○ Master　　／276

第 52 局　温和的退
　　　　　● ykpcx（范廷钰）　　○ Master　　／281

第 53 局　欲速则不达
　　　　　● Master　　○ 孔明（黄云嵩）　　／284

第 54 局　　推陈出新
　　　　　　● Master　○ 聂卫平　　　　　／291

第 55 局　　千变改一招
　　　　　　● 谜团（陈耀烨）　○ Master　／295

第 56 局　　一路之别
　　　　　　● Master　○ shadowpow（赵汉乘）／300

第 57 局　　坍塌理论
　　　　　　● Master　○ nparadigm（申真谞）／303

第 58 局　　漂亮定型
　　　　　　● 小香馋猫（常昊）　○ Master　／305

第 59 局　　抢占先机
　　　　　　● Master　○ Eason（周睿羊）／310

第 60 局　　捕捉棋形的缺陷
　　　　　　● 星宿老仙（古力）　○ Master　／315

第1局　高效率的碰

● 满汉（潘亭宇）　○ Master

实战图 1　白18是Master在此局面中下出的紧凑的一手。过去通常白棋都是在A位补一手，瞄着接下来的打入手段。或者在B位挂角，虽然和白18只有一路之隔，但这的确引起了职业棋手们的深思。白18这手棋确实存在，只不过之前我们没有重视，现在Master下出来了，仔细去品读，发现这确实是高效率压迫黑棋阵势的好棋。Master出现的第一盘棋就给我们留下了强调子效，能一手棋解决的问题绝不拖泥带水用两手棋的高效率的印象。

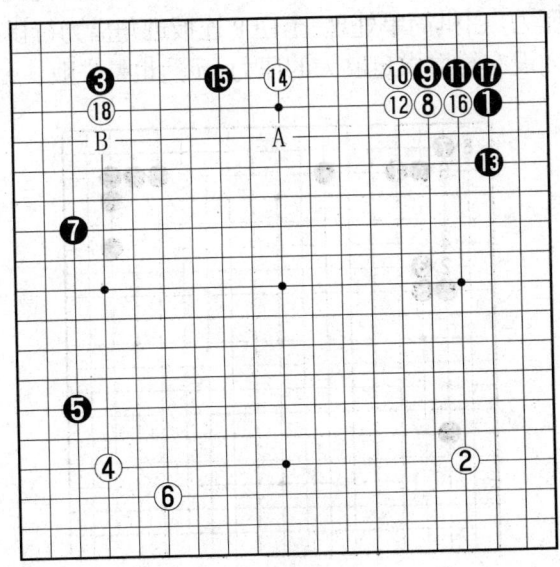

实战图1

变化图 1　上图白18碰后，黑棋如果在本图1位长三·三则太缓了，白棋的碰起到了压低黑棋形势的作用。至白6，白棋满意。

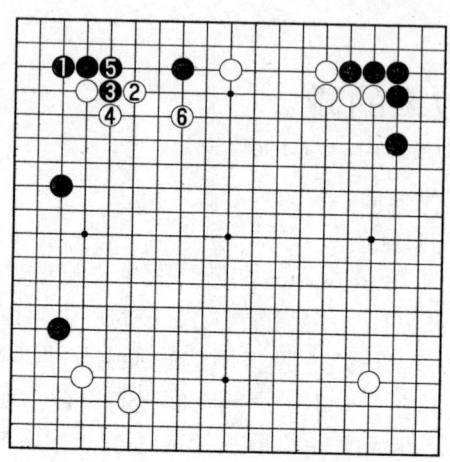

变化图1

变化图 2　如果黑棋1位退，同样也有示弱的嫌疑，没有给白棋造成特别大的压力。白棋简单处理，至白8连扳进角借力行棋。黑棋在自己的势力范围内没有给白棋足够大的压力，显然也是失败。

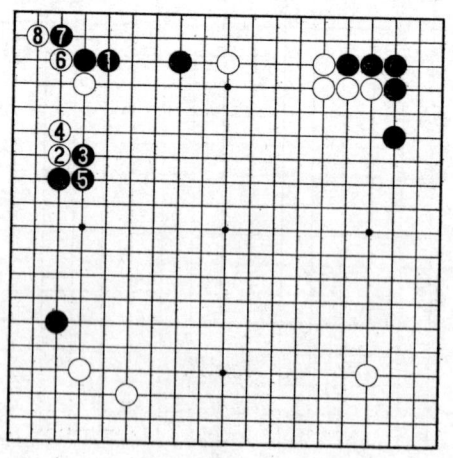

变化图2

第 1 局
高效率的碰

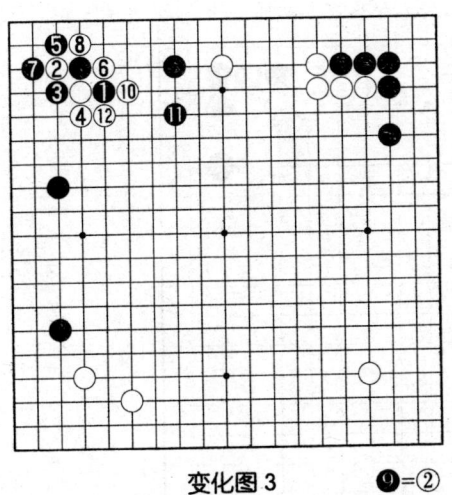

变化图 3 如果黑棋 1 位外扳，结果只会更不好，白棋像泥鳅一样滑，黑棋根本抓不住白棋。这样进行至白 12 提掉一子，这块棋明显比黑棋外围两子要强，白棋成功。

变化图 3　　❾=②

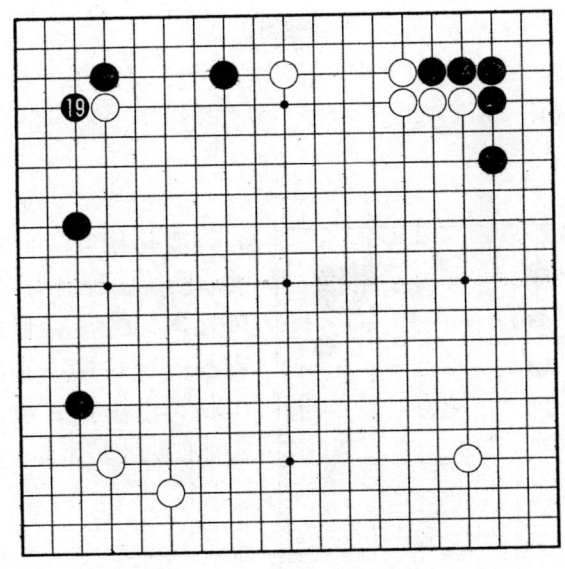

实战图 2

实战图 2　黑棋 19 位取地，也是不给白棋根据地，是很好理解的一手棋。

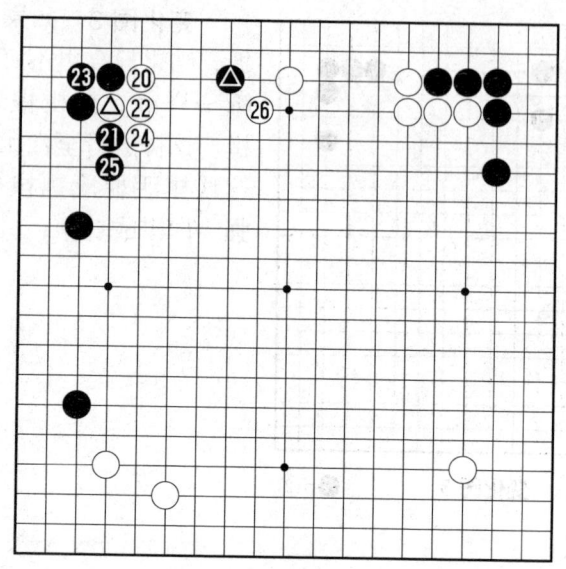

实战图 3

实战图 3 白棋通过寥寥几手棋的交换，竖起了一道"墙壁"，把黑❶一子分隔开，瞬间变成了白棋子多打黑棋子少的局面。这都是白△碰的功劳。

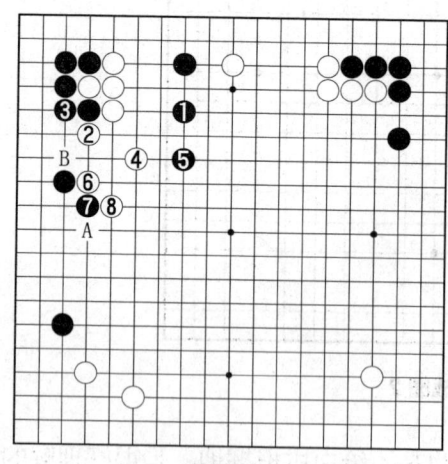

变化图 4

变化图 4 如果上图黑 25 如本图 1 位跳出头，白棋可以简单处理，6、8 位借力行棋，很容易安定。接下来如果黑棋 A 位长，白棋就 B 位虎下，黑棋实地损失比较大。

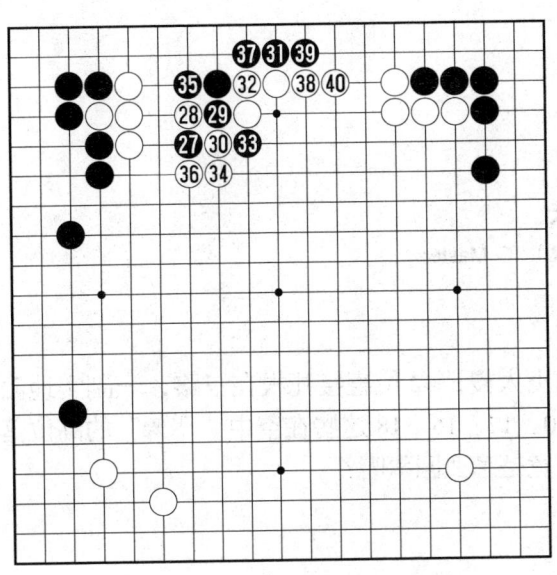

实战图4 白方很平淡地应对，并没有非要吃掉黑棋的意思，让黑棋做活，白先手把这里定型，白棋的目的就达到了。

实战图4

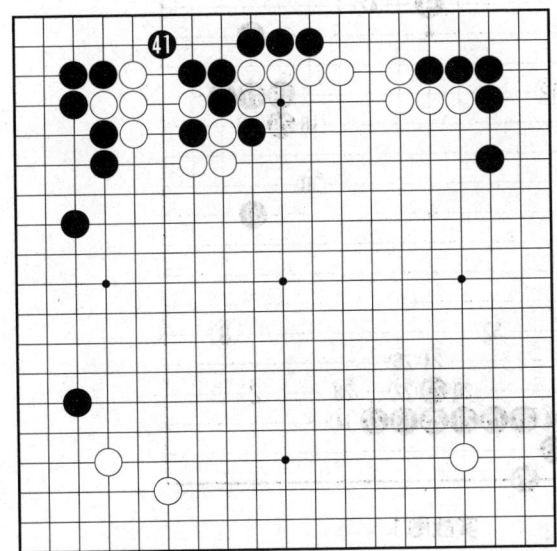

实战图5 黑局部落后手，被压迫至二路做活，显然不能满意。

Master此时的名字叫作Magist（魔法老师），下了几局之后修改为后来名声大噪的Master。

实战图5

第2局

掉转枪头

● 燕归来（张紫良） ○ Master

实战图1 白棋从边上入侵，42位直接扎根在三路，一副实地派的模样，似乎和之前白10、12、16、18这些在空中"飞舞"的高位落子的思路产生了矛盾，究竟是怎么回事呢？

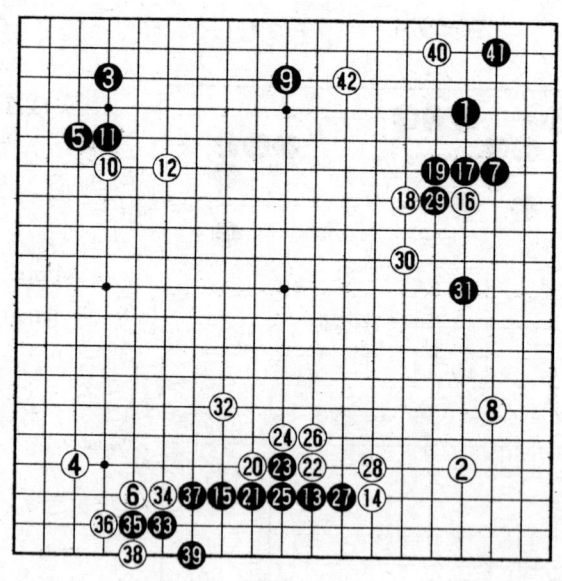

实战图1

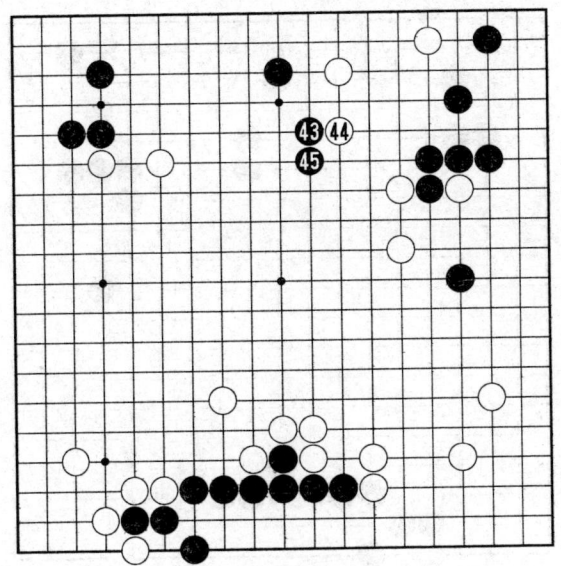

实战图2

实战图2 黑43普通地飞威胁白棋，希望通过攻击顺势化解中央白棋的势力。没想到，这手棋引出了始料未及的变化。

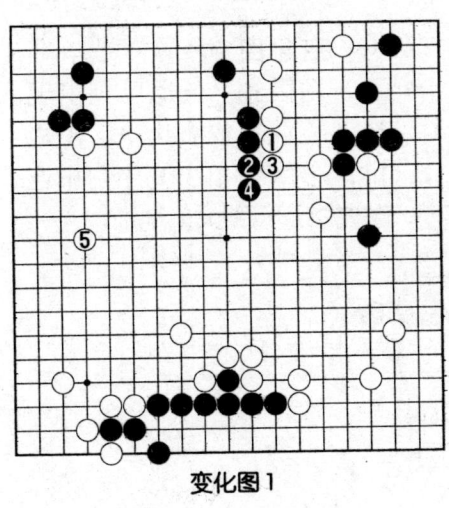

变化图1

变化图1 白1、3如果出头，虽然可以争得先手，但是黑棋行棋至中央，白棋之前"投资"在中央的势力就会烟消云散，为了深深打入破了一点实地的两子而放弃了布局时苦心规划的中央势力，白棋得不偿失。这是黑棋的如意图。

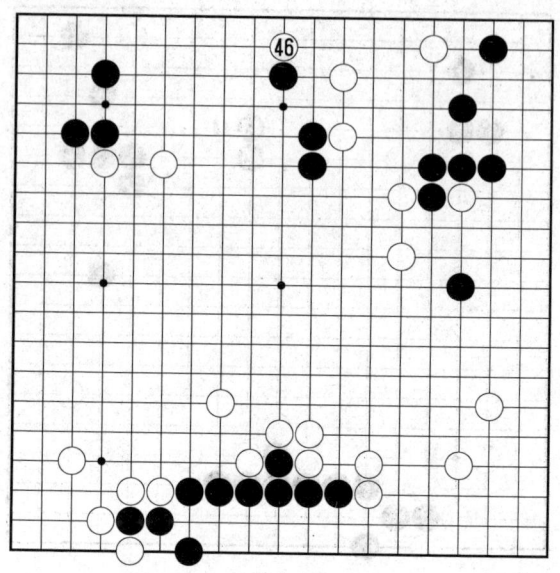

实战图3

实战图3 没想到白46枪头一转，从这里二路托。这是Master给出的答案，这手棋引发了后面的混战。

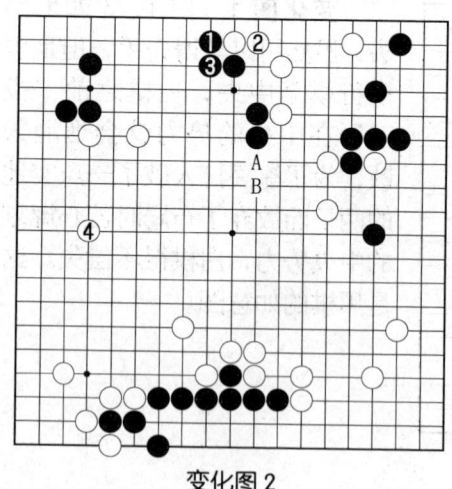

变化图2

变化图2 同样是争夺先手，白棋先手托退已经出现活形，不让黑棋多出A、B两手棋，这和变化图1中白棋连续贴的棋形可谓天差地别。

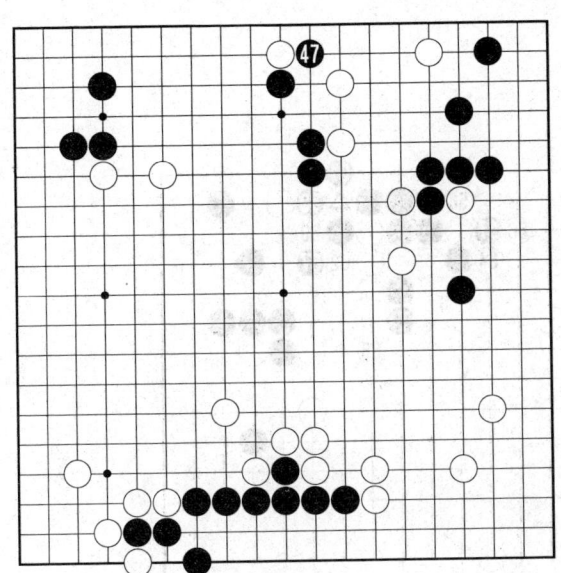

实战图 4 黑棋无奈,只有反击。

实战图 4

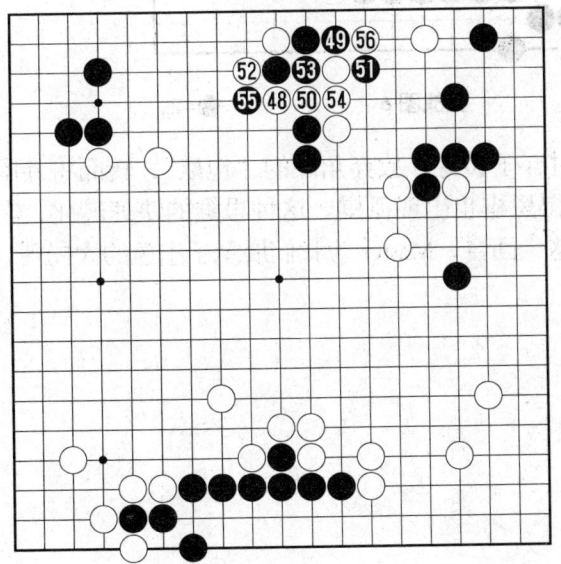

实战图 5 白 56 是这一带处理的精髓,利用黑棋气紧、棋形不好的毛病走好自己,借劲行棋。

实战图 5

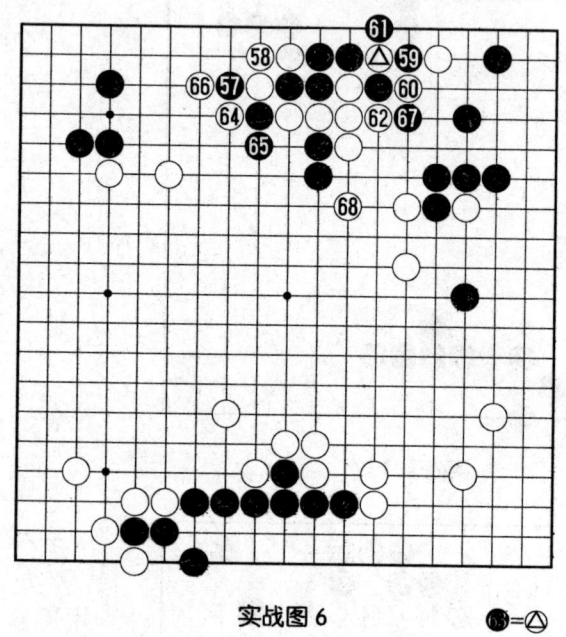

实战图6   ㊌=△

实战图6　白棋通过弃子转身，放弃角部的"包袱"，转而将外围自身处理好的同时还使得黑棋也出现孤棋。这种思维的快速转化，在快棋里尤其出人意料。这一回合，Master为我们展示了出色的大局观。

坚决不交换

● Master ○ 圣人(丁世雄)

实战图 1　白 20 是求调子的一手棋，白棋一般下这手棋的意图就是想要黑棋去下 A 位和白 B 交换。换句话说就是白棋想要取角部实地，但是一定要黑棋陪着顺势交换一下，反过来说我们假设白棋总要下 B 位这手棋，那么白 20 和黑 A 两个子比起来肯定白棋更有用。黑棋 A 位贴只是纯粹单官联络。白棋如果先下了 B 位，以后再下 20 位就会生变，黑棋不会老老实实在 A 位应，白棋就交换不到了。

所以这就是职业棋手常用的套路，指东打西，在达成真正意图之

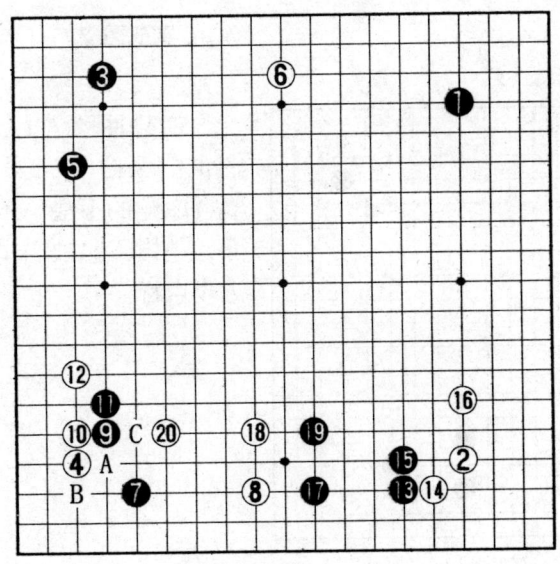

实战图 1

前一定是把能利用的都利用掉。过去黑棋也有下 C 位应对的，白也是取角地，总之白 20 就是虚晃一枪，并不是真要做什么动作。

实战图 2 白棋之所以会 22、24 这样下，就是因为有 26 位分断的手段，白棋在这里一定不能让黑棋联络。只有黑棋也不安定白棋才能间接牵制黑棋，使自己这块棋没那么孤单。所以白棋选择了最紧凑的 22、24 位的下法。

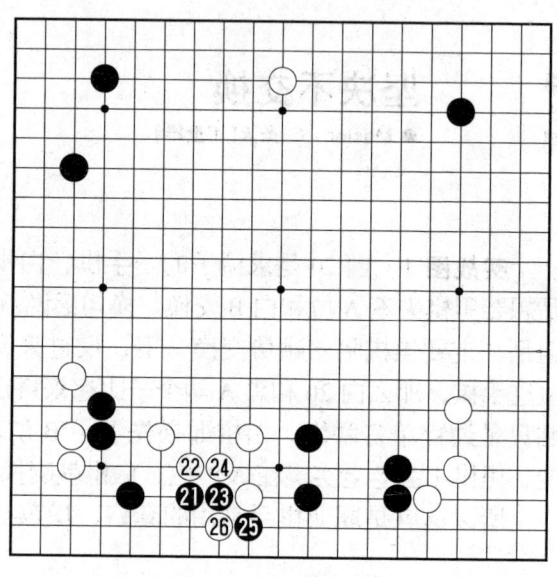

实战图 2

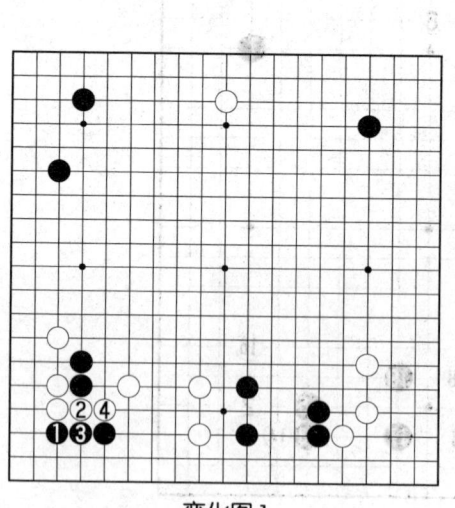

变化图 1

变化图 1 上图黑 21 如本图 1 位至白 4，黑棋也有这样气合取角的下法。不过现在的局面，黑棋不愿被白棋联络，失去进攻目标。

变化图 2 实战白 22 补在本图 1 位的下法也有,但是总觉得比较"松",给黑棋的压力不够。

实战图 3 黑 31 脱先他投,速度很快。请注意 Master 在这一局部自始至终都没有在 A 和 B 位交换。虽然我们不能和它用语言沟通,但是从这个局部已经可以知道,注重棋子效率的 Master 绝不允许自己下出 A 位这样一个没有用的棋子而将实地送给对方。

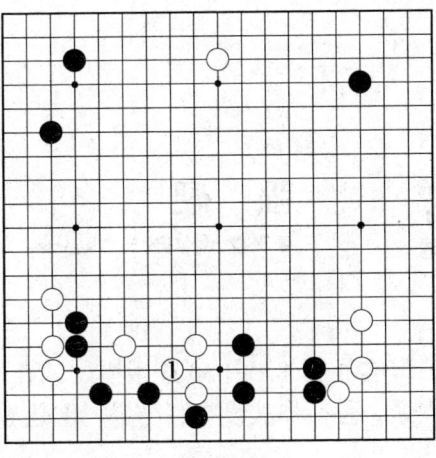

变化图 2

Master 的出现可以说很大程度上带给我们很多对棋的全新认识,最直观的就是高效的发挥棋子的作用,一个萝卜一个坑,决不允许出现效率低下的棋子。带给职业棋手很大的冲击,从另一个角度也是带给职业棋手全新的思考,原来水平高低的差距就在每个棋子的效率上啊!

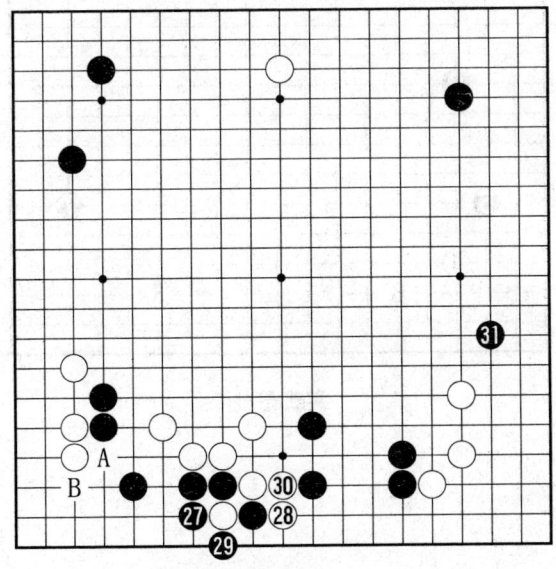

实战图 3

第4局 强硬

● 卧虎（谢尔豪） ○ Master

实战图1 白30这手棋之前在很多职业棋手的认知中都是白棋气太紧，强行作战没有好结果。但是Master就这样下！

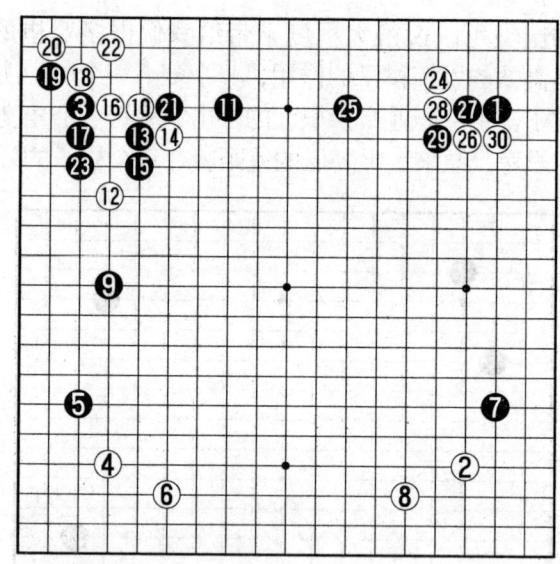

实战图 1

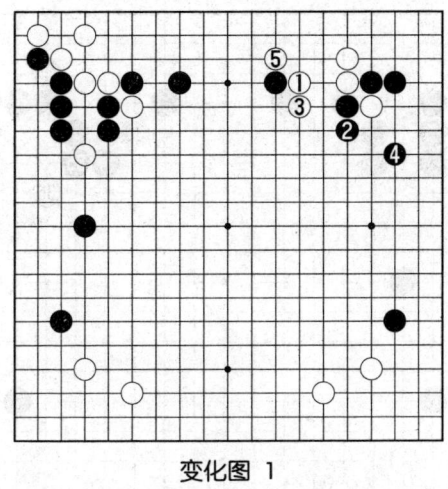

变化图 1

变化图 1　上图白 30 如本图 1 位，这是最基础的定式。

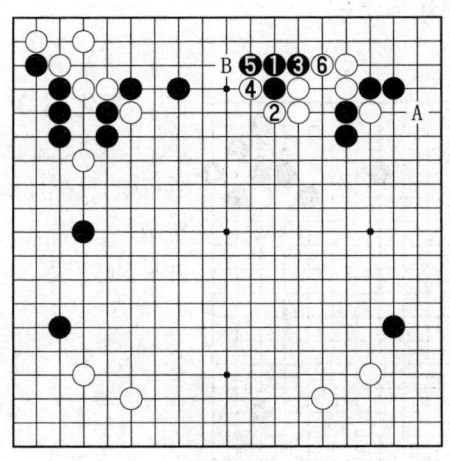

变化图 2

变化图 2　过程中，上图黑 4 如果在本图 1 位立，白棋可以有 4 位扳的巧手，接下来 A、B 两点见合，白棋依然可以处理好自己。

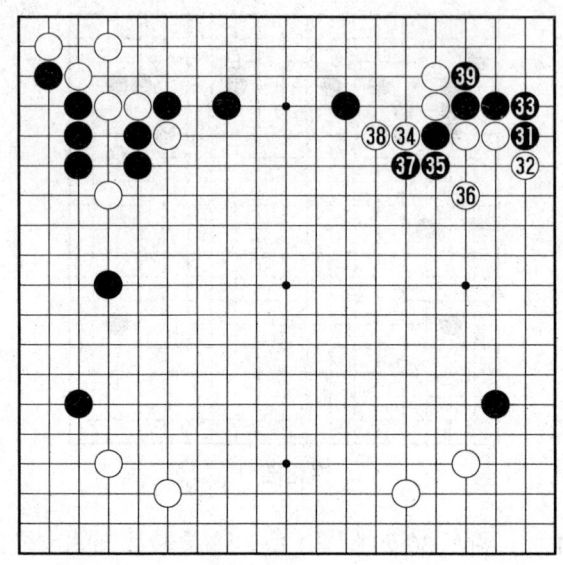

实战图2

实战图2 黑棋先求活。

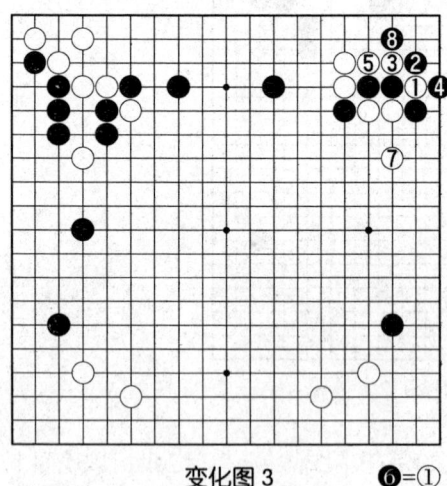

变化图3 上图白32如本图 1 位断也是过去就有的变化,希望把黑棋压迫在二路。但是黑8做活之后,白棋两块棋不活,比较难处理。

变化图3   ❻=①

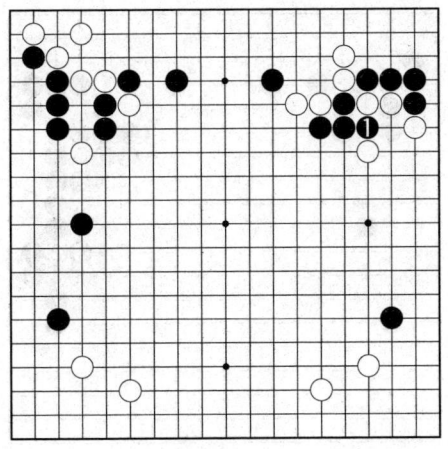

变化图 4

变化图 4 实战图 2 白 38 之后,看起来白棋有缺陷,但是结果如何呢?

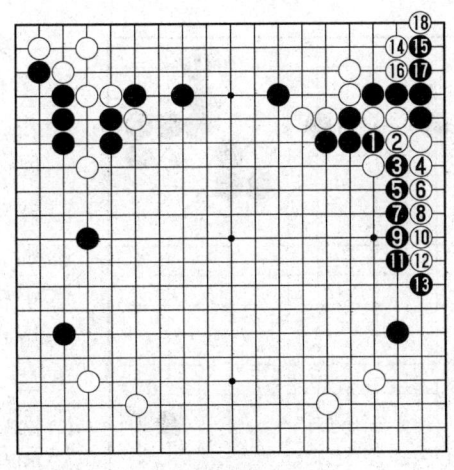

变化图 5

变化图 5 接上图,黑棋气不够。

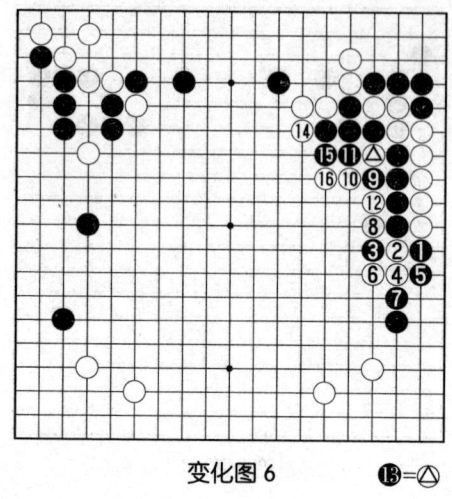

变化图 6　⓭=△

变化图 6　如果黑棋硬要收气，上图黑 11 就在本图 1 位扳下，但是外围棋形四分五裂，勉强出手只能加速失败。

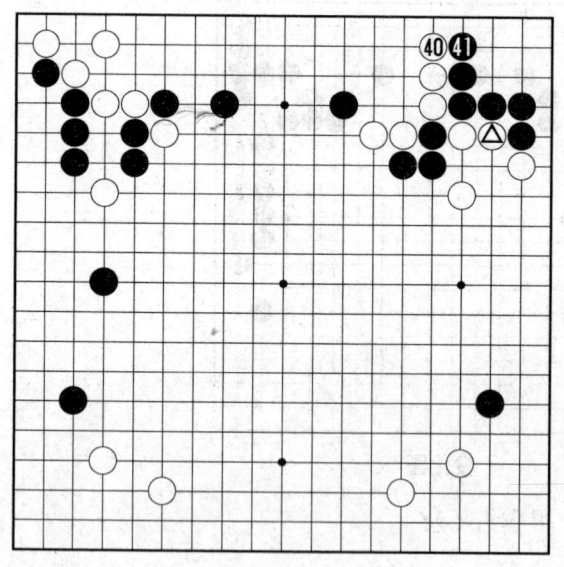

实战图 3

实战图 3　Master 很多棋看似很颠覆，和我们之前的认知不一样，实际上它都是以非常深入的计算为基础，在它下出白△这手棋之前我们并不会特别注意到这样的下法，但是 Master 的出现，让我们又有了新的思考，人类的思考深度还可以更大，我们还可以更强！

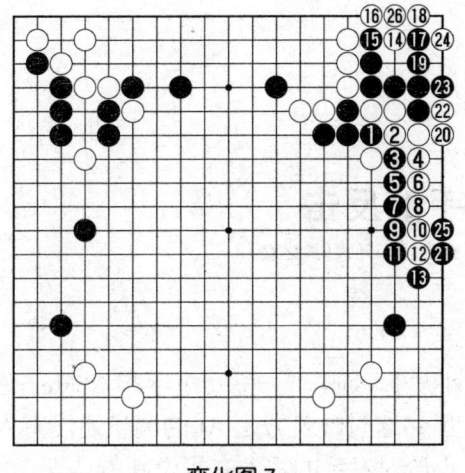

变化图 7

变化图 7 上图黑 41 如在本图 1 位冲,黑棋差一气死了。

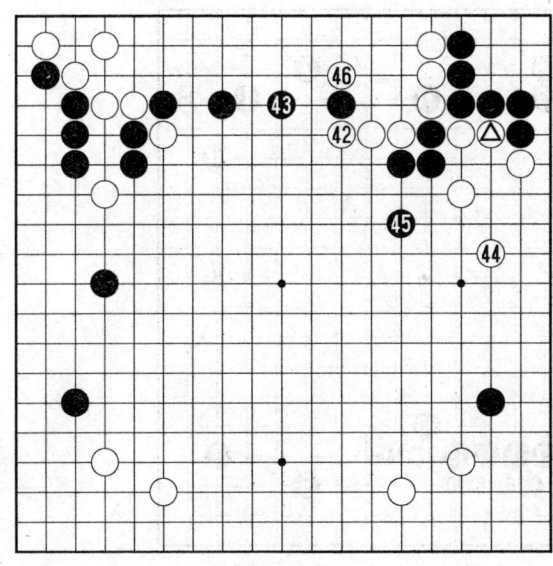

实战图 4

实战图 4 到白 46 告一段落,白棋顺利地处理了两块棋。白△这手棋你感觉它不好,但是从结果来看也不错。只能得出一个结论,Master 能操作的下法人类很难直接照抄,但是能带来启发是一定的,让棋手们思考在其他类似棋形上怎样更深入地挖掘。

第5局 俗手的反击

● Master　○无痕（於之莹）

实战图1　小於作为唯一一位女棋手与Master交锋，是非常幸运和荣幸的事情，虽然这时候对方是AI的消息还没有人知道，但是相信下过这盘棋后，小於对对手的实力有了全新的认识。

黑37、39组合拳，看似俗手，但定睛一看，白棋已经不好办了。

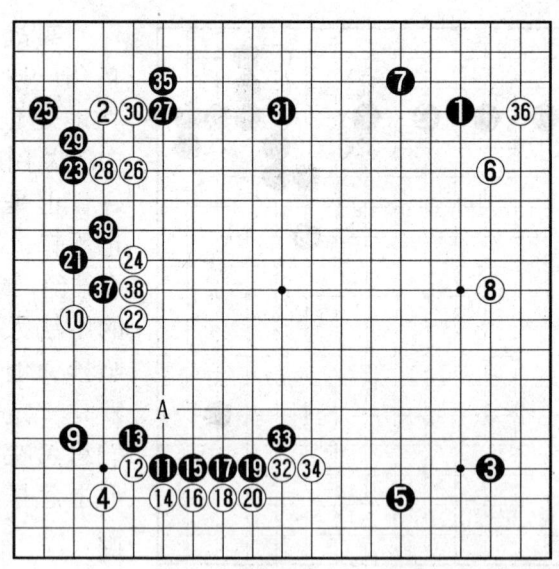

实战图1

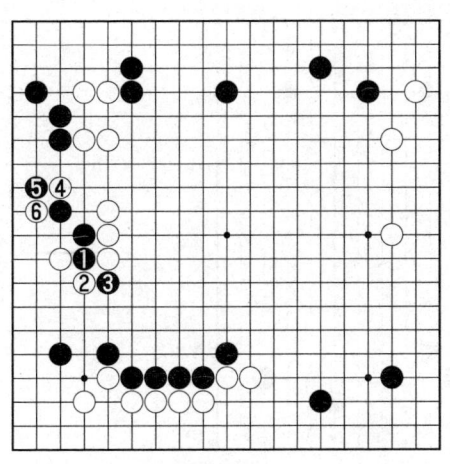

变化图 1 上图黑 39 如本图 1 位贸然出手的话，白棋就可以表演一下 4、6 位相思断的手段了。黑棋偷鸡不成蚀把米……

变化图 1

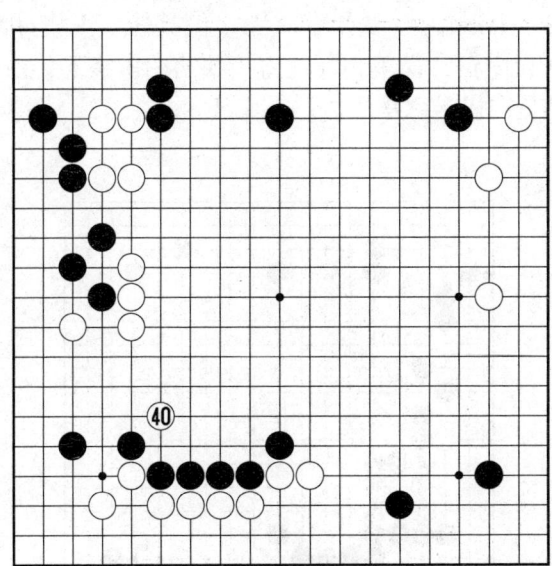

实战图 2

实战图 2 快棋中面对这样突如其来的破绽，瞬间的反应就是白 40 能不能先交换一下。

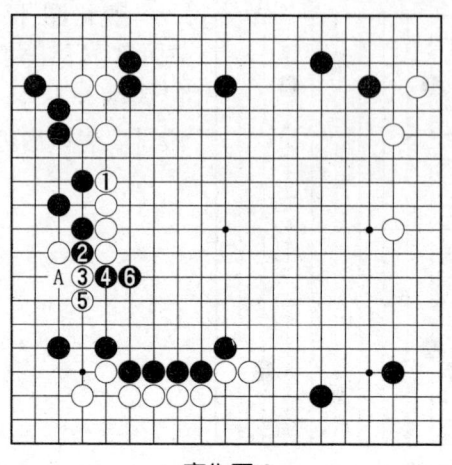

变化图2

变化图2 上图白40如果在本图1位挡住，黑棋冲断非常严厉，黑棋并不是A位断这么简单，而是直接要将白棋拿下！白棋出不了头，这个后果显然是白棋难以承受的。

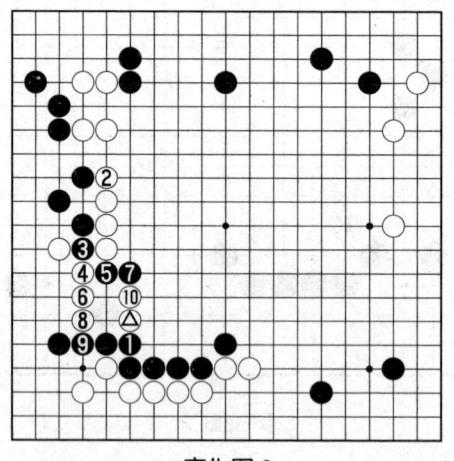

变化图3

变化图3 跟上图不同，如果白△交换到了，黑棋再冲断时白棋就可以出头。

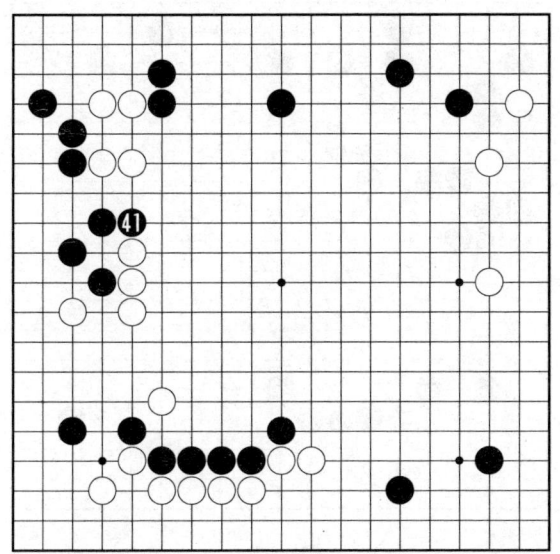

实战图 3

实战图 3 Master 最强的能力就是瞬间把复杂的事情变简单,转换就是 Master 给出的答案!像这样的判断,职业棋手至少要思考比较长的时间才能得出结论,快棋短短 20 秒的时间太仓促了!

所以快棋也是人类棋手吃亏的地方,快棋和慢棋中人类棋手思考时间的长短对实力发挥还是起关键作用的。

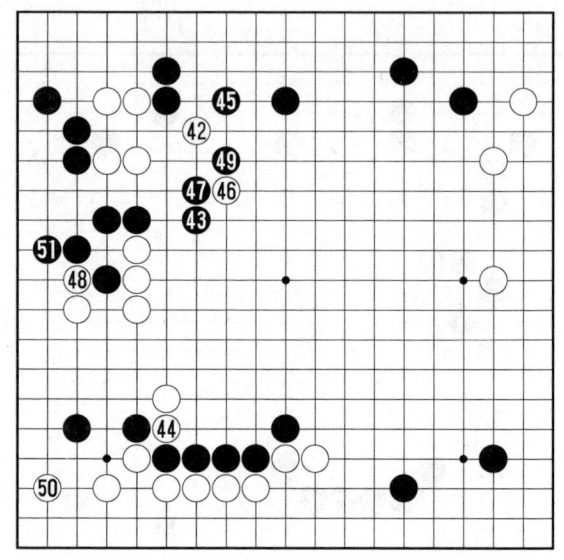

实战图 4

实战图 4 接下来的下法就简单了，黑棋选择放弃左下角吃掉左上角，到黑 51 算是告一段落。我们算一算总账，发现黑棋的实地已经远远优于白棋。这也是 Master 带给我们的另一种感受，觉得它也没下什么特别了不起的招法，但就是赢很多。有种积小胜为大胜的味道，再往深探索其实还是回到棋子的效率上。

黑 51 这手棋就能看出端倪，普通空旷的局面下我们不会想到在这里落子，但是 Master 下出来我们发现这手棋实际上非常大。我们下棋靠直觉，它下棋靠数据堆出的逻辑，如果每手棋的得分都高，那么积累起来，胜利也是顺理成章的事情。

第6局 实用的愚形

● Master　○ 翱翔（李翔宇）

实战图 1　把自己走成大愚形这样的事情一般职业棋手难以接受。但是事情不能只看表面，对初学者来说一定要注意棋形，因为棋形不好后面会越来越难下，提高棋形的美感是提高实力的必经之路。但是Mastet用事实告诉我们，所谓人类的灵性，可能只是大脑事后的包装。所谓的"棋感、棋风、大局观"这些我们说起来比较虚的东西并不是人类独有的，经过训练的神经网络也能拥有这样的能力。

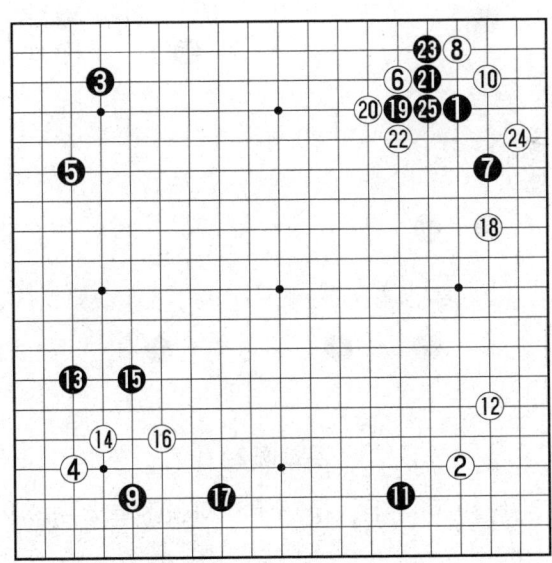

实战图1

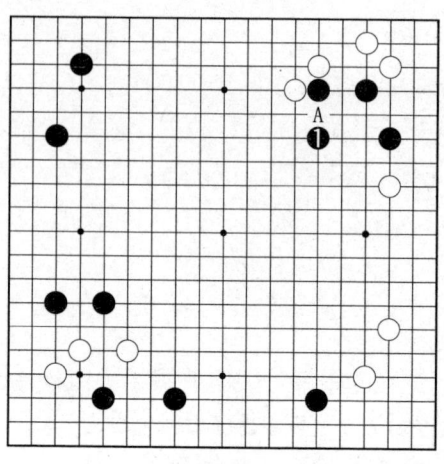

变化图 上图黑 21 的普通着想为本图 1 位跳或者 A 位长，把头出向中央是最普遍的认识。

变化图

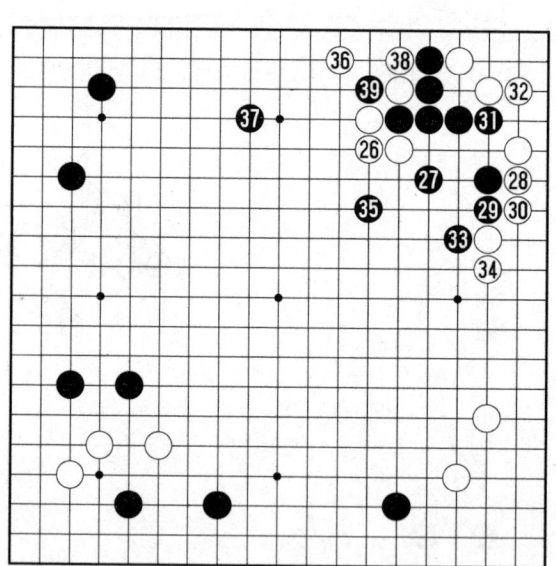

实战图 2

实战图 2 黑 39 问应手，是巧手。Master 有大局，又有精巧的一面。

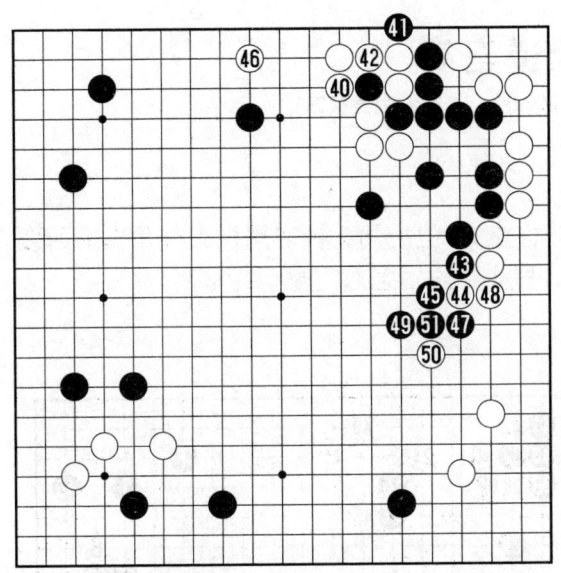

实战图3

实战图3 黑棋非常流畅地走向中央。白棋虽然取得一些实地,但棋子都在二、三路,限制了发展,实际上大势已经被黑棋掌握。

第7局 大道至简

● Master　○ 重逢时（乔智健）

实战图1　白棋60位扳角，针对黑棋大飞角棋形薄弱存有的缺陷来问黑棋应手，黑棋在这里怎么应对至关重要。

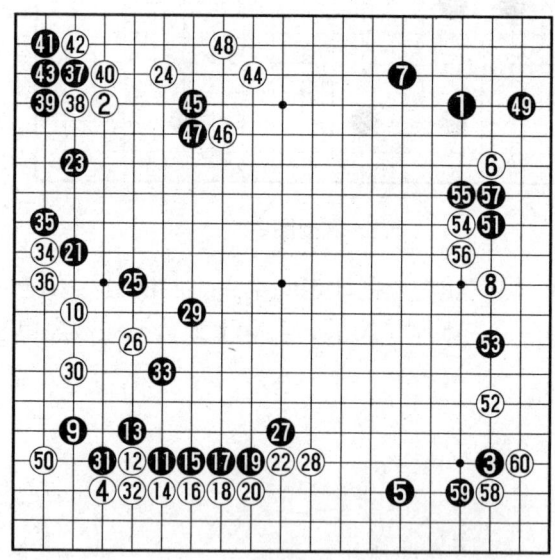

实战图1

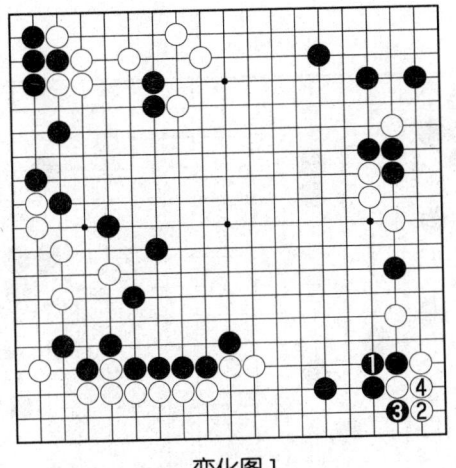

变化图1

变化图 1 黑 1 是最简明的应对，却过于简单了，白棋活角处理好自己之后棋局还很漫长。

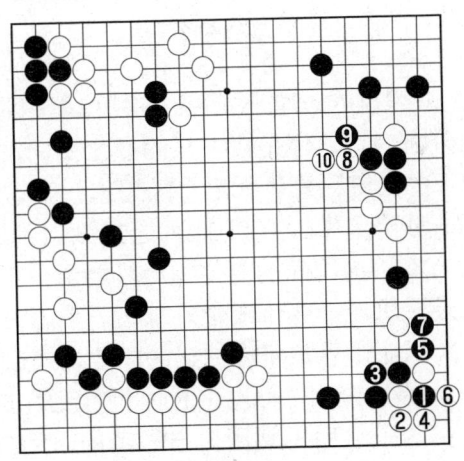

变化图2

变化图 2 黑棋打一下再粘比直接粘住强一些，但是白棋争到先手 8、10 位处理自己，黑棋角地被白棋先手挖掉，心有不甘。

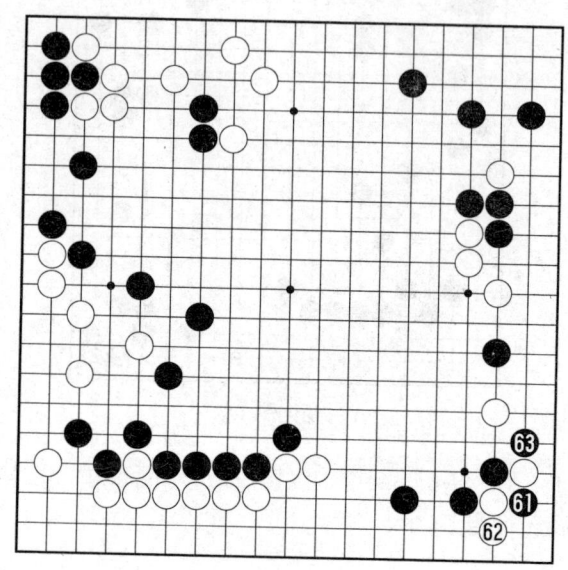

实战图2

实战图2 实战黑棋的应对是强手！在快棋里职业棋手也许有这样的方向感，必须分断白棋，但是接下来的变化如何发展往往是导致最终是否选择这样下的关键因素。大家可以想象一个这样的画面，在20秒的时间里先用5秒确定作战方向（比如选择激烈还是保守），再用大约10秒考虑作战方案，这里面的变化图一般会至少考虑两三个，以备不时之需。（如果只想一个变化或者只想下一手怎么下的话只能算是业余棋手的思维。职业棋手常年训练出的职业习惯就是想争胜，就要比对手想得长远。）最后再用5秒左右的时间大致确定计算无误，在短时间里做出梳理，落子之后再利用对方思考的时间去考虑得更充分。当然，人的能力在短时间里即使发挥最好也很难百分之百准确，而AI就不存在时间压迫的问题。无论局面多么难解，据说它永远都是7秒落子。这给对手带来的无形的压力一两句话很难说清，是一种很恐怖的感觉。

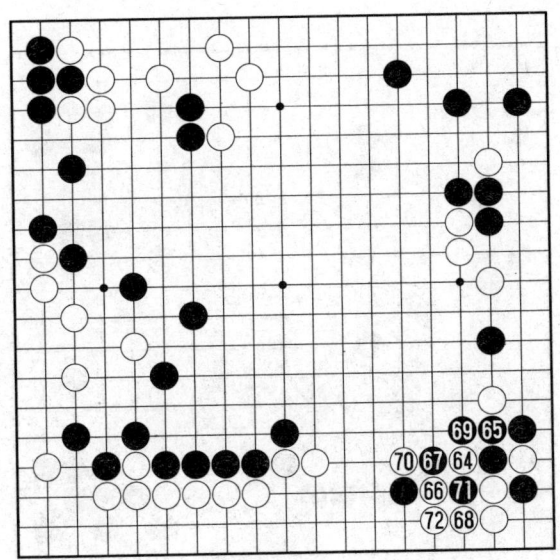

实战图 3

实战图 3 黑 63 以下定型成这样得失如何？这涉及判断，也是围棋里面最难的东西，手段其实只要计算力足够大家都能看到，就像我刚刚说的，很多棋没有下在棋盘上，其实之前都想过，出现在构思里了，至于下得对不对其实是判断的问题。可能从后面的进程看起来下错的棋在当下判断时以为是正确的，苦心去经营的东西到头来反而一场空。都说棋如人生，人生如棋，面对人生的抉择，怎么选往往也是最难的，您觉得呢？

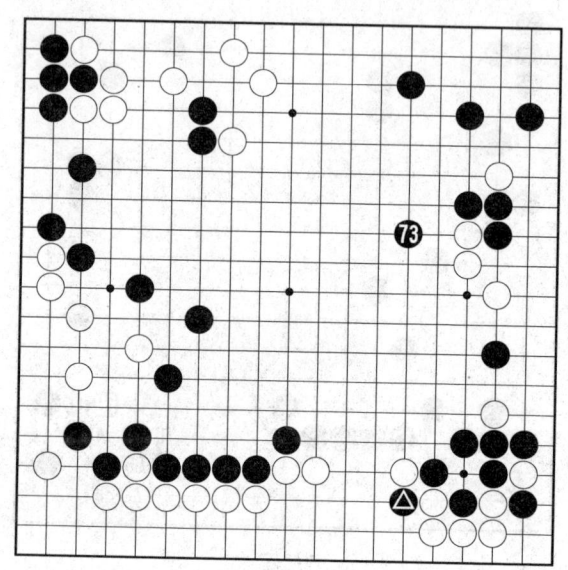

实战图 4

实战图 4 到这里黑棋的意图已经很好解读了，舍弃黑♠守角一子，进攻白棋右边。这么宏大的愿景没有长时间的思考很难下决心。有构思和下决心实施也是体现水平的很关键的地方，临门一脚最考验人。不过 Master 显然不存在这些复杂的心理活动，它永远是听从数据引导的机器。但是从面对当前局面时它的下法，他给出的答案其实带给我们职业棋手很好的启发。围棋里的变化太多，纷繁的头绪里如何找到最简明的解决办法是过去我们一直困惑的问题，Master 教给我们四个字：大道至简！

第7局 大道至简

实战图 5 白棋右边几乎不费力地做活了。如果从攻击效果来说，这肯定不是黑棋最犀利的进攻，但是抬起头环视全局，黑棋之前布局投资的外势在中央已经无形中转换成实地了。

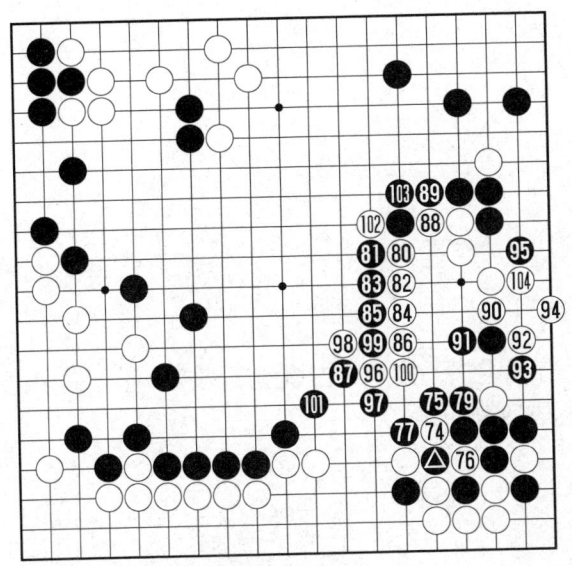

实战图 5　　㊟=▲

实战图 6 至黑105稳健地补棋，看看全局已经没有再起波澜的可能，实地黑棋已经大大领先。

这就是 Master 最值得我们学习的地方，不需要华丽的手段，好像没下什么好棋，在朴实无华中一点点地积累，换取最大的胜利。就像没有华丽的辞藻堆积，却能写出最打动人心的句子。

过去李昌镐时代，我们推崇李昌镐的棋风也是一样的原因。

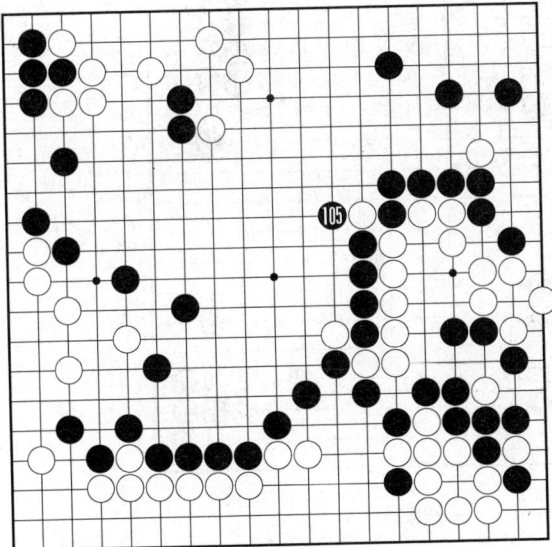

实战图 6

第8局 急先手

● 三齐王（韩一洲） ○ Master

实战图1 右上角是普通定式，接下来白棋是二路应一手还是争急先手是个选择题，两个下法各有利弊。

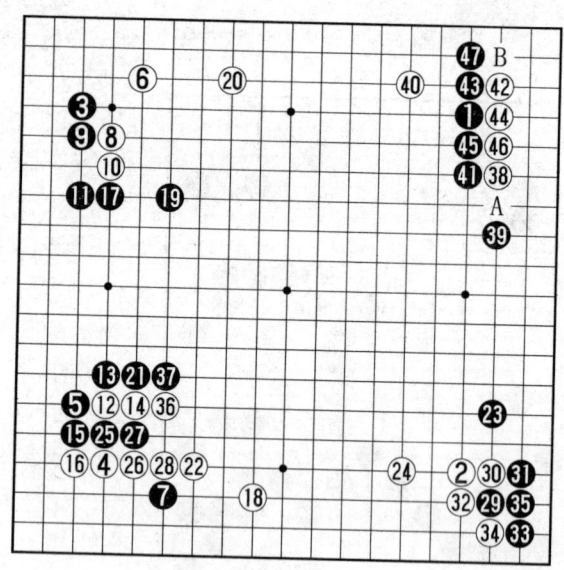

实战图1

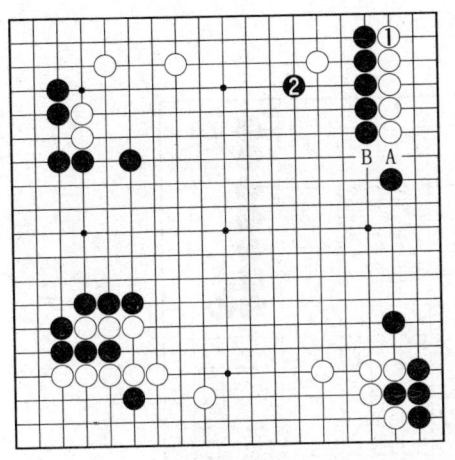

变化图 白棋如果1位挡，黑棋不会马上下A位，而是2位尖冲，白棋B位的扳出马上下看不到太好的前景，那么上边由于黑2的存在，白棋也被压低了。将来黑棋有时间A位补一手还是很大的。

变化图

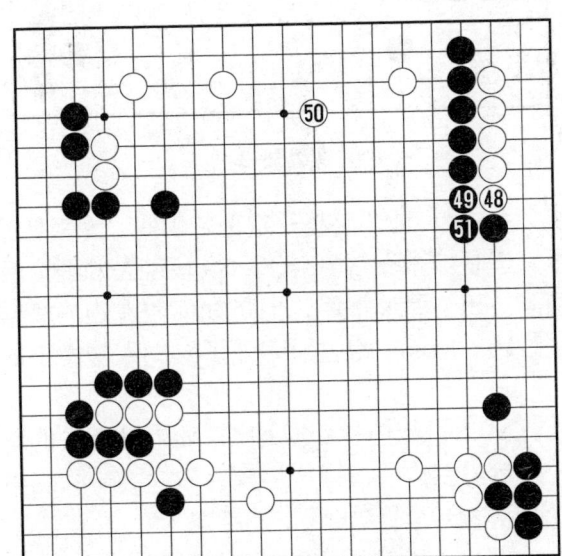

实战图2

实战图2 白48顶一下争急先手，抢到了50位的好点。但是也有将黑棋撞厚的嫌疑，不是特殊情况一般不会使用，右边黑棋越发地厚了，对应左边的模样，白棋就不担心吗？

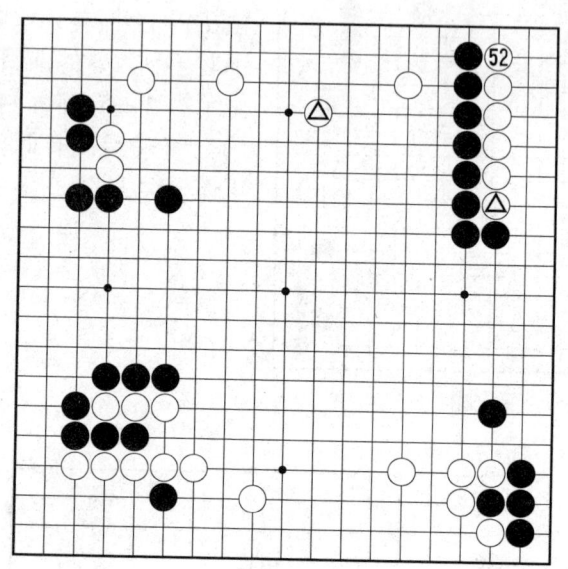

实战图 3

实战图 3　过去我们认为外势一定是有用的，尤其是过去日本棋风的共识就是厚。但是技术发展到今天，很多过去的理论已经在大量实践之后被颠覆了。黑方看似很厚，但是如何使左边的模样和右边的形势发挥出来是难题。Master 的出现印证了我们人类做出的创新是否正确。

白△两手是 Master 选出的优选变化，如果是过去的理论会认为黑棋右上的厚味必然对左边的模样产生辐射效应，中央黑棋会拥有绝对话语权，下一步可能会形成"通天"的巨空。

但是，这样的理论到今天已经在职业棋手一盘一盘的实战中全部改写了。今天的理论反而是黑棋左右两边无法兼得，围一边则另一边自然就会被削弱。

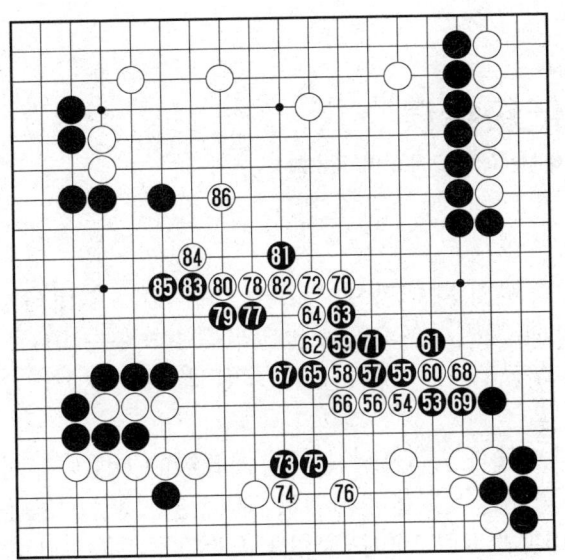

实战图 4

实战图 4 事实也恰恰如此，白 58、62 几乎不费力地使用渗透的方式，悄无声息地化解了黑棋因为厚而看上去很可怕的形势。至白 86，白棋在联络自身的同时也形成了若有若无的形势。

面对模样，渗透流和孤军深入如何抉择？有时候不争反而比争效果好。Master 在这一带的处理线条流畅，道法自然，看似不经意，实际上化解一切于无形。

第9局 低级错误

● Master ○ 愿我能（孟泰龄）

实战图 1 黑107打吃，此手一出一片哗然，黑棋竟然将下方七子置之不理？如果黑棋准备弃子那也应当黑105和白106不做交换，这是最简单的，谁都看得出亏损了至少两目棋，无论怎样从道理上也说不通。

黑107究竟是什么意图？出现这样低级的失误可能对方不是人类棋手？Master可能是人工智能的消息不胫而走。黑107难道是电脑的漏洞？各种猜测都在发酵。包括白棋本人也在局后对这盘棋做了诸多解

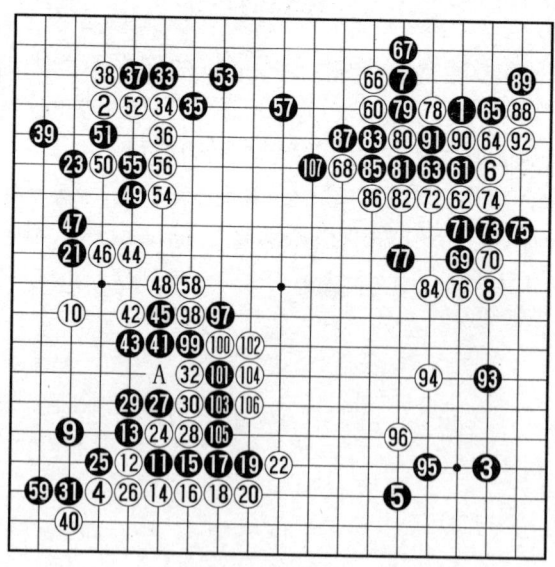

实战图 1

说，从各个角度分析了此时的局面。

颇具戏剧性的是，1月21日谷歌公司的黄博士，也就是Master的"人肉臂"在朋友圈澄清了已经过去20天左右的这场乌龙。

黑107手原本要下在正常的A位提掉四子，而黄博士由于操作失误没有下出Master的下法。至此，一个乌龙事件终于水落石出，机器再厉害也抵不住鼠标点错的悲剧啊！

实战图2　虽然Master犯了极其低级的错误，但是接下来至119依然黑棋形势不错，最终仍以4.5目获胜。

从这盘棋开始，Master在网络上开始令人瞩目，虽然没有任何人公开承认Master的身份，但是一流高手们频频现身网络，时刻关注这个神奇身影的出现，整个棋界陷入一种前所未有的兴奋中！

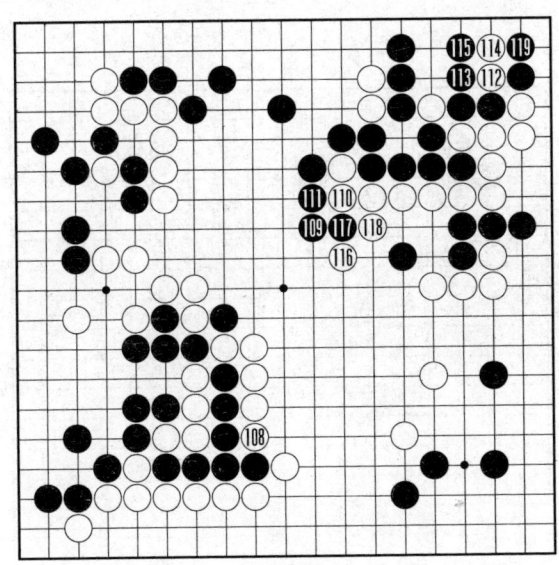

实战图2

第10局 后中先

● 愿我能（孟泰龄）　○ Master

实战图1　白16、18是过去没有人尝试过的下法，Master的创新总是令人耳目一新。

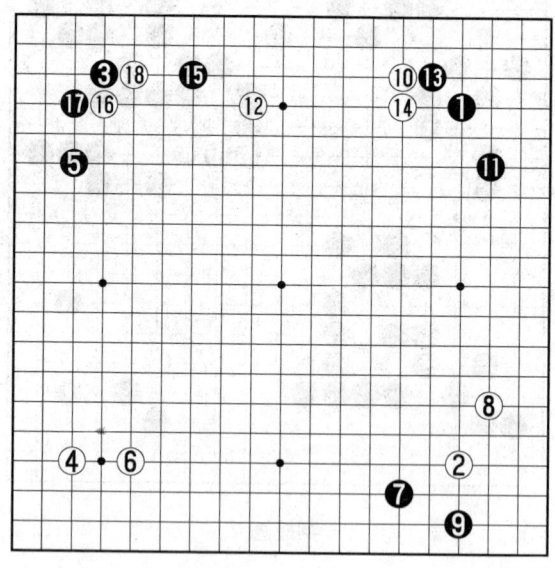

实战图1

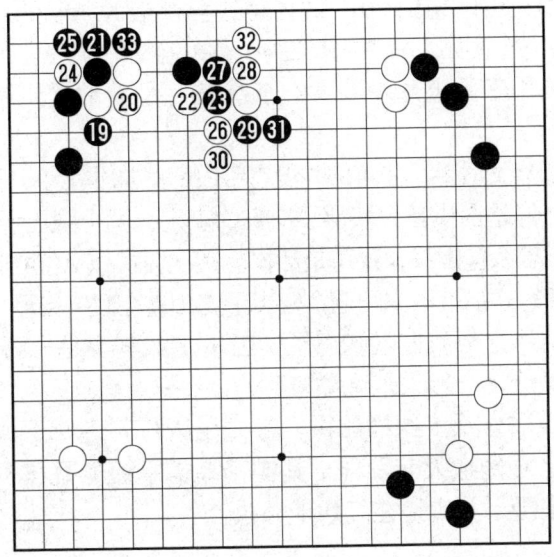

实战图 2

实战图 2 黑棋大致如此,看起来白棋被一分为二,相互兼顾也比较辛苦。

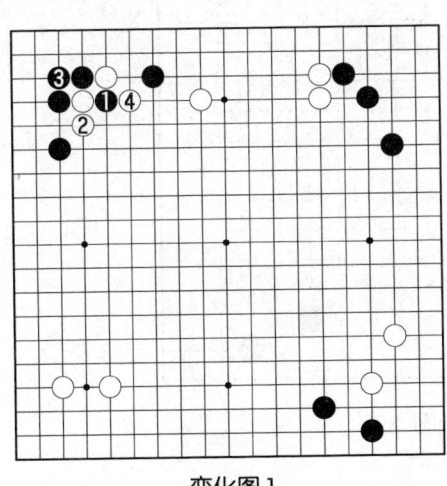

变化图 1

变化图 1 上图黑 19 如本图 1 位反击没有意义,征子不利。基本上黑棋只能看对手表演。

实战图 3 可以说白40、42才是这盘棋最为精髓的部分，围棋中有一句俗语：先中后，后中先！白40、42就是后中先。为什么有人说Master的棋风和李昌镐九段很像？李昌镐九段就常常使用后中先的妙味。

白棋看似落了后手，在角部并没有手段，感觉非常小，目数也只有区区逆收两目。但是白棋首先获得了自身的安定，两个眼已经瞪得很圆了，无论后面黑棋怎么包围我，我都是活棋。其次，白棋A位立也是先手，那么和右边两子的联络就不成问题，相当于变相地在联络自己。

搞清楚这些之后我们就知道了，白40、42其实是一石二鸟的招法，只是它过于隐蔽，一般人很难注意到它。

李昌镐就很喜欢下这样的棋。一开始人们不理解，说李昌镐行棋太缓慢，但是慢慢地大家发现，其实李昌镐掌握的是棋子最有效率的一面，看起来慢，其实是在高效地补棋。

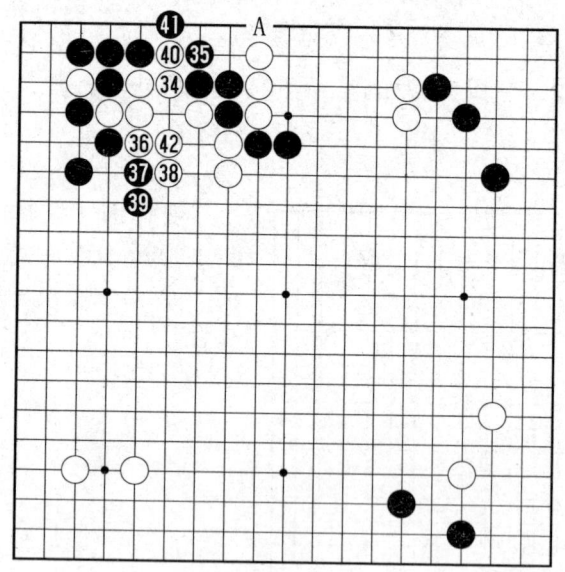

实战图 3

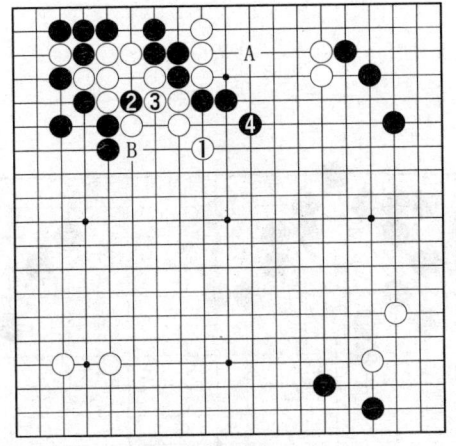

变化图2

变化图2 上图白42如本图1位小尖向外逃跑的下法也容易想到，但是黑4小尖之后，A与B两点必得其一，白棋不舒服。

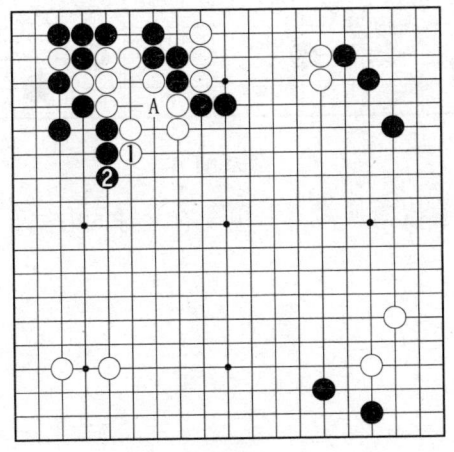

变化图3

变化图3 上图白1如本图1位压，黑棋就舒服地退，白棋的"送空大法"并没有解决自己活棋的问题，以后还是留有A位打吃。这样下其实没解决根本问题。当以后白棋还需要回过头去补棋的时候，会发现白1和黑2的交换完全是送黑棋成空。与其把问题遗留在后面，为什么不直接一手补净呢？

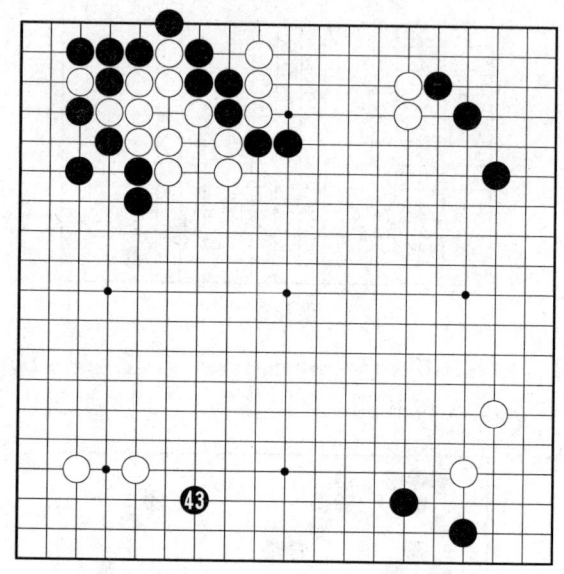

实战图 4

实战图 4 黑棋果然在上方也没有太好的办法，黑 43 只好脱先他投了。

第11局 令人折服的大局观

● 风雨(陈浩)　○ Master

实战图1　面对黑33的尖冲，白棋通常有上贴、下爬等应法。

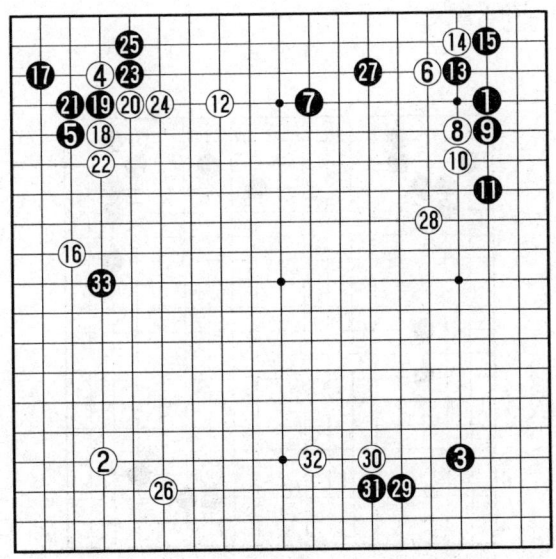

实战图1

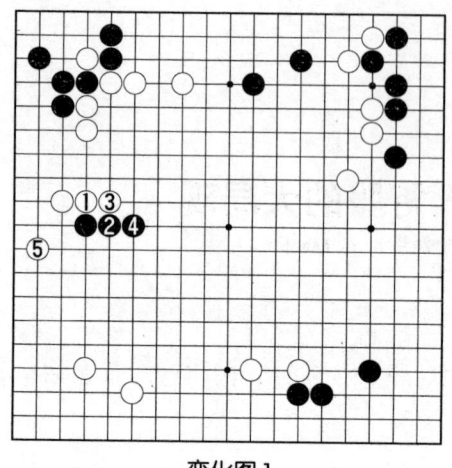

变化图1

变化图1 先来看上贴,白1这样下白棋断然不行,在自己厚的地方反复落子,方向错误。

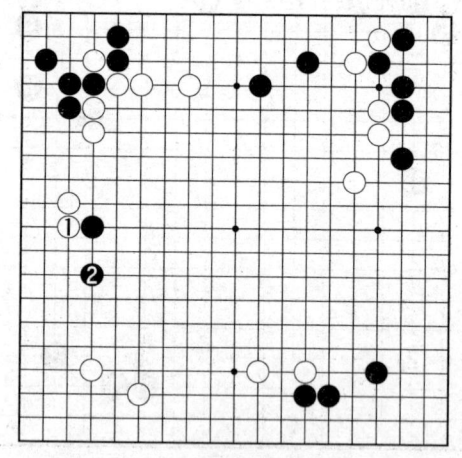

变化图2

变化图2 白棋1位下爬,黑棋也会顺势消掉白阵。这里被普通的思路禁锢住了,一定要有一些突破!

第 11 局
令人折服的大局观

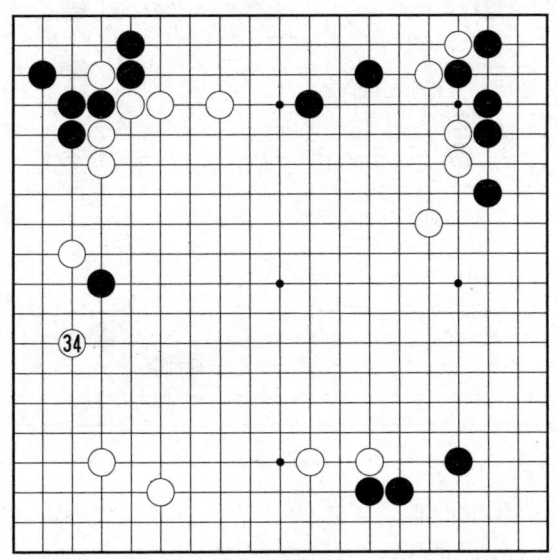

实战图 2

实战图 2 白 34 一下出来，突然有一种豁然开朗的感觉，这手棋完全是跳出了局部棋形的固化模式，从全局入手去构思。

这就是 Master 最厉害的地方，像这种局面它给出的往往都是出人意料的答案。与此同时围棋新的大门也好像被它打开了，告诉我们思想还可以这么自由！真正达到了无拘无束的境界。

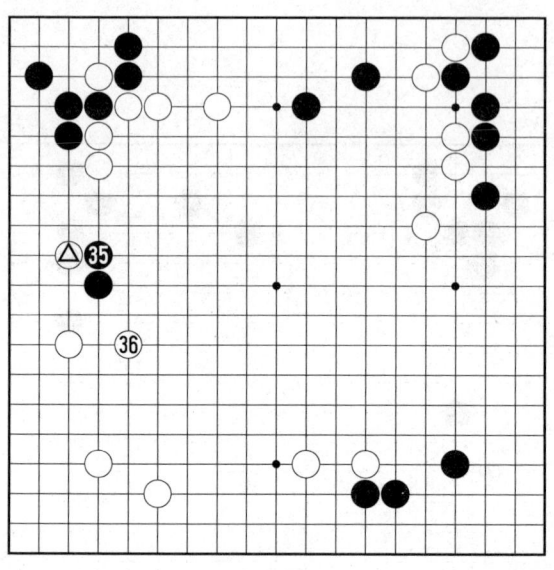

实战图 3

实战图 3 白棋彻底看轻△位一子，这是非常棒的思路。坦诚地说，如果不是 Master 下出来，我真的想不到。除了感叹一声"哇"！剩下的就是深深地被它的大局观折服。

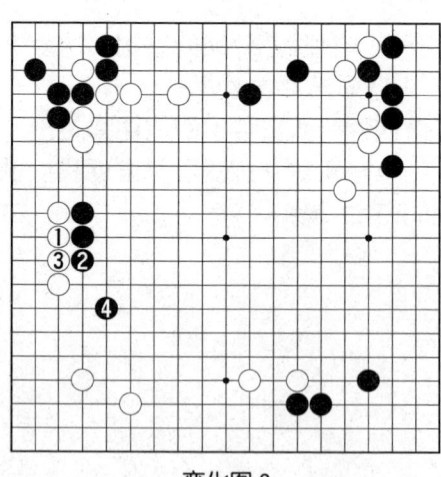

变化图 3

白△和 36 两招漂亮的手段之后，黑 35 两子的处境反而尴尬了，进退两难，大方向被白棋占领，而两子也不能够脱先置之不理，真是难受。什么叫作鸡肋？黑棋现在的状态就是。

变化图 3 上图白 36 如本图 1 位爬最容易想到，这样黑棋也达到了顺势浅消白阵的意图，白棋过于平庸。

第 11 局
令人折服的大局观

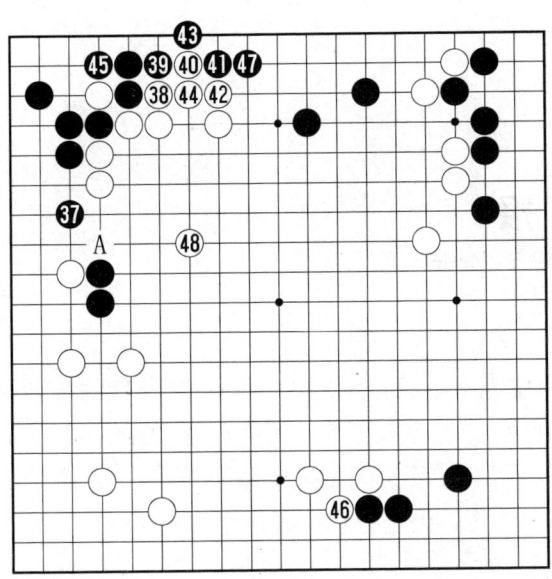

实战图 4

实战图 4 白棋简直是在空中飞舞，除了给人美感之外，想不出其他形容词。同时白棋还留有 A 位扳断的手段。这短短十几手，局面已经大大地倾向于白棋了。

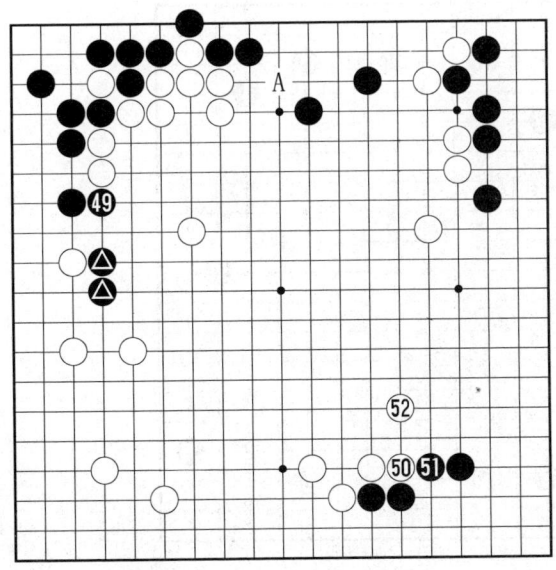

实战图 5

实战图 5 白棋所有的子都走向了中央，上方还有 A 位的穿象眼，黑棋苦心经营了半天的地方实际上并不是实地，黑△和黑 49 三手棋几乎没起到任何作用，黑棋真是苦不堪言。Master 再次用良好的大局观将我们征服。不由得让人感叹我们只看局部，而 Master 是从全局出发运筹帷幄！

第12局 投入与回报

● atomy（柳秀沆）　○ Master

实战图1 白34这手棋完全不符合常规。如果说左半盘的定型中白左下角星位一子被包围已经有点令人困惑，那么现在白34在四路的凌空跳二完全是突破性的思路。看到这手棋我们必须得承认人类的渺小，棋盘上的变化演变了上千年，但是我们探索得还远远不够。

2016年3月AlphaGo挑战李世石的时候，其成长路径是用模仿人类棋谱的方式进行学习，虽然有类似于尖冲四路这样创造性的手段，但是大方向上还是趋于人类的足迹，模式总体也没有太大改变。

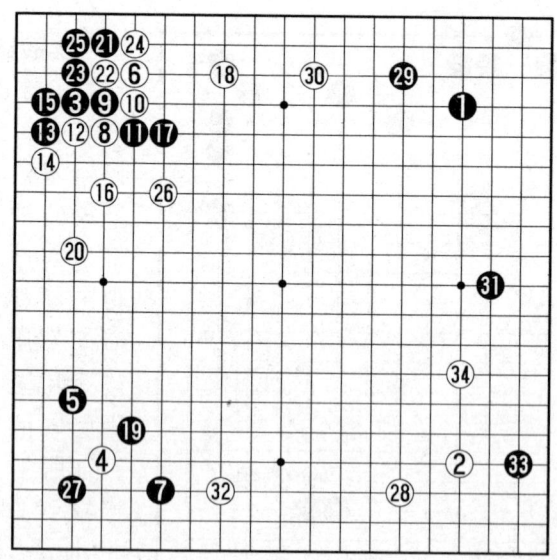

实战图1

但是到了跨年元旦时期 AlphaGo 的升级版本 Master 已经不再使用人类的棋谱了，而是彻底地自我学习，告诉它规则之后它可以自己跟自己下棋，一天对局上千万盘，就像周伯通的左右互搏，通过这样的学习越来越强。而人类一个最努力的棋手一生也不过下 2 万至 3 万盘，这个数字还抵不上电脑一晚上下棋的数量。

话说回来，白 34 这手棋就是升级后电脑的下法，有一种无视黑 33 这手棋的感觉，该如何定义白 34 这手棋呢？

在当前局面白 34 肯定是没用的一手棋，它对黑 33 一子的威胁几乎是零，关于未来的联系，现在当然也看不出来。不过 AI 有着自己的节奏，它每手棋考虑的都是全局。人的局限性限制了我们的思路没办法跟它一样，它能看到未来，我们只知当下。但人可以受到启发，开拓自己的思路，做到一模一样肯定不可能，毕竟都不是一个物种。

变化图　　上图黑 33 之后，黑棋大致想要下成这样，实战白 34 如本图 1 位尖，黑棋则先取地，再限制中央发展。

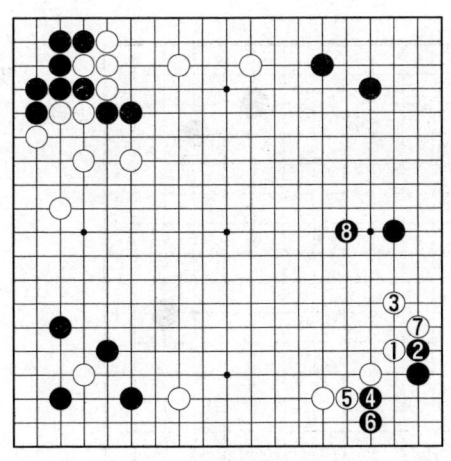

变化图

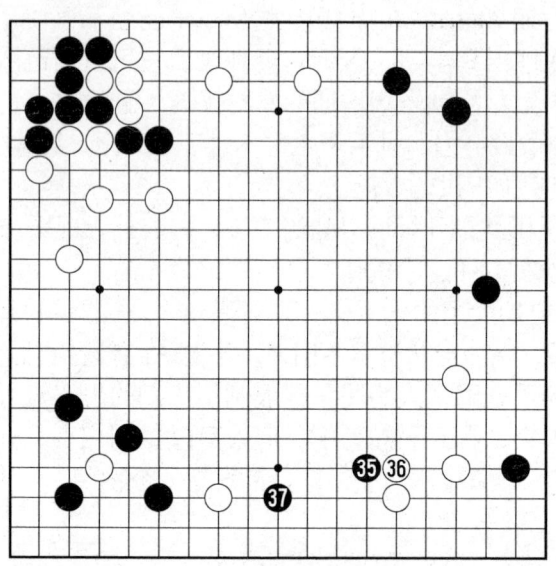

实战图 2 黑棋也看不懂白棋，转而在下方行棋。

实战图 2

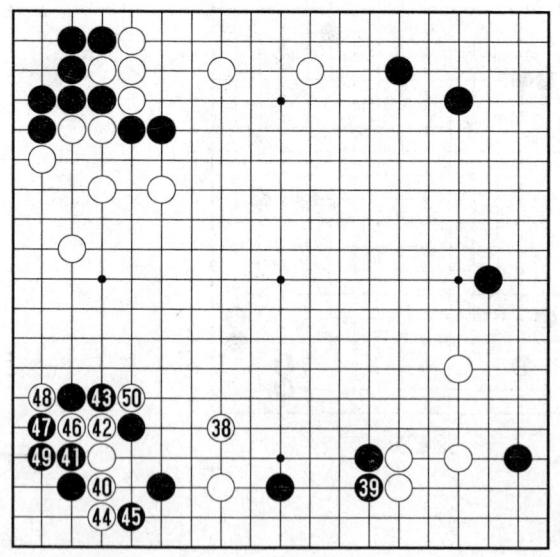

实战图 3 白棋弃子获得外围的便宜。

实战图 3

实战图 4 白 56、58 是强手。

实战图 5 到白 70，棋局的走向基本明朗，白棋所有的目的都是向中央发展，即使付出一些实地代价，但它始终连贯着思路，不计较小利。有点像做生意前期投入巨大，到了一定程度开始回报的时候，不但之前的投入可以收回来，还有成百上千倍的巨大利益。道理我们都懂，但是多少人不担心投入打了水漂，竹篮子打水一场空？还是保守一点先看眼前利益，每个小局部少赚一点，这样风险更小。

棋如人生，人生如棋。道理我们都懂，但是没人敢去实践，而 Master 的出现真的带给我们尝试改变的勇气。

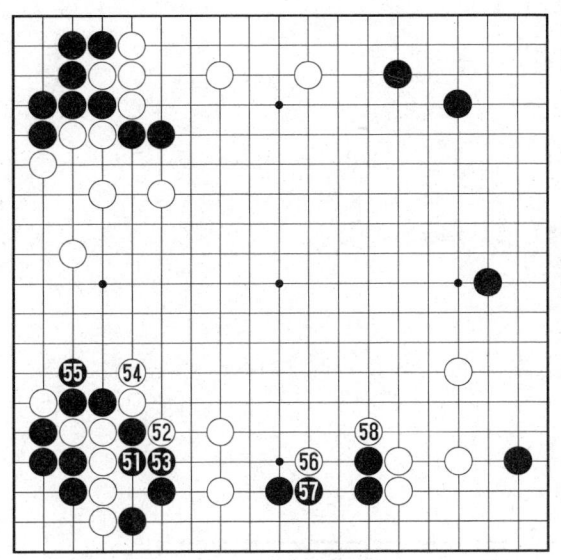

实战图 4

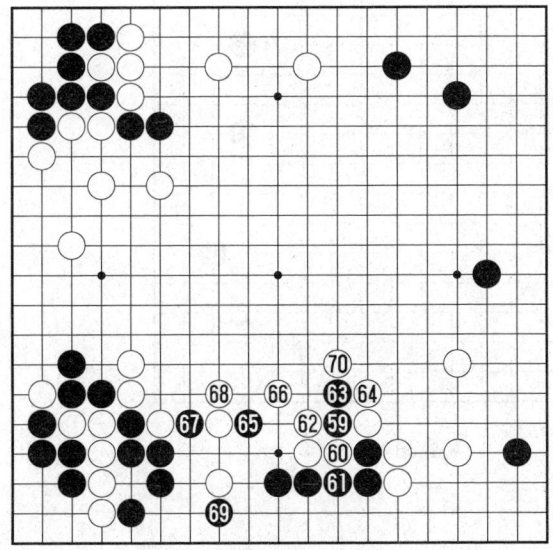

实战图 5

第13局　突　破

● 远山君（王昊洋）　○ Master

实战图1　白24是这盘棋的关键，也是Master风格的最佳展示。紧凑！不拘泥于棋形。

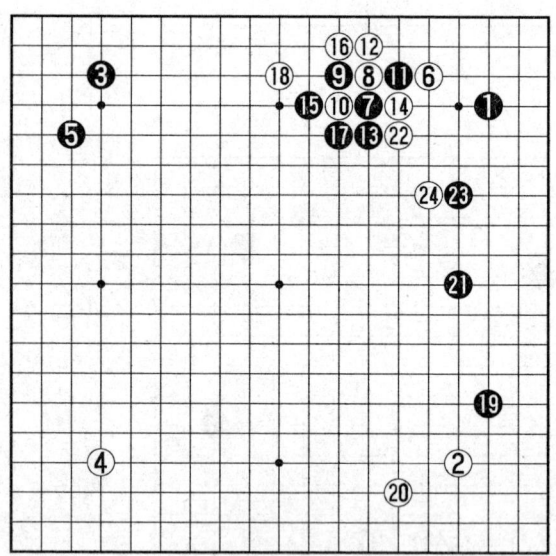

实战图1

第 13 局
突 破

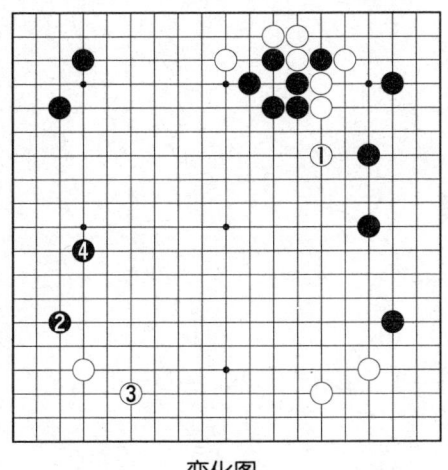

变化图

变化图 上图白24如本图1位跳堂堂正正，但是黑棋不会在这个局部继续下了，转而占大场。

当一个局面出现这样下也可以，那样下也行的时候，过去我们觉得没什么大差别，怎么都可以。但是人工智能的出现改变了这一切，以后不会有都还行的说法了，该怎么下？选择太多不会选？让AI给你答案。

实战图2 争得先手之后白棋抢占大场，白△的效果就是先手阻止黑棋A位扳，比起花一手棋跳出来讲究余味，Master更实际，更注重速度。

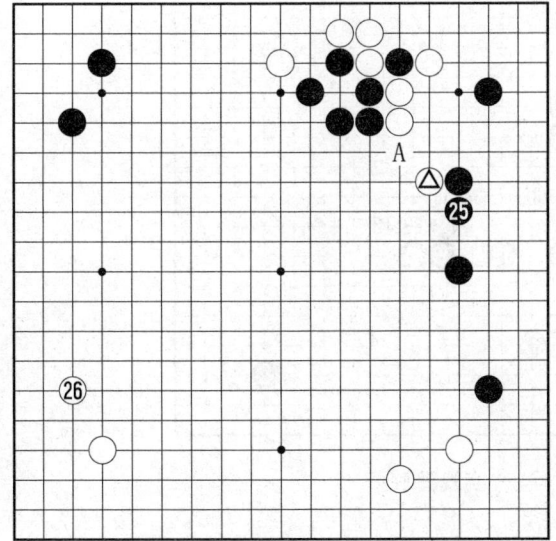

实战图2

人通过观察AI的下法会有革命性的提升，甚至突破，这是好现象。当然还有一种可能是普通爱好者越来越难看懂高手的棋了，日新月异，变化得太快了。就好比现在都使用智能手机了，您还用着当年的诺基亚，肯定跟不上趟了。

第14局 小不忍则乱大谋

● Master　○ 斩立决（严在明）

实战图1　黑43是本局关键的一手，虽然不特别，但是引出了白棋棋形的失误，一举制胜。

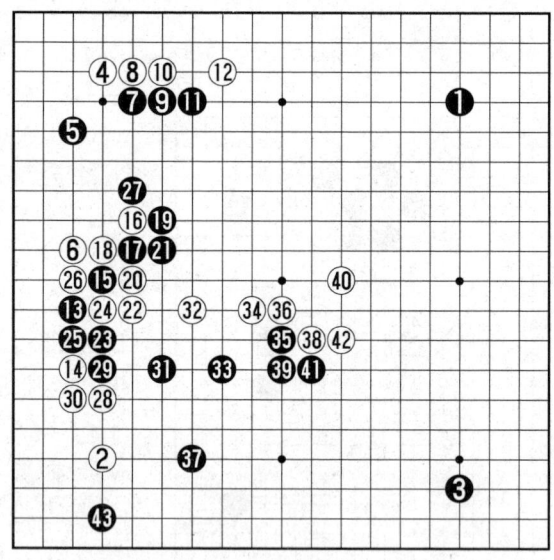

实战图1

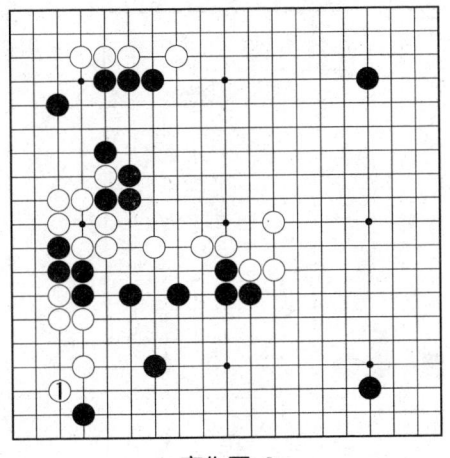

变化图 1

变化图1 如果有后悔药,白棋一定是下三·3回防,不会意气用事。小不忍则乱大谋说的就是白棋。

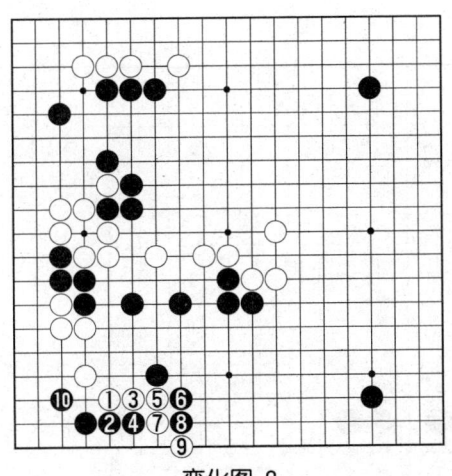

变化图 2

变化图2 白1小尖反击也不好,黑棋一旦夺走白棋的根据地,白方自己死活都成问题。

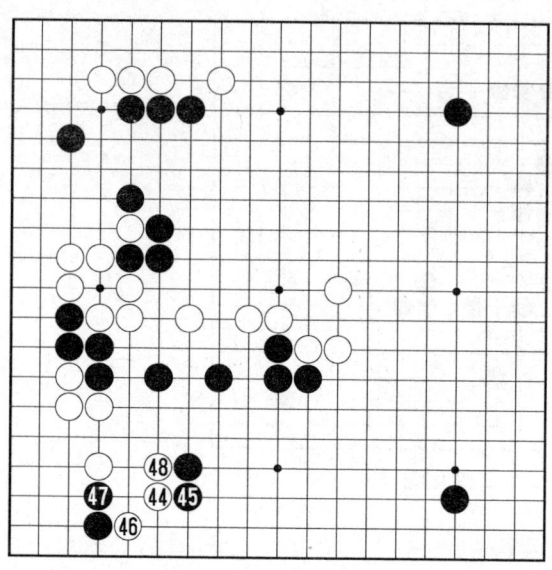

实战图 2 白棋的反击看起来似乎有效。

实战图 2

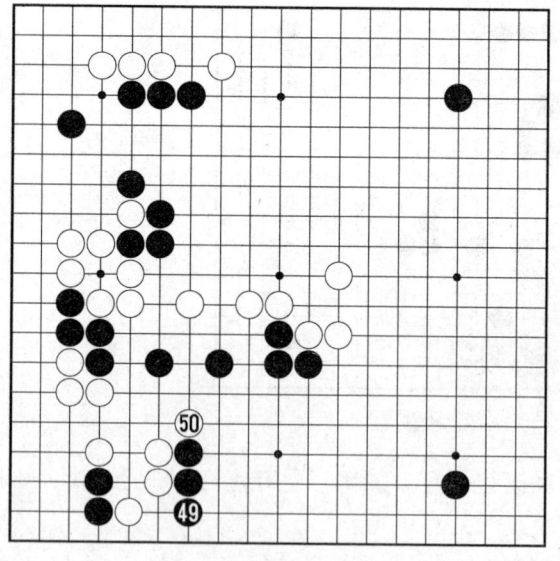

实战图 3 然后白50这手扳太随手了，直接加速了失败。

实战图 3

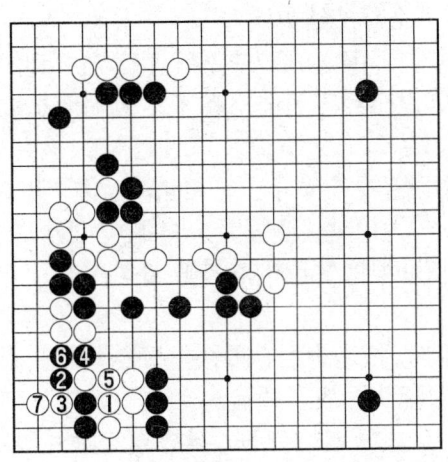

变化图 3

变化图 3 上图白 50 如本图 1 位团,白放弃一点可以确保大势不失。

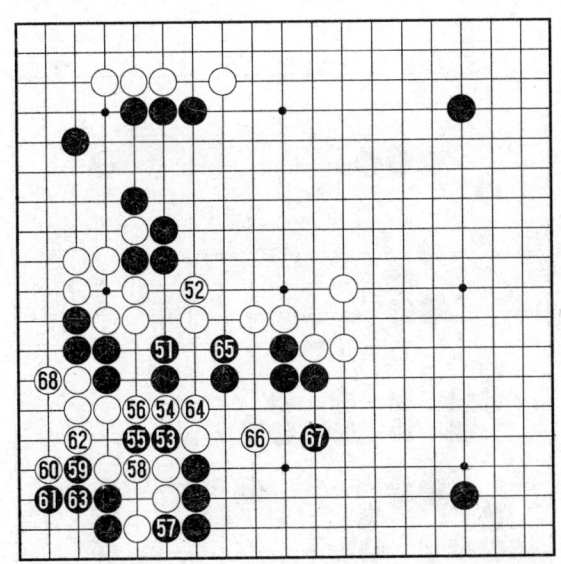

实战图 4

实战图 4 白棋自己还没活,仍需要补一手。本来是白棋的角地,结果黑棋实空比白棋还多,这一下棋局就该结束了。

实战图 5 此时白已经大败，一个局部结束战斗。

虽然在爱好者眼里棋盘还很空旷，但是，即使是职业棋手之间的对局中产生这样严重的失误，局势也已经不可能逆转了，更别说是与神经网络发达的 AI 对弈了。

其实关于人工智能的研究日本已经有十多年了，AlphaGo没有出来的时候，日本最强的"天顶围棋"实力也就达到强业余5段，与职业棋手的差距还是很大的，这也让人们乐观地估计机器打败人类在近几十年是不可能出现的。

但是 AlphaGo 引入了"策略网络"技术之后，很快就提高到职业水平。2016 年打败李世石之后，谷歌团队开放了源代码。这一举措一下子把围棋人工智能的水平拉高了。日本研发的 Zen6 挑战赵治勋九段，三番棋中 Zen6 赢下了一局。咱们国内腾讯开发的"绝艺"仅一年时间，在野狐网上对一众高手们的胜率不低于 90%，实力也非常了得。

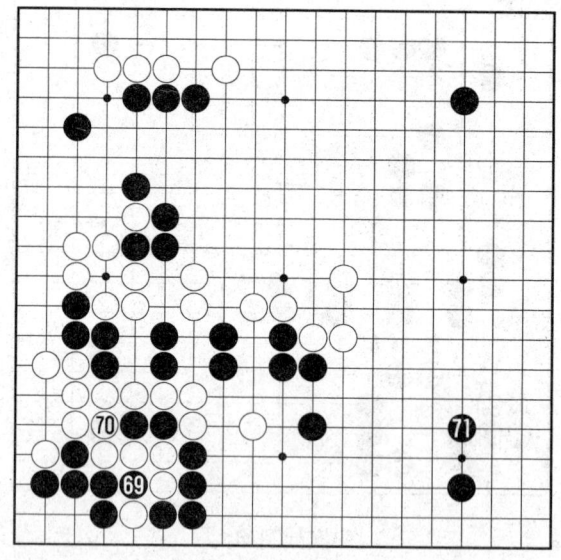

实战图 5

第15局 飞仙天外

● XIUZHI（朴廷桓）　○ Master

实战图1　白34是天外飞仙的一手，很美妙的感觉。初看这手棋无所适从，直接落子在六路是什么意思？实际这里面有很深的内涵。

这一带主要是围绕A位的征子做文章。直接去征子白不利，但是黑33一飞也不能说这里都是黑棋的了，白棋肯定要动出白12位一子，白34属于变相地借黑棋的劲行棋。

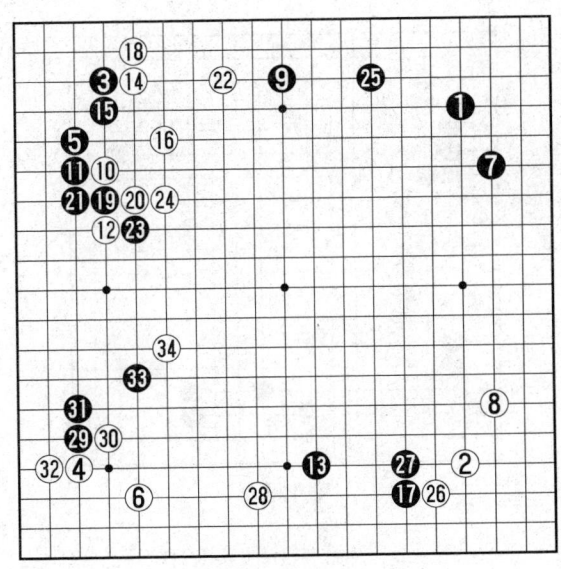

实战图1

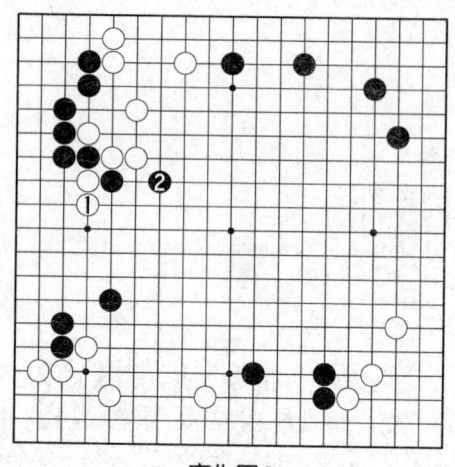

变化图 1

变化图 1 上图白 34 如本图 1 位长显得太重了，一旦这里脱不开手，会被黑棋缠住，本来很简单的问题也变得复杂了。

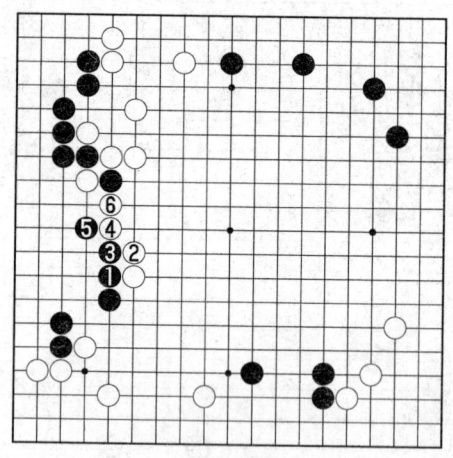

变化图 2

变化图 2 实战图 1 之后，黑 1 顺着白棋的思路爬，正中白棋下怀，白棋顺利地把自己下在外围，还吃掉黑一子，效果显而易见。

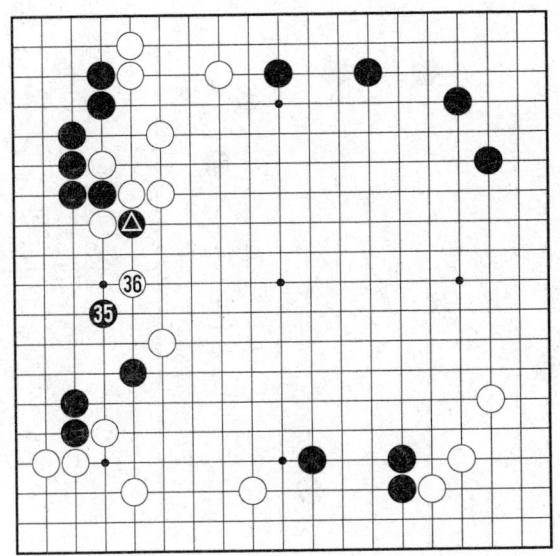

实战图 2

实战图 2 黑 35 的意思和上图黑 1 爬差不多，都是顺势而为。黑 ▲ 一子已经不好出动了。

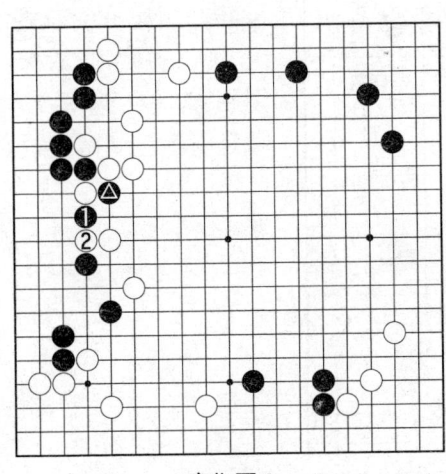

变化图 3

变化图 3 上图白 36 之后，黑棋可以在本图 1 位吃，但是白 2 冲顺势分断黑棋，黑没有下一手。黑 ▲ 一子和左边一队子左右不能兼顾，相当于 ▲ 一子已经不能逃了。

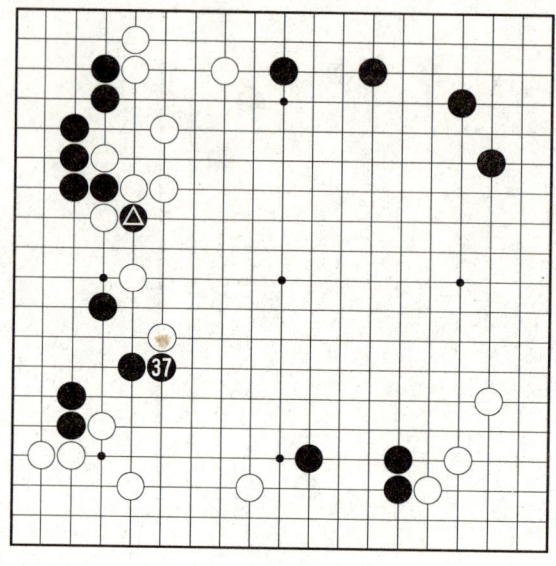

实战图 3 黑棋从另一个方向出头,保留这里的味道,也许以后黑▲一子还有活路,没有完全死干净。白棋吃黑▲一子还需要花一手棋。

实战图 3

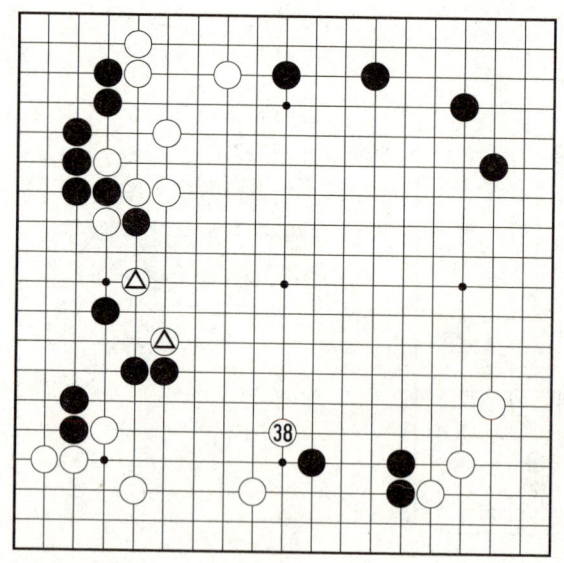

实战图 4 白方向清晰,看轻▲两子,反而让黑棋非常难受,大方向被白棋掌握。黑棋越是在这里纠缠越是将自己缠得更紧。

实战图 4

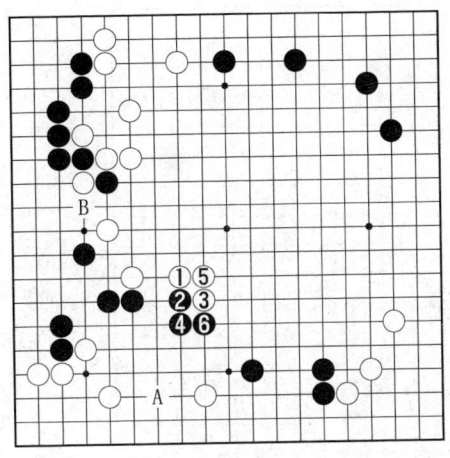

变化图 4

变化图 4 上图白 38 如本图 1 位顺着黑棋的思路，看起来也无可厚非，但是黑棋下到 6 位拐，两块棋联络之后，不但 A 位的打入白棋必须要防，将来黑棋依然可 B 位吃白一子。白棋这一串收效甚微。

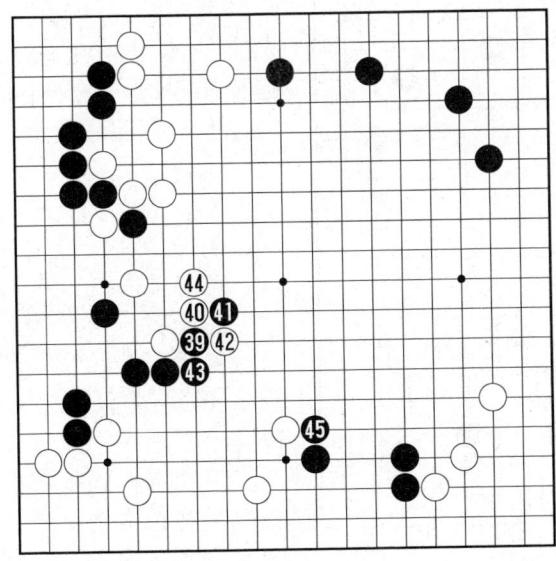

实战图 5

实战图 5 黑棋看势头不妙，强行作战也没有可发力的地方，只好 45 位先借机加强拆二几子，给自己回头之前找点面子，也实属无奈之举。

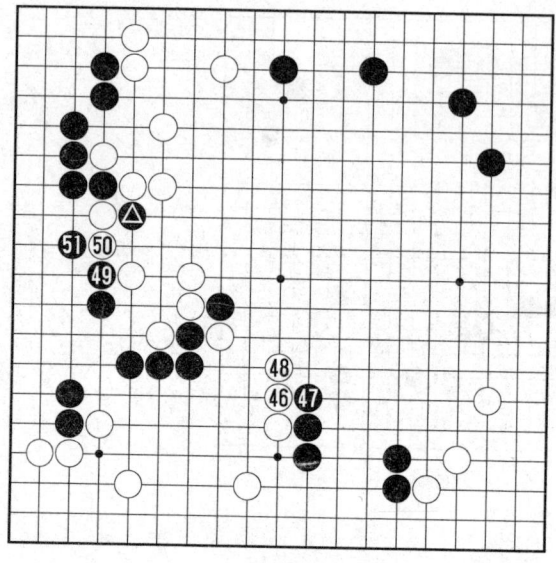

实战图 6

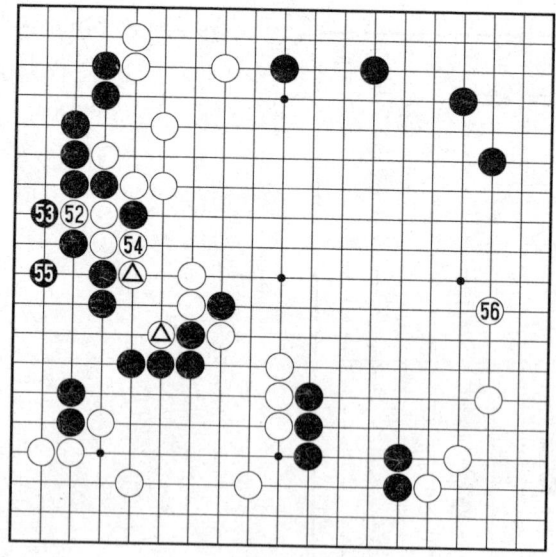

实战图 7

实战图 6 黑 51 还是委屈地联络了，相信接受这般无奈之时，黑棋内心也是暗自佩服 AI 的手段高明。这里黑棋一万个不愿意落子，目数不大不说，关键是将黑△一子彻底留给白棋当俘虏，还落了后手。

实战图 7 白棋在左边成功抢得先手，56 位拆二占大场实在是心情舒畅，白△两子将围棋棋形的美感展现得淋漓尽致，天外飞仙的下法宣告成功！

此时 Master 是 AI 已经毫无疑问，就目前人类的水准下出白 34 这样的棋不是不可能的，但是在短短几十秒的时间里出现这么灵动的构思，给人多一些时间还可能，在快棋里难以反应得过来。

也从这一刻开始，一流高手们开始摩拳擦掌跃跃欲试，要与 AI 较量一番了。

不明真相的围观群众也都在惊呼 Master 是何方高人，拥有这般棋力！

第16局 再次创新

● 剑术（连笑）　○ Master

实战图1　白28碰这手棋在之前从未见过，Master再次创新。

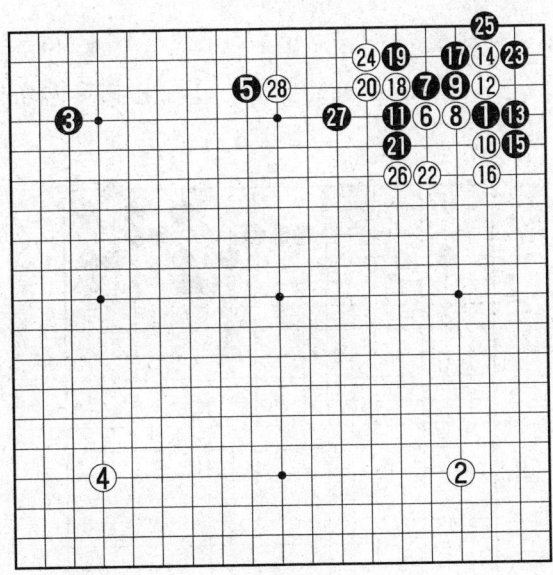

实战图1

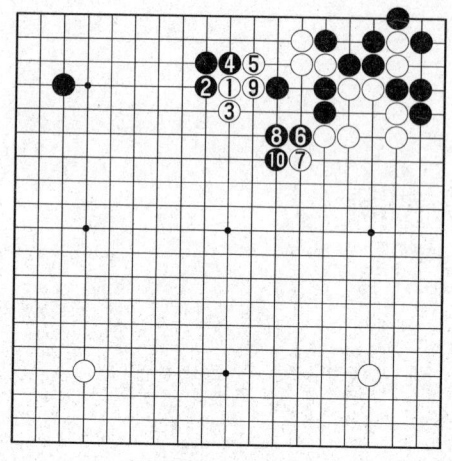

变化图 1

变化图 1 上图白 28 如本图 1 位点是之前普遍的下法，这里白棋可以逃出三子，形成黑白互逃的局面，不过白棋有两块棋需要顾及，还是会辛苦一些。

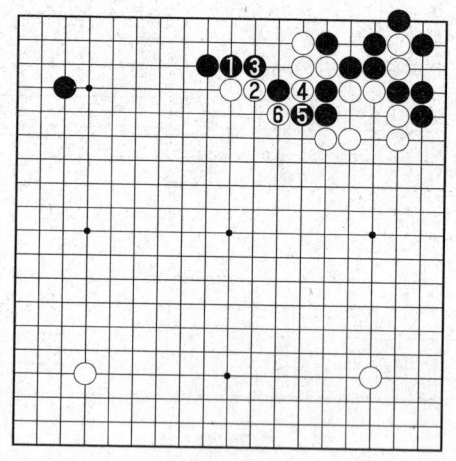

变化图 2

变化图 2 黑棋想当然地爬过肯定不行，白 4、6 的下法可以先隐而不发，但任何时候都是存在的。

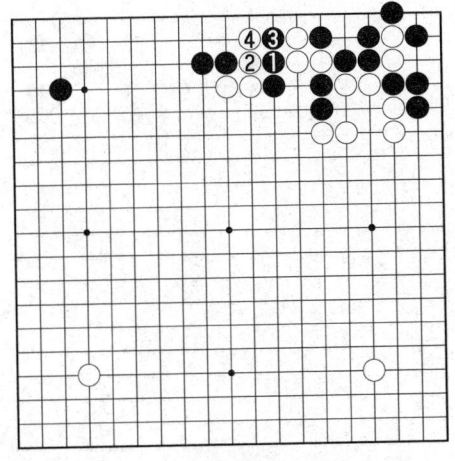

变化图 3

变化图 3　黑一味地要吃三子，白棋就顺势弃子，正中白棋下怀。

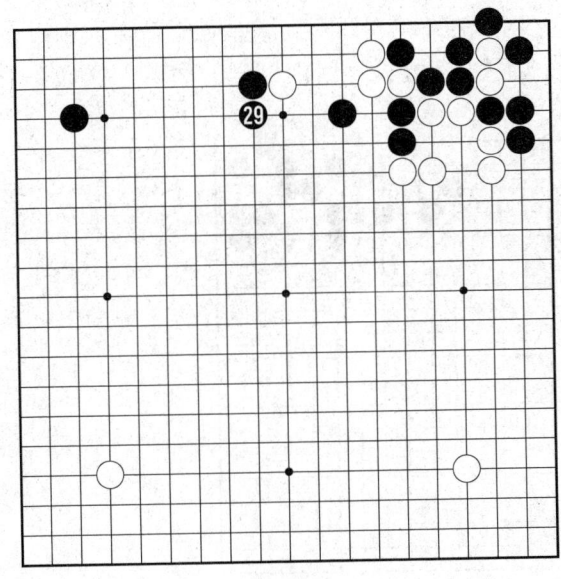

实战图 2

实战图 2　黑棋在快棋短时间中来不及对白 28 的新手做出反应，很可惜这里就这样错过了最强下法。

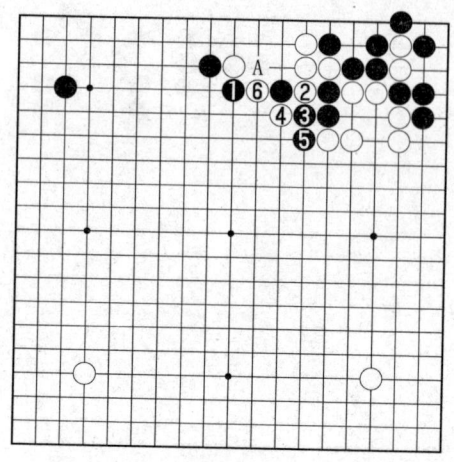

变化图4

变化图4 上图黑29如本图1位扳的话，显然白棋设计了4、6位出头的手段，这比单纯出头的好处是借了黑棋的力，出头更顺畅。不过黑棋如果将计就计A位继续吃掉一子似乎也是难解的局面，黑棋也不一定坏。黑如果实战如本图1位扳，之后白棋会怎么下，这是个未解之谜。

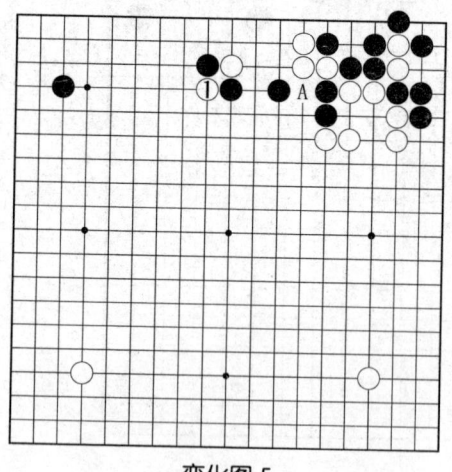

变化图5

变化图5 上图黑1之后，也有人提出白棋会1位断弃子，利用A位冲断的味道做文章，黑棋不敢用强，白棋可以达到弃子的目的。

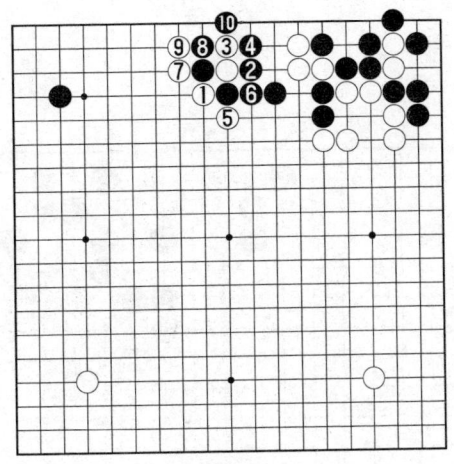

变化图 6

变化图 6 这样白棋也是一法，弃掉包袱换取 5、7 位的便宜，转身重新打开局面。如此构思也很巧妙，可惜白棋实战没有下出扳，一切都只能是我们的设想。

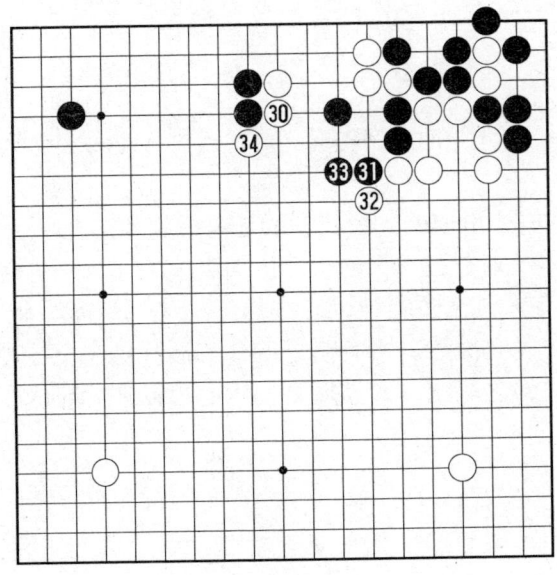

实战图 3 黑棋已经无法封锁白棋了，自己二子头被扳住气很紧。黑方现实中虽然以喜杀、好作战闻名，但是这一带的结局却令人意想不到。

实战图 3

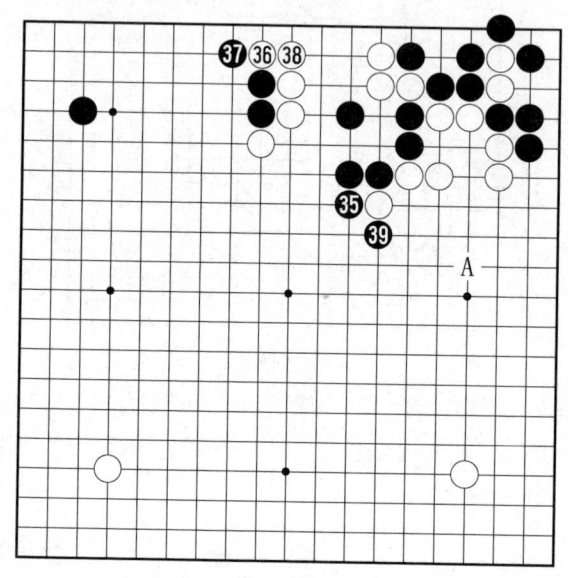

实战图 4

实战图 4 黑 39 之后，A 位逃难道不是当然的一手？Master 却说没有什么是不能弃掉的。

这里涉及人类棋手对右边价值的判断更多的是考虑到黑棋也没活，双方呈互跑的趋势，这样一来右边 7 颗白子的价值就变大了许多，轻易不愿舍弃。但是 AI 没有人这么多羁绊，它的选择往往都是简明化、快速定型，在减少变化中确立优势。所有棋子的死与活都是在全局思路这个大前提下进行的，与之对比，人类复杂的内心活动在此时成了产生阻碍的路障。

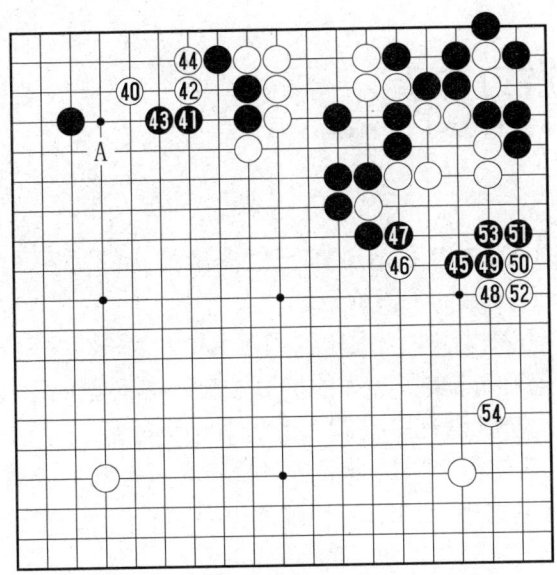

实战图 5

实战图 5 进行到这里我们判断一下形势，发现黑棋右上角大约 35 目强，左边欠着 A 位飞出无法算目，还可能是负数，而全局再无发展。白棋下面占有两角，右边 54 位守角之后按 20 多目计算的话已经很保守了，加上上面和左下角白棋的目数，以及将来下边白棋势力范围内发展的潜力，35 目易如反掌。且不说黑棋贴目怎么贴出来，不贴目黑棋也已经大差！

右上角变化仅仅十几手棋，局面就产生如此大的差距，这是当初黑 45 吃白棋的时候没有想到的，Master 弃子反而大胜，不得不向它学习这么精彩的思路。Master 的大局观一直被人称道，这盘棋绝对是具有代表性的一局。

第17局 游刃有余

● 剑术（连笑）　○ Master

实战图1　AI的招法在之前已经多次给我们留下了深刻的印象，本局白棋继续用高效的手段给我们"上课"。

Master从照着棋谱学习进化到了自由探索的阶段之后，实力又提高了一步，也让我们证实了实力的提高依赖于高质量的数据，简单来说人类近20年比赛激增，棋手们无论是面对面对局，还是网络上的对局数量都很大，这使得下出的棋很多时候不再只是纸上谈兵，空谈优劣，产生了很多对过去理论的革新，棋艺也得到了十足的提升。应该说现

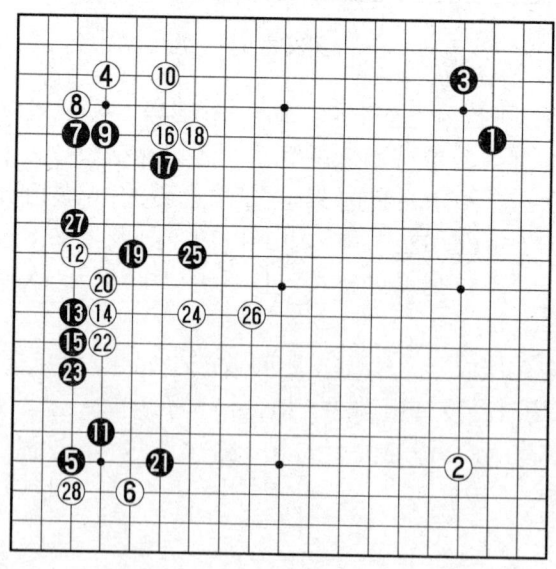

实战图1

在的一流棋手所达到的技艺高度是一般爱好者难以想象的。

而 Master 出现后，也就只有现阶段我们人类还尚能跟他一决高下，一旦它自我博弈不断提高完善，很快就会一骑绝尘，人类很难再追上它。

实战图2　白30就是此时的答案，这是处理白△一子紧凑的好手。

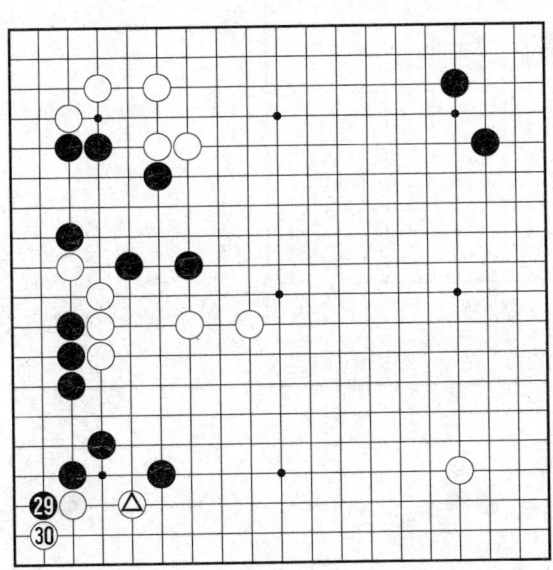

实战图2

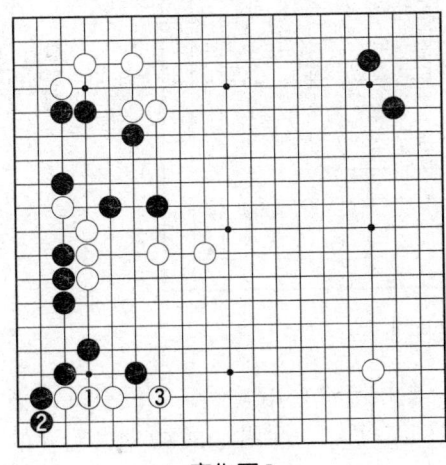

变化图1

变化图1　上图白30如本图1位粘的下法也可行，但是对比实战的白棋就能够知道，还是实战白棋效果更好一些。

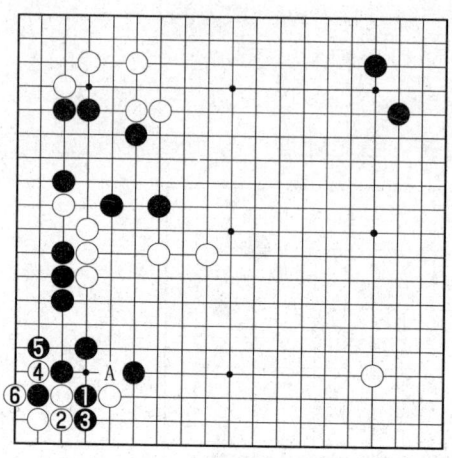

变化图 2 实战图 2 白 30 之后，黑棋如果 1 位打后冲下也是可以考虑的，不过接下来由于有 A 位的毛病，黑棋下一手很困惑。补一手效率太低，不补又总是有隐患。也是出于这个原因，黑棋没有选择这样去下。

变化图 2

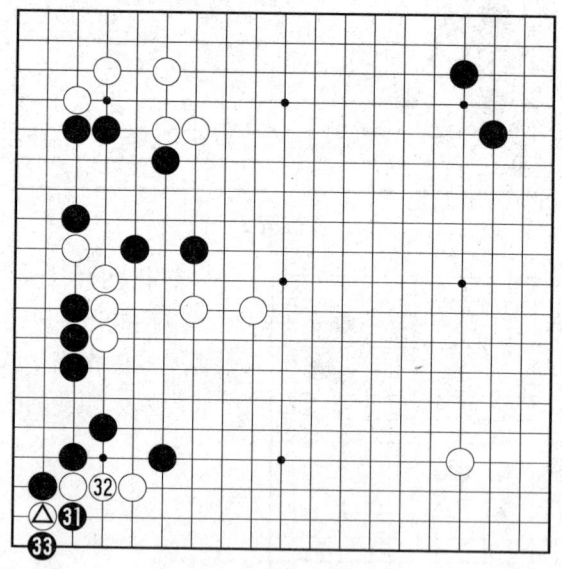

实战图 3

实战图 3 冲下来的变化不好，黑棋就选择取角地，也没有其他下法可选了。这样一来白△的手段得到了便宜，黑棋变成软头对后面的影响是很大的。

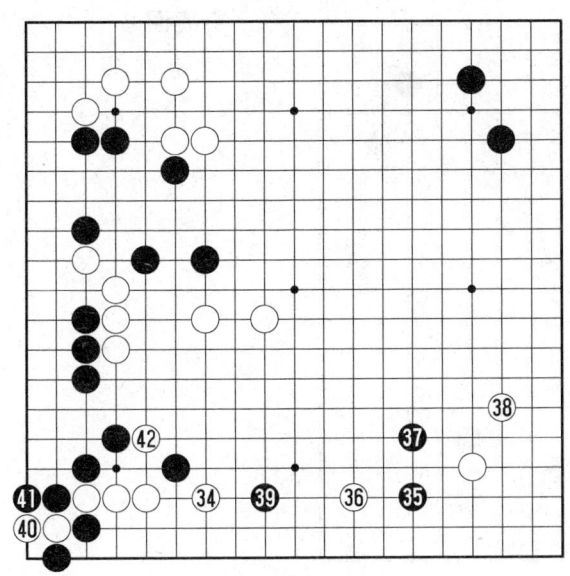

实战图4 白42就是之前说的软头借用。此时白棋一靠，黑棋一点劲都使不出。黑棋难受。

实战图4

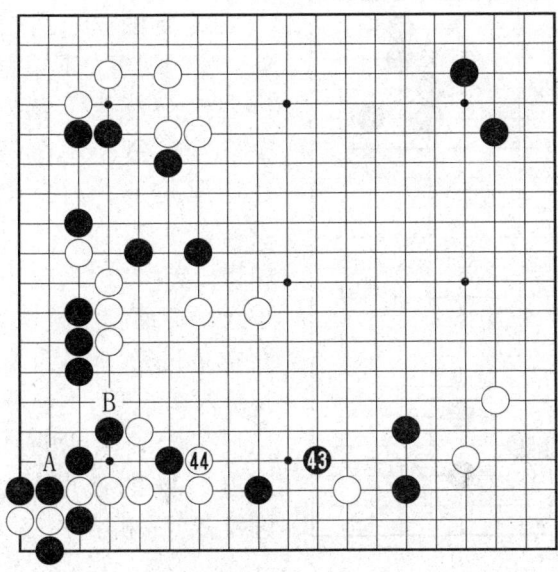

实战图5 白44贴考验黑棋，A位马上要出棋，那么黑棋怎么补又是问题。要想对外围好一些应该下B位，但是这手棋好像单官一样，一点目数都没有。

实战图5

实战图6 黑棋还是更看重实地，补在里面。

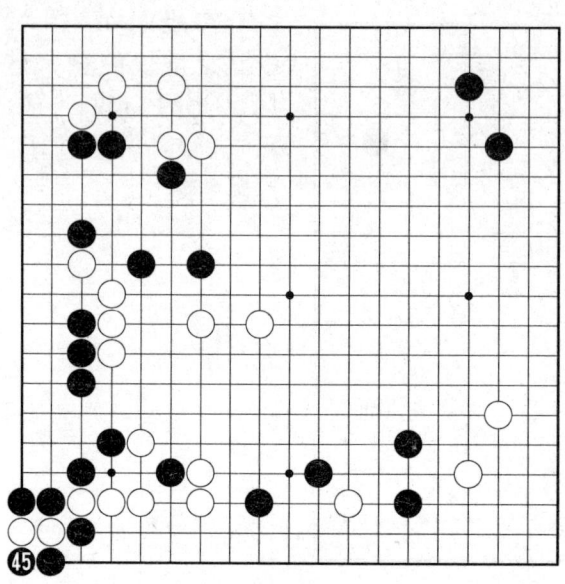

实战图6

实战图7 到白56，我们观察左下角黑棋在这一带花了多少手棋？黑▲、51反复在这里落子，对白棋没有产生威胁，相反白棋上方58位又抢占了大场，速度十分快。而重复的另一层含义就是效率低下。

布局最重要的是速度，谁的速度快，谁就占了先机。

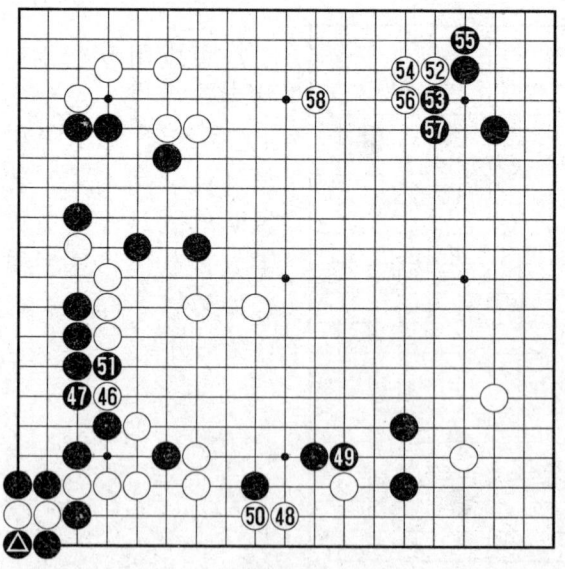

实战图7

第18局 空间感

● Master ○ 吻别（柯洁）

实战图1 在万众期盼中，吻别终于迎来了和AI的第一次交手，内容也着实没让围观群众失望，十分精彩刺激。

黑43尖冲，黑棋想要伺机动出19位一子。

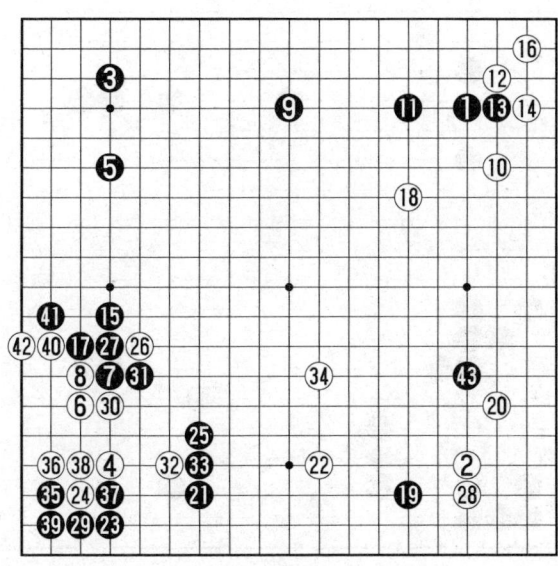

实战图1

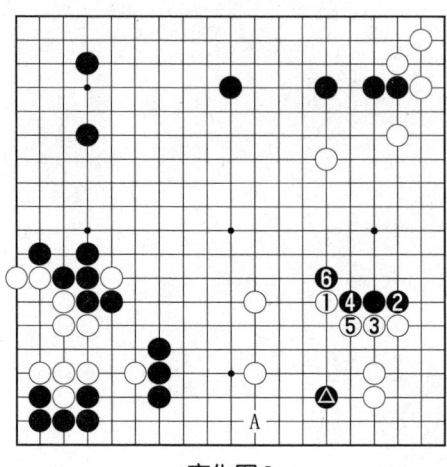

变化图 1 从后面的进程来看白可能下1位使黑棋无法出动▲一子好一些，不过 A 位漏风，黑棋随时可跑回去，白棋也有不愉快的地方。

变化图 1

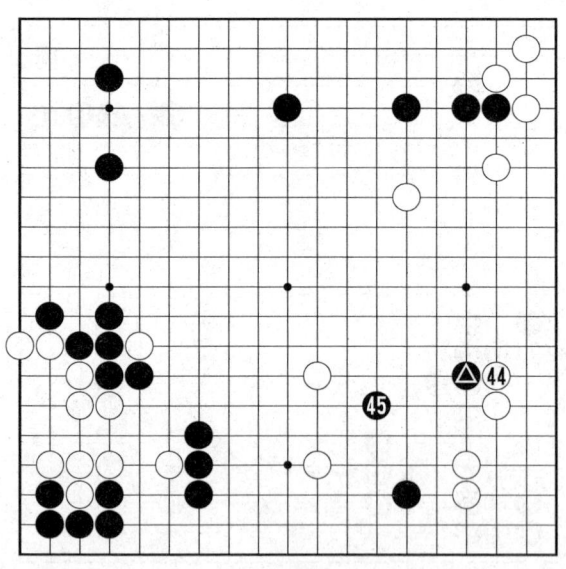

实战图 2

实战图 2 黑 45 是空间感非常好的一手棋，在▲位交换一下之后，黑棋真实的意图显露出来了。

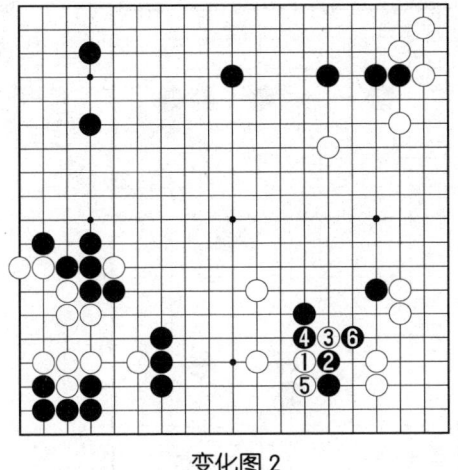

变化图2

变化图 2　白棋如果反击，黑刚刚尖冲的子就起到了引征的作用。

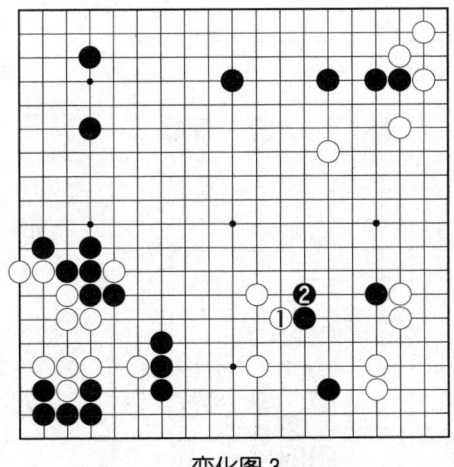

变化图3

变化图 3　白棋仅仅为了补自己的断点而帮黑棋出了头，不能考虑。

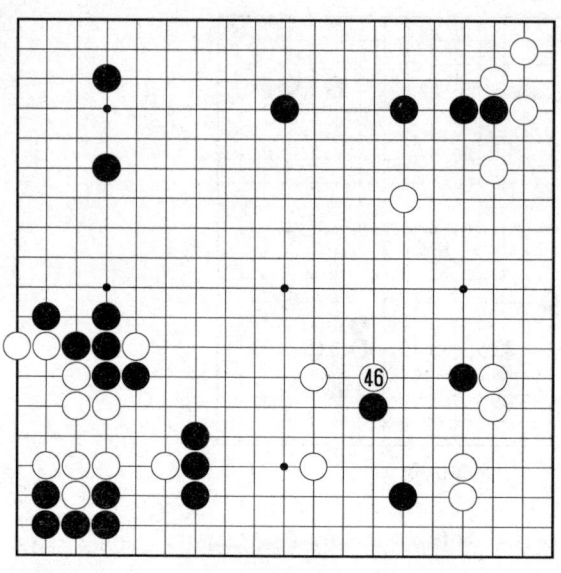

实战图3

实战图 3 白棋从上面盖。自古英雄出少年，遇到强敌绝不能退缩！

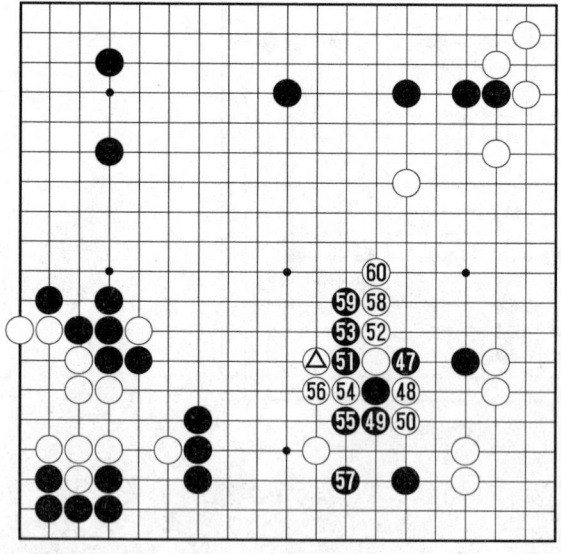

实战图4

实战图 4 白 60 转换了，白棋在右边围起实地，而之前还跳向中央的白△几子只能放弃。

白右边目数当然很大，不过黑棋鲸吞掉下方白四子收获也是巨大。

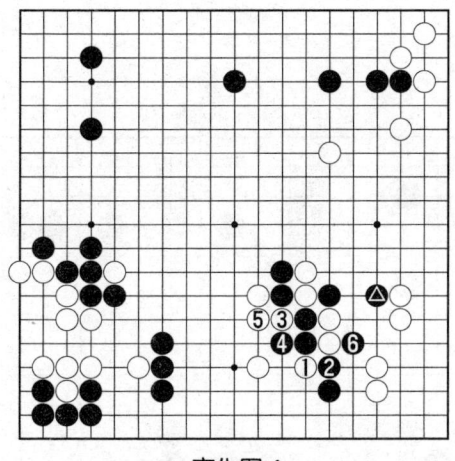

变化图 4

变化图 4 上图白 54 如本图 1 位扳断不行，之前尖冲的❷位一子起着关键的作用。

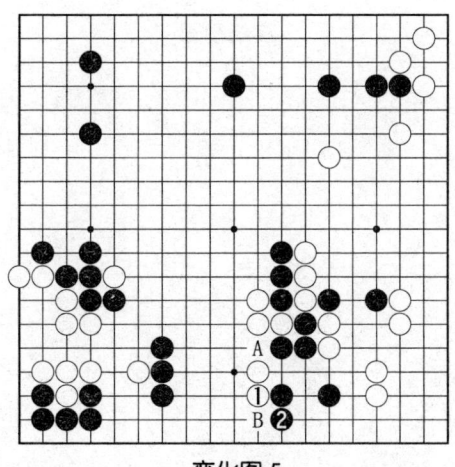

变化图 5

变化图 5 实战图 4 白 60 如果在本图 1 位挡，黑棋就立，由于 A 位白棋有缺陷，白棋不能在 B 位挡，黑棋生死无忧。

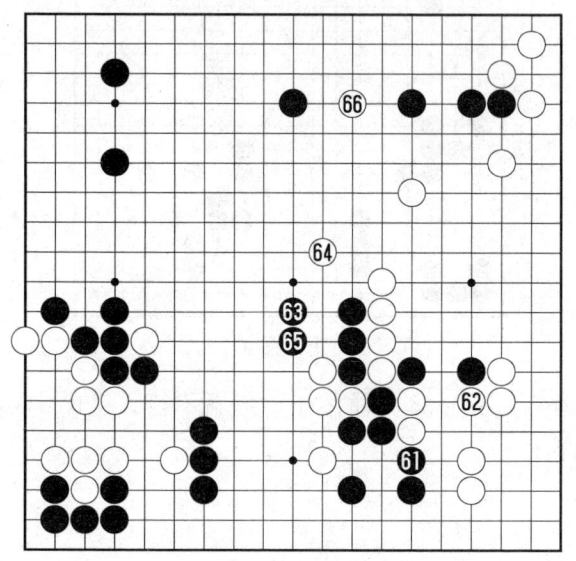

实战图 5

实战图 5 白 66 打入，右下角引发的战事告一段落，白棋继续开辟新的战场。

第19局 弃子获利

● 吻别（柯洁）　○ Master

实战图1　这盘棋双方有亮点的地方也很多，但我选取了我认为最有趣的地方给大家介绍，确实是大大开拓了人类脑容量的变化。

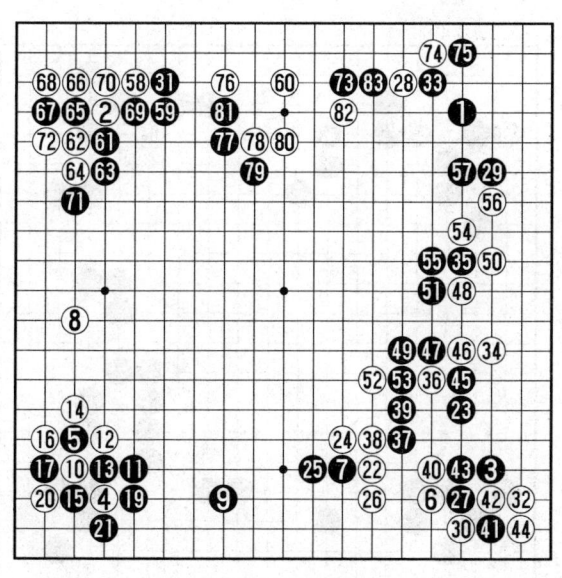

实战图1　　　　　　　　⑱=❺

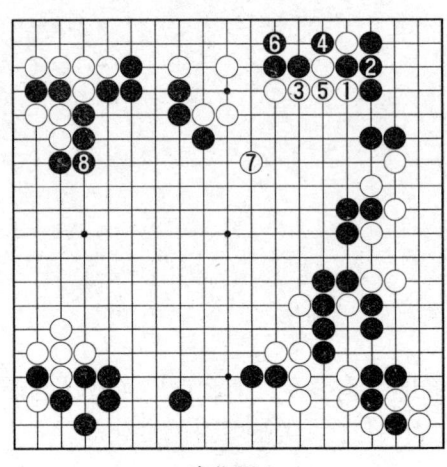

变化图 1 上图黑 83 之后，如果白如本图 1、3 位这样下不会有任何疑问，白棋将自己的头走畅，黑棋也如愿下到 8 位这个全局最大的地方，如此一来棋局漫长。

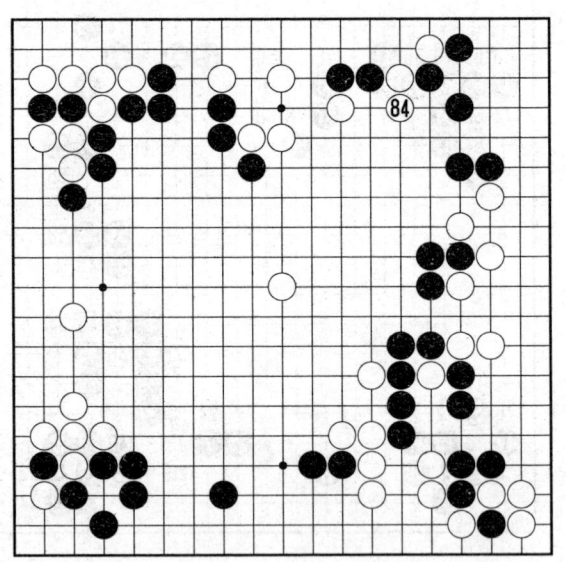

实战图 2

实战图 2 白棋 84 位长一招，一下子没搞懂它的意图。

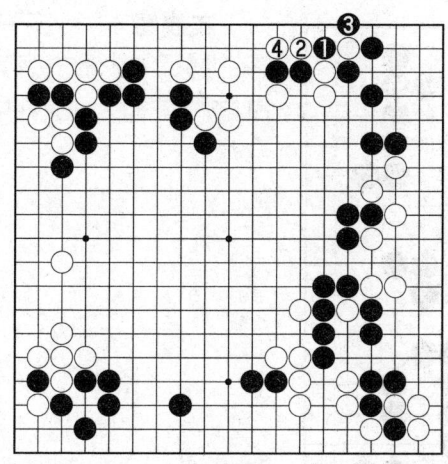

变化图2

变化图 2 如果幻想对方会1、3位打拔那就大错特错了,黑棋假如这样下,那实力差距也太大了。

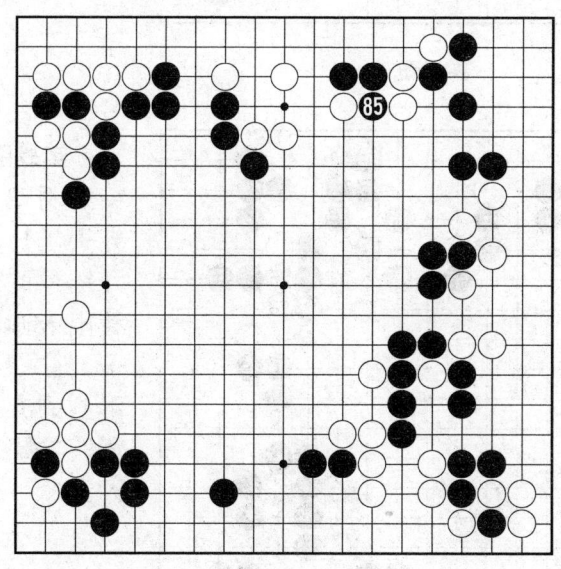

实战图 3

实战图 3 黑棋一定会反击。

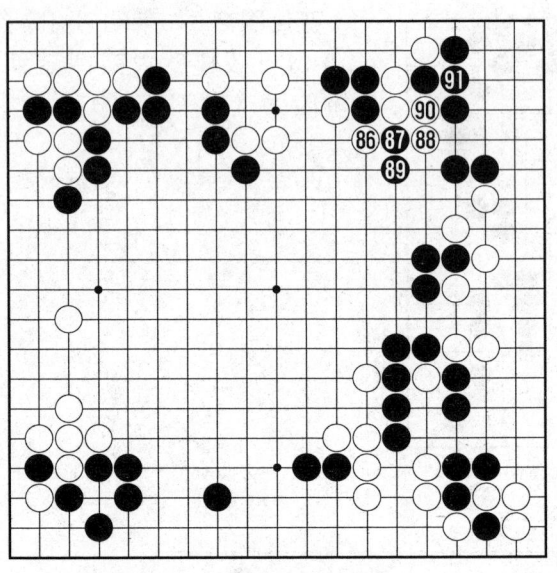

实战图 4 一下子感觉到了紧张的气息，白棋两块如何能够两全呢？

实战图 4

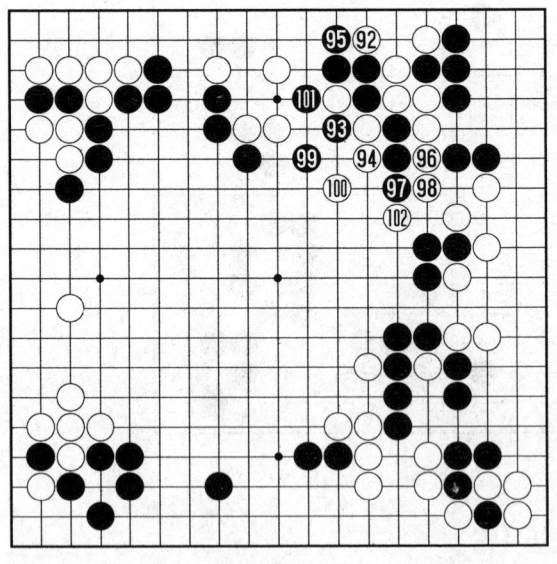

实战图 5 到此时突然明朗，原来白棋弃子了！从之前我们介绍过的对局中可以看出 Master 很善于弃子，往往在令人意想不到的弃子之后局面意外变得简明。

实战图 5

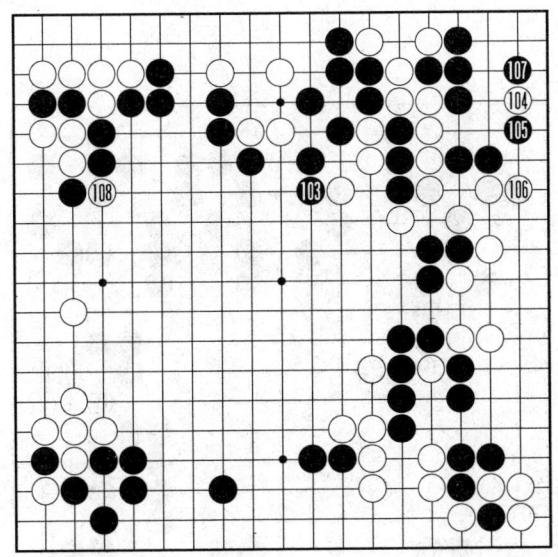

实战图 6

实战图 6 白棋真正的目的在于争先手断掉 108 位这个全局最大的地方，这时候我们再观察黑棋吃掉白棋四子的地方，真的是越吃越小，除去左边白棋成的空，除去中间白棋吃三子的价值，黑棋其实没剩什么目数了。

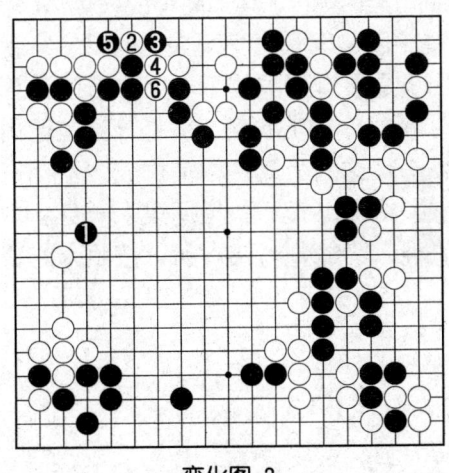

变化图 3

变化图 3 上图白108 之后，如果黑棋在局部脱先，比如下本图黑1，由于黑棋气紧，还存在 2 位出动的手段，所以黑棋即使不情愿，也只能眼睁睁看着白棋左边成实地。

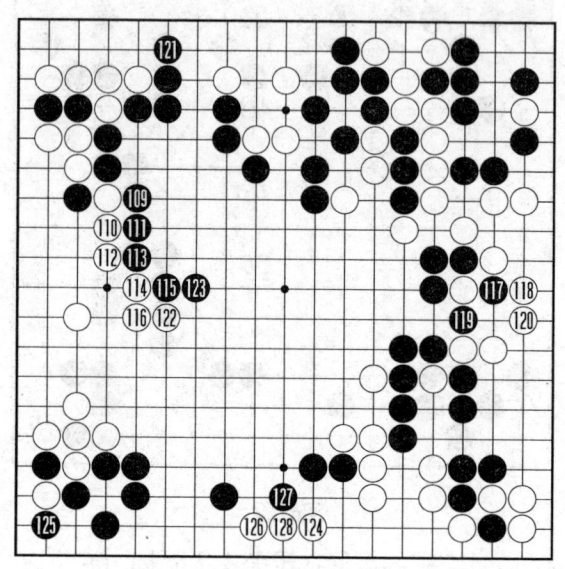

实战图 7

实战图 7 黑棋投子认负。

AI 怎么会这么厉害呢？大家都有这个疑问。其实简单说就是 AI 训练了两个深度神经网络，一个叫"策略网络"负责学习人类的棋感，就是通过人类的棋谱猜测棋盘上哪几步是最有可能的下一手，帮助计算机去"剪枝"。另一个"价值网络"负责作形势判断，就是计算在选用策略网络推荐的下一手时的获胜概率。这两个算法相辅相成，互相推动，产生了乘法效应。相当于战争中将参谋长、总指挥集于一身。下棋最重要的也是这两点，又有价值观，又能判对错。所以按照人的普通思想是赢不了 AI 的。

第20局 愚形的秒杀

● Master　○ XIUZHI（朴廷桓）

实战图1　黑21是AI独有的空间感，人在短时间内在很多选择中还是很难找到这样恰当的选点的，Master之前也给我们展示过其他天外飞仙的手段，与这个类似都是在"空中舞蹈"，不同的是这手棋兼具了进攻和扩张模样两个意图。

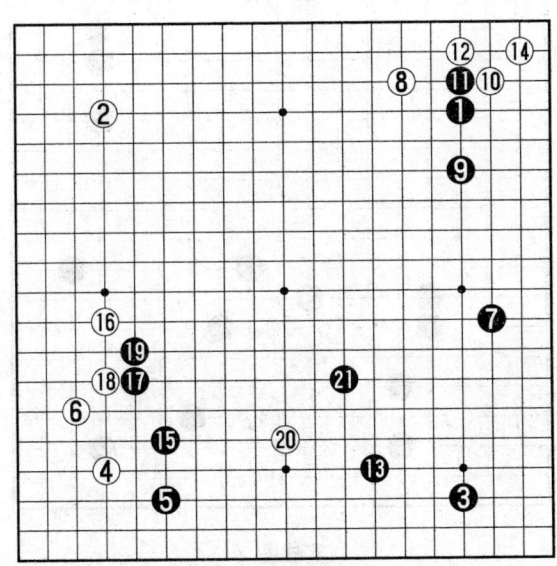

实战图1

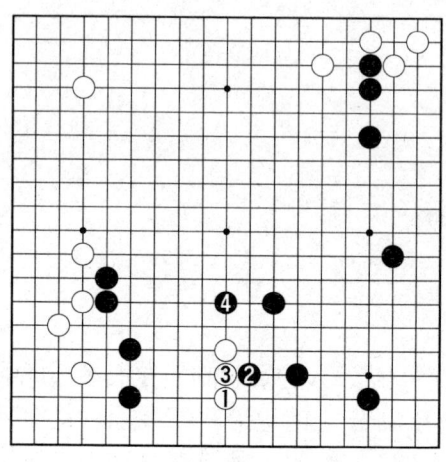

变化图1 白如果跳下来，黑棋并不是要吃白棋。封锁住白之后，白活棋过程中必然将黑棋右下角撞厚，黑棋的目的就达到了。

变化图1

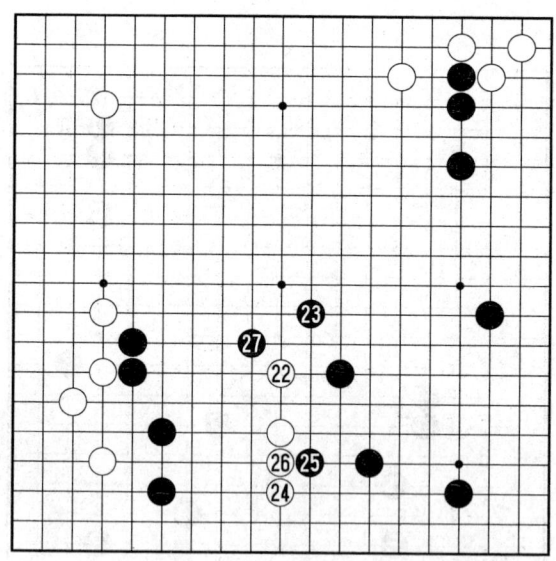

实战图2

实战图2 黑棋的目的就是封锁，但是白棋不跳下也不行，白24早晚都要下的。

第 20 局 愚形的秒杀

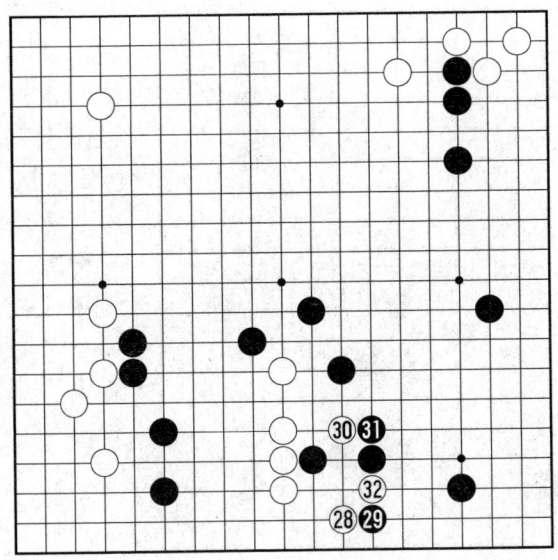

实战图 3

实战图 3 白 32 这手棋是快棋读秒的产物，人与人对局时常常会有"看不清"的状况，但是一般抱持着"我算不清，对方也算不清"的想法就会下上去，人的容错率是很高的。

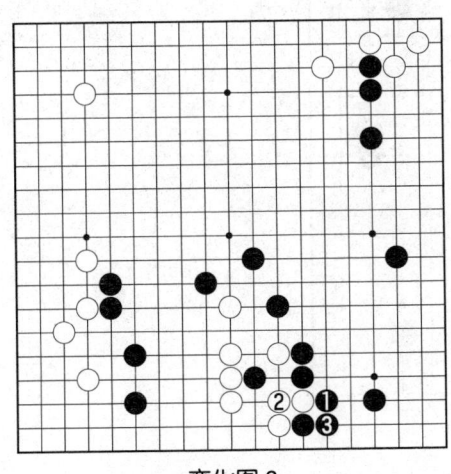

变化图 2

变化图 2 如果是人与人的对局，可能黑棋就算了，退让一点点，黑棋大方向还是好的。

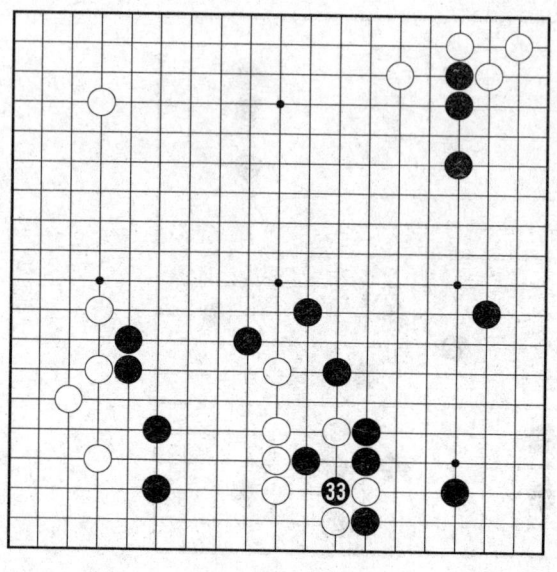

实战图4

实战图4 黑33就是AI，不会留丝毫情面，而且时间对他来说没有压力，AI几乎每步棋7秒落子，发挥非常稳定，带给人的压力太大了，而且还是在复杂计算的情况下，时间少对于人类棋手来说确实很吃亏。

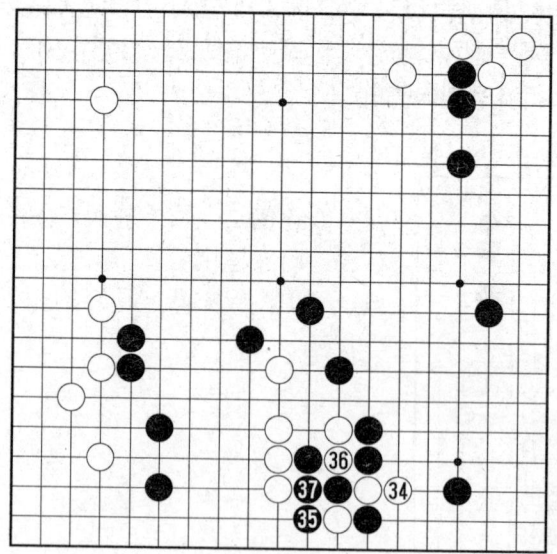

实战图5

实战图5 黑棋这么强硬肯定是白棋之前没有想到的。

第20局
愚形的秒杀

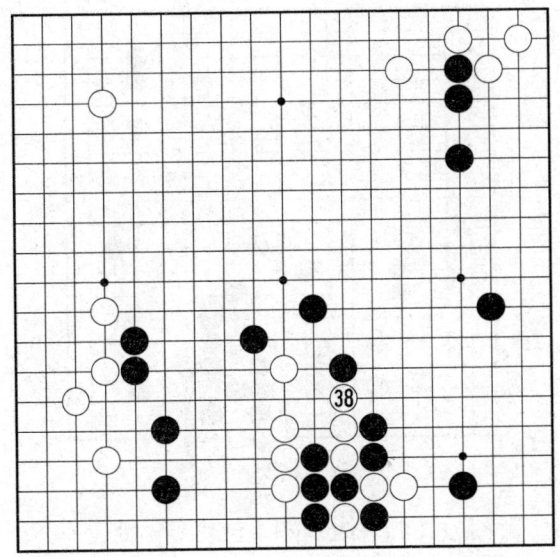

实战图6

实战图6 白棋感觉上总是不怕黑棋的,黑棋这里气紧而且棋形坏。其实白棋在这里有些大意了。

变化图3 白棋由于时间紧张来不及细想,其实实战白38下在本图1位粘是唯一的一手。黑如果2位爬回去,白棋出了头可以满意。

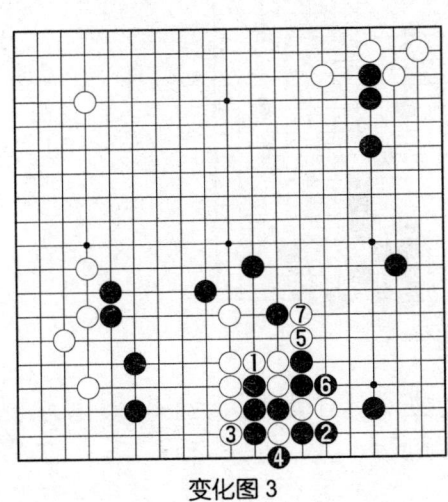

变化图3

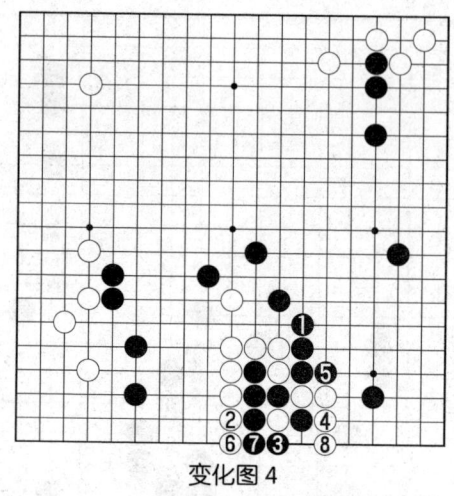

变化图 4

变化图 4 上图黑 2 如果像本图 1 位松着气走,杀气白快一气。

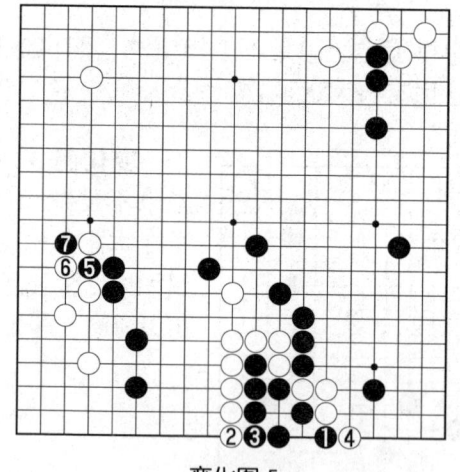

变化图 5

变化图 5 上图黑 5 如本图 1 位扳,这样就是另一盘棋了,黑顽强做劫和白棋周旋,但有比较勉强的感觉。

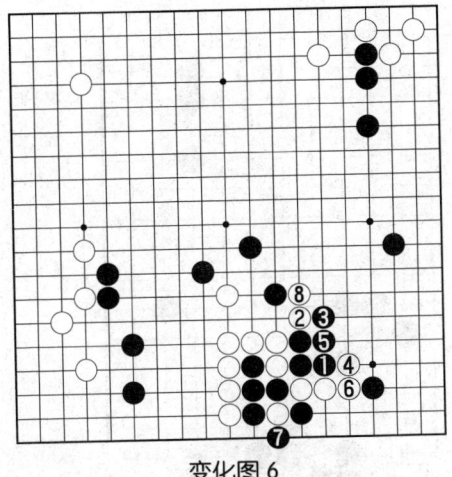
变化图6

变化图6 变化图3黑2如果像本图1位强贴收气,那么跟实战差别太大了,白棋轻松出头了。

实战图7 黑45是超级强手,白棋没注意到这手愚形好棋。

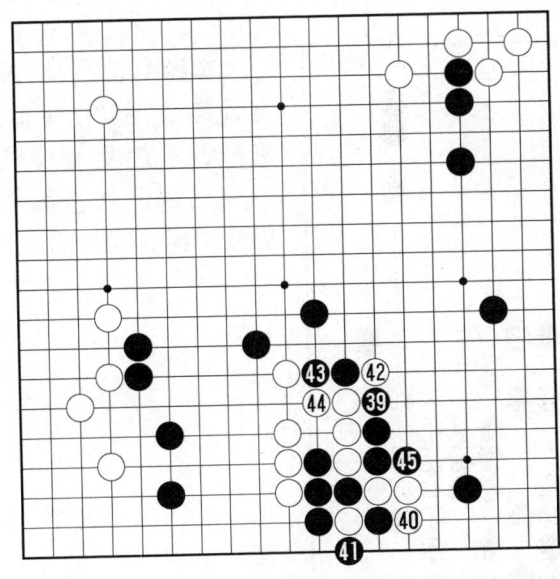
实战图7

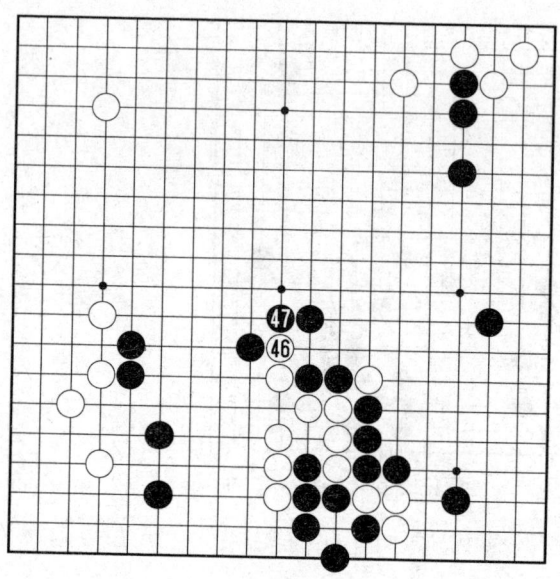

实战图 8 黑棋居然全都能撑住，看似破绽百出，但是白棋无论如何也挣不脱这张破破烂烂的网。

实战图 8

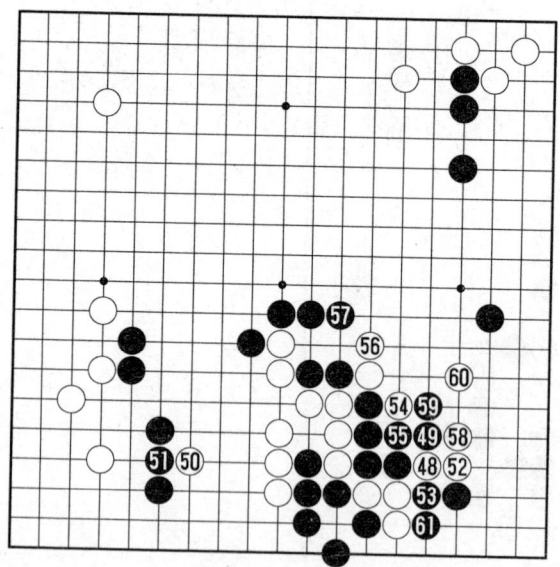

实战图 9 白棋无奈地接受现实，承认失败，这里吃不掉黑棋自己都要死，等于脆败，非常可惜。

实战图 9

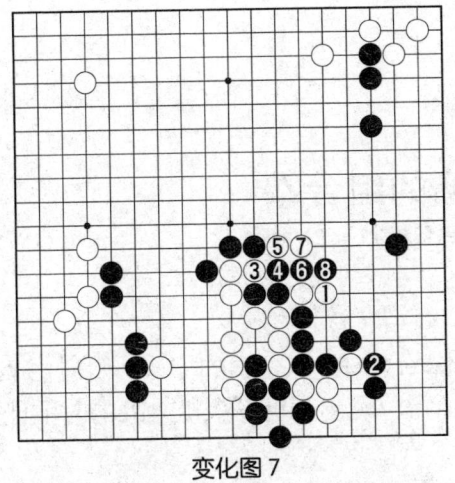

变化图 7

变化图 7 实战图 9 白 52 如本图 1 位长,白棋征子不利。

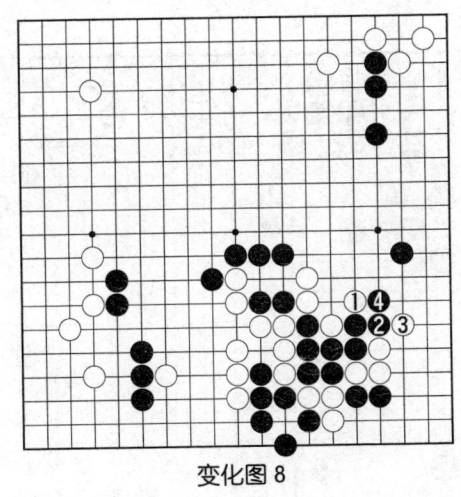

变化图 8

变化图 8 实战图 9 白 60 如本图 1 位扳,局部也没棋。

第21局　**流畅的组合拳**
●龙胆（陈耀烨）　○Master

实战图1　Master总有让人惊喜的招法，看看白78这手尖冲五路，是不是脑海里不由得浮现出李世石人机大战的时候让大家惊呼的四路尖冲呢？

其实这个尖冲更好理解，白棋送空给黑棋，问你要不要围空。

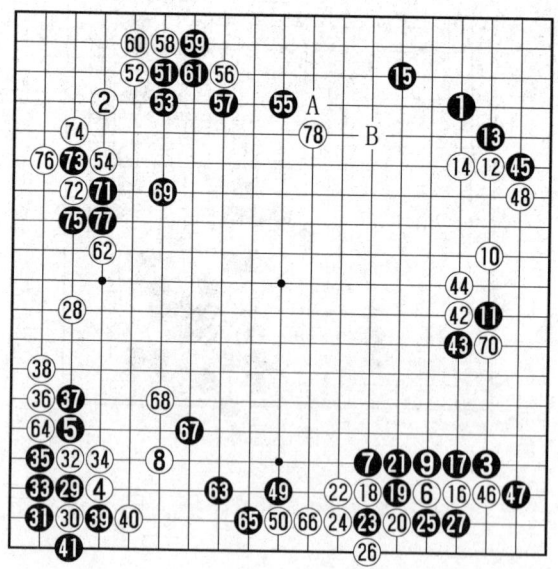

实战图1

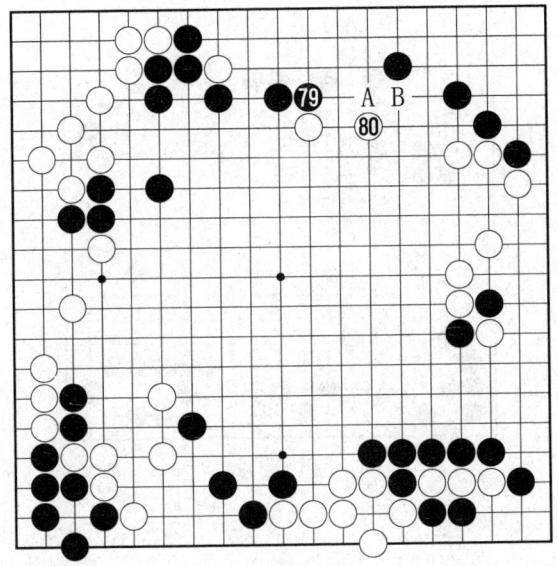

实战图 2

实战图 2 白棋只需要把黑空变成固定的目数,这样对 AI 来说它就好去计算你多少目数,我多少目数,好减少工作量!换句话说,它在缩小局面!

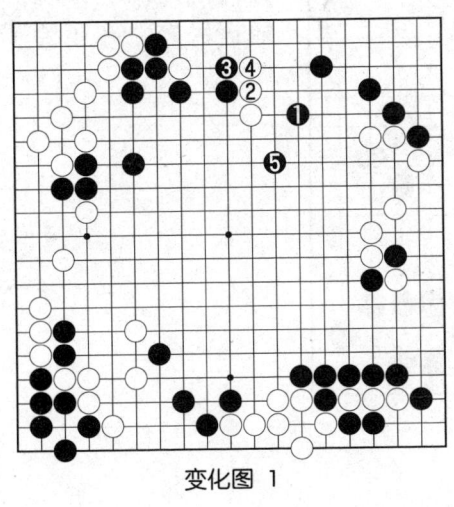

变化图 1

变化图 1 黑棋可能还是应该 1 位反击,上边的实地并不大。由于黑棋自身也是活棋,其实并不怕白棋破空。但是黑棋是大家都知道的著名的热爱实地的棋手,实地和进攻放在一起他肯定是选实地了。

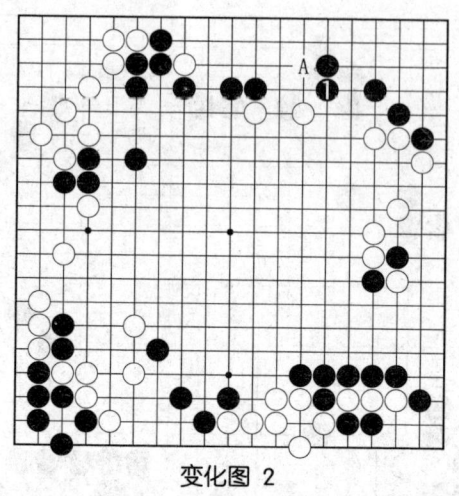

变化图 2

变化图2 实战图2白80之后,黑如本图1位应对可以防止白棋A位靠下,但过于呆板,而且对白棋没有下一手,黑棋不肯。

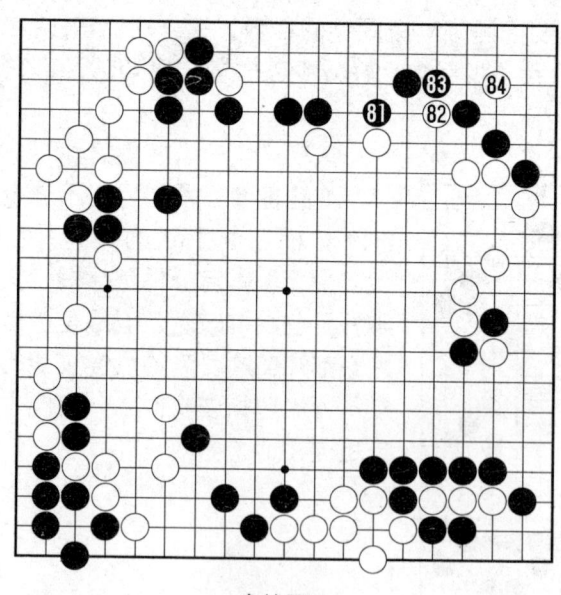

实战图 3

实战图3 白82、84是本局的经典手段,直接拷问黑棋灵魂深处:目数,你还要不要?

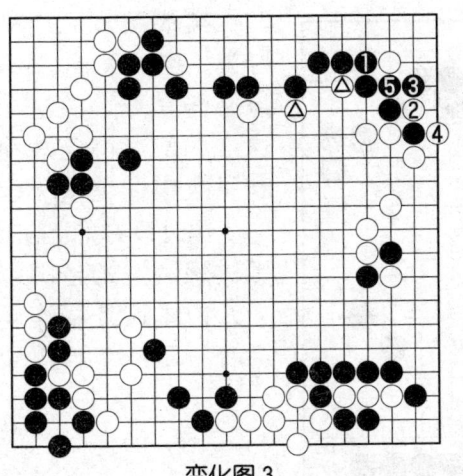

变化图3

变化图 3 黑棋要想稳妥度日,1 位粘可以,但是白棋先手打拔一子,黑棋从内心不能接受,等于白棋使了个障眼法就诱使黑棋在里面自补一手。

如果白棋不先做白△两手的交换,直接打拔黑肯定脱先不会应了,但是由于白△两手的准备工作,黑棋必须委屈地补在里面,非常痛苦。

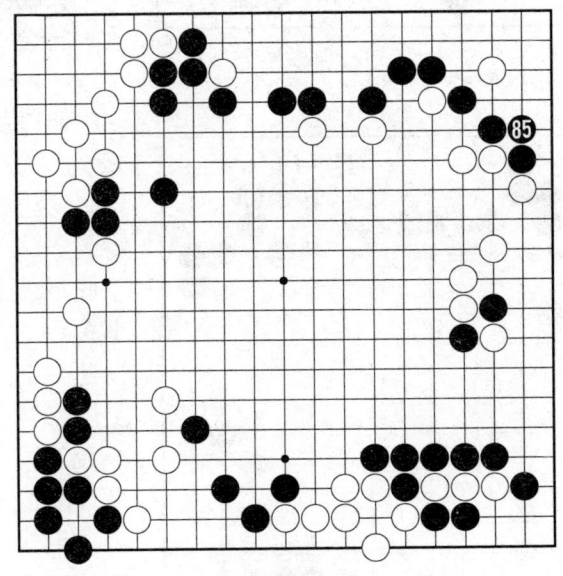

实战图 4

实战图 4 黑 85 是气合的一手,是可忍孰不可忍。

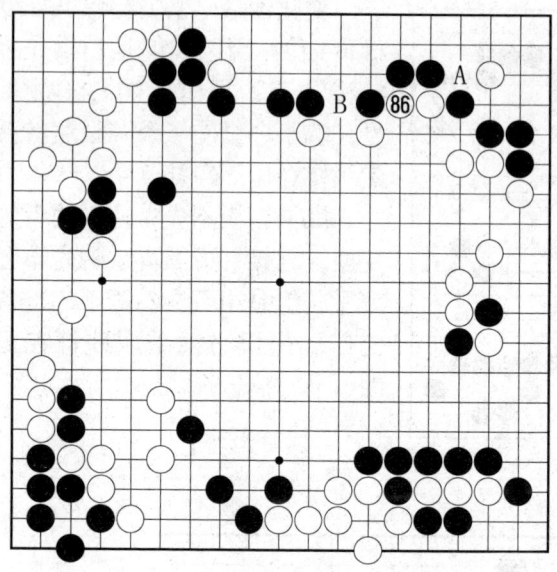

实战图 5

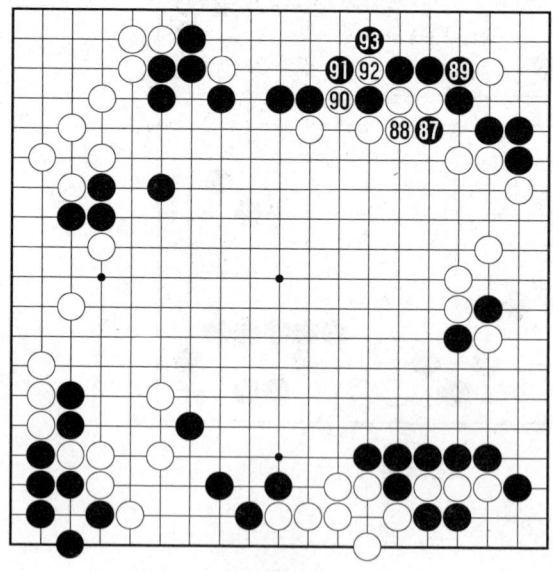

实战图 6

实战图 5 白 86 好棋,接下来 A、B 两点必得其一,白棋在这一局部可谓巧妙地利用次序让黑棋一步一步掉进设好的陷阱。黑棋想围空却越围越小,白棋这几招连环手筋令人拍案叫绝!

实战图 6 黑棋忍耐万分屈辱,这里至少亏一手棋的感觉。

所以接下来 Master 的下法就开始放缓了,这也是 AI 的一大特色,一旦胜率上去了它就会悠哉悠哉地下缓手,似乎让你觉得还有机会,但实际上胜负的天平早被它控制了。它追求的不是最快结束敌人的性命,而是最稳地走到胜利的彼岸。AI 比人天然的优势是体力,人的体力下降影响判断甚至错误变多,但 AI 不会,除非它断电!

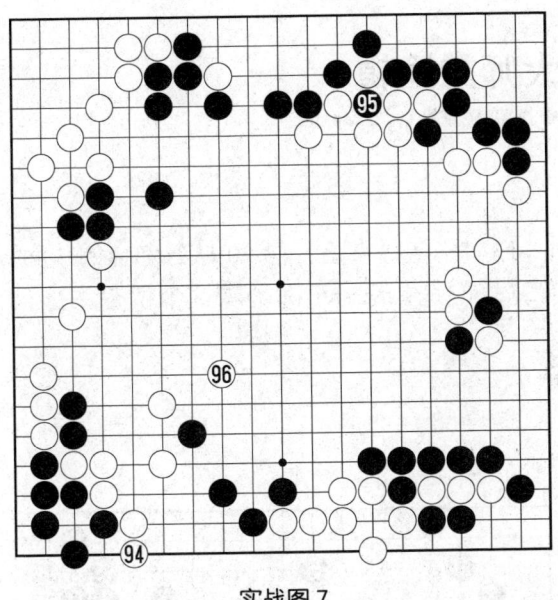

实战图 7

实战图 7 白棋置之不理，也是看出即使黑棋继续提子实际上也是吃亏在先，很难弥补回来。

第22局　大师的逻辑

● 龙胆（陈耀烨）　○ Master

实战图1　白棋不走寻常路，白20从方向窄的一面挂入，不符合常规。但是有意思的是，Master都是从这个位置去挂，之后22位飞压。

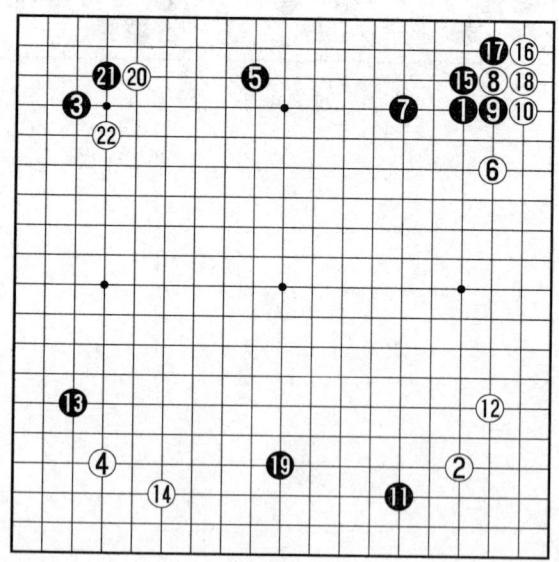

实战图1

第 22 局
大师的逻辑

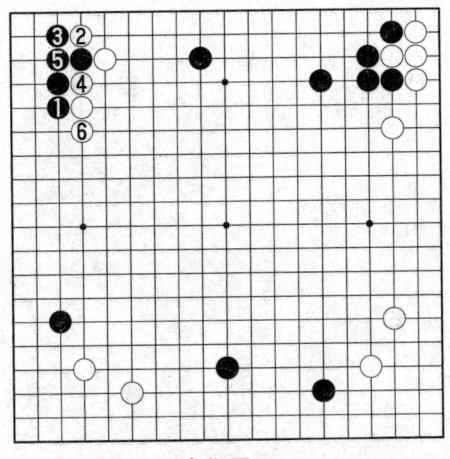

变化图 1

变化图 1 本图的变化是白棋的意图。

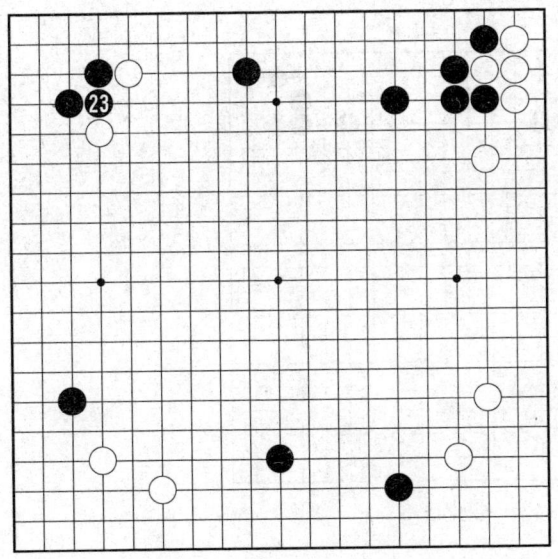

实战图 2

实战图 2 黑 23 是必然的一手，黑棋一定会反击。

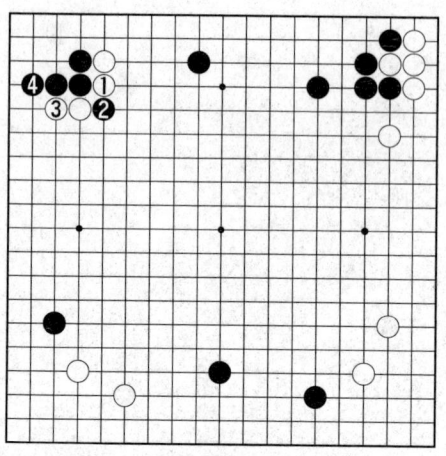

变化图 2

变化图 2 白棋直接作战太勉强,棋形是裂形,两块必死一块。这里白棋的处理还是应该以轻灵、不走重为原则。

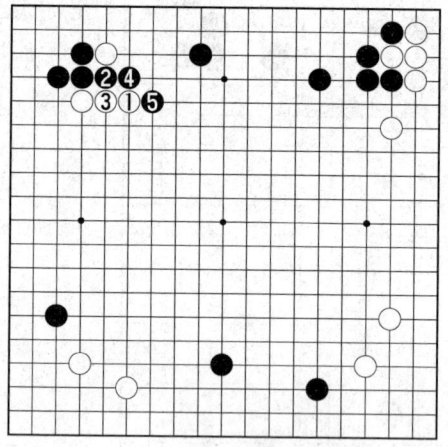

变化图 3

变化图 3 曾经有一段时间,本图白1跳这样的下法也很流行,罗洗河老师就很喜欢用。不过也就流行过一阵,现在这样的下法几乎没有了。

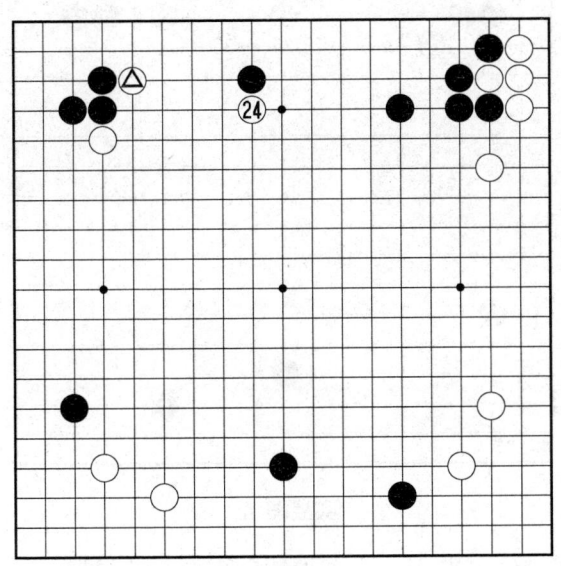

实战图 3

实战图 3 白 24 靠，问黑棋要借用，这样的下法过去也有，但是很多时候感觉没必要这样极端，棋盘很空旷，白⊙为什么不从宽广处着手呢？Master 的逻辑令人费解。

不过，它这样的手段你也感觉不好对付，怎么下它都有应对的办法，这说起来残酷，但是就像学生跟老师下棋一样，怎么样都逃不掉被掌控的命运。

或者换一个角度说，我们不理解它的下法是因为我们还没到达那个高度，做点评也是很苍白的。但是它打开了棋手们的思路，告诉人类没有什么棋是不能下的，这也是非常宝贵的经验。

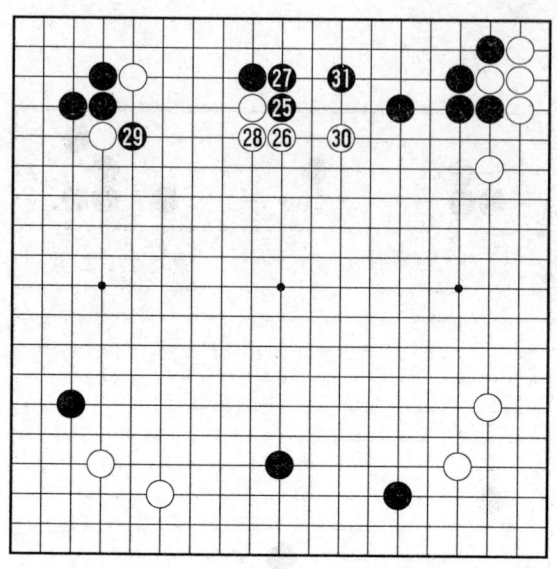

实战图 4

实战图 4 行至黑 31，上面被压缩得有点不舒服，尤其是黑 31 很不甘心。好在黑棋也得到了 29 位的扳出，有利有弊吧。

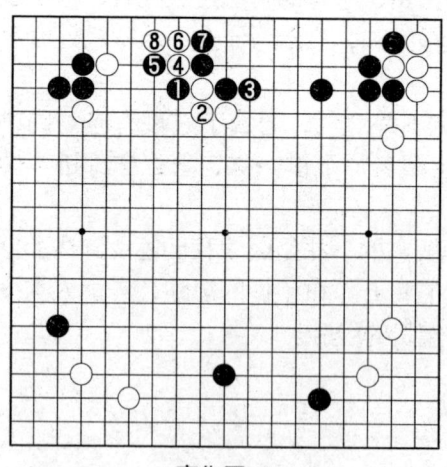

变化图 4

变化图 4 如果黑棋最大限度地围空，白 4 断之后可借用的味道就多起来了，黑棋肯定要避免这样的下法。

第23局 难以想象

● Master　○ abc2080（金庭贤）

实战图1　黑19点角，令人震惊的一手！如果说现在局面下，设想可行的招法，选点有不下十个，绝不会考虑到点三·3这手棋。这手棋在我们目前的层次太难理解了，用"上帝视角"来形容一点都不夸张。

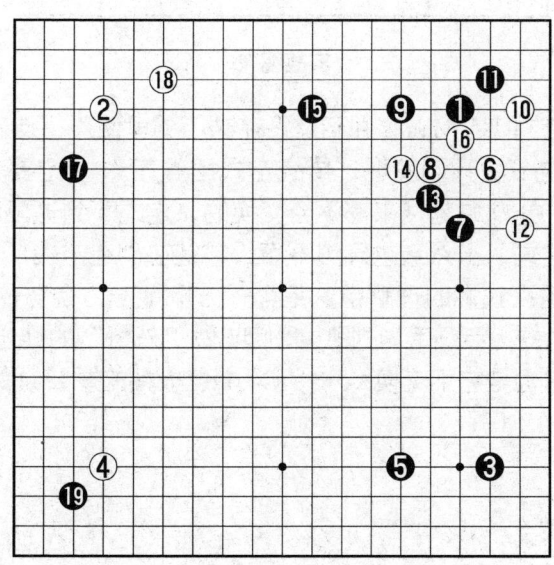

实战图1

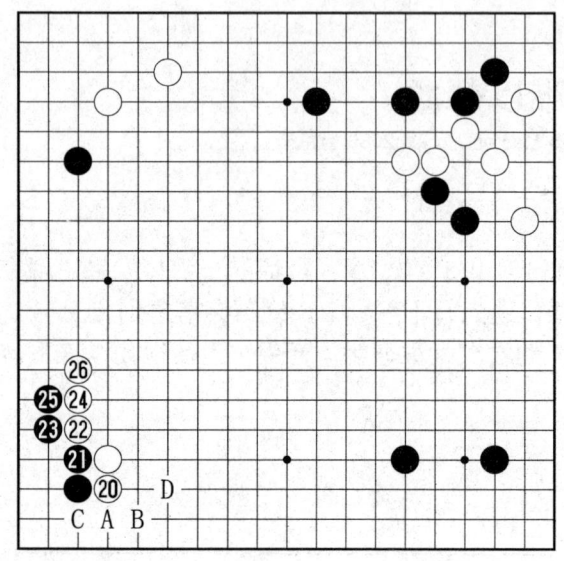

实战图 2

实战图 2 但是 Master 并不是只在这一局里使用了点三·3 的下法，通过它后续的下法我们发现，传统定式里点三·3 一定要交换的黑 A、白 B、黑 C、白 D，它是从来都不会交换的，定式下到这里已经结束了。不是它不懂定式（虽然它也确实不懂，它是在创造定式），而是这涉及一个认知问题：我们的理解中这是个一方取地一方取势的定式，但是 AI 后面的下法告诉我们，它眼中我们叫做"外势"的地方它认为还有文章可做，这也是它不交换A、B、C、D位扳粘的重要原因。

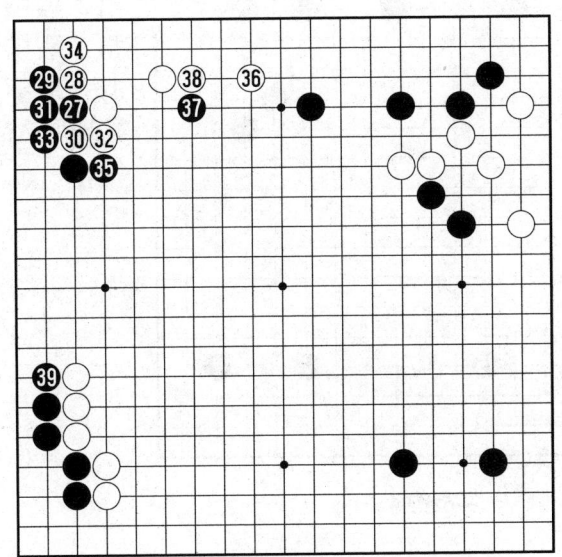

实战图 3

实战图 3 它宁愿 39 位爬二路也不去下扳粘的交换，这说明过去定式中的下法不被它所认可。实际上它也在改写着我们的定式。

Master 出现没几天之后，1 月 9 日的韩国棋战麦馨杯 24 强当中，韩国的韩钟振九段和金成龙九段就现学现用下出了 Master 的招法。

面对这难以置信的下法，两位九段可谓勇气可嘉，大胆尝试，至于效果怎么样，仁者见仁，智者见智吧。

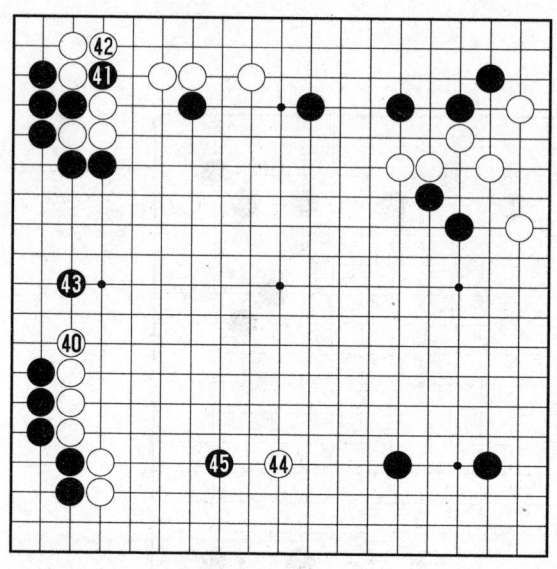

实战图4 从黑45的打入我们可以看出,黑棋对白棋左下角一队棋子是有企图的,绝不是单纯只取角地那么简单的。

实战图4

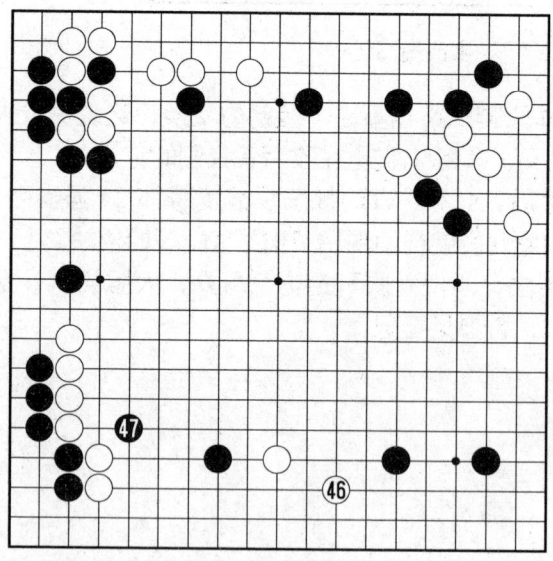

实战图5 每一招都是黑棋意图的体现,如此颠覆过去的理论,不知道看棋的各位有什么感受?

实战图5

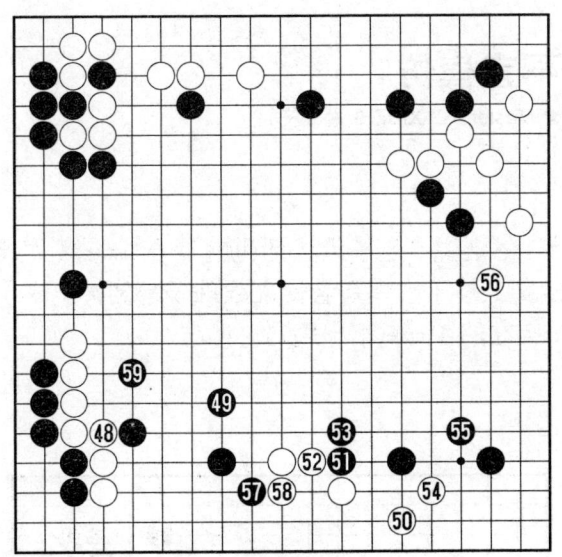

实战图6

实战图6 当黑59落在棋盘上的时候,白棋这一队棋子彻底沦为黑棋的进攻对象,白棋再想要脱先是绝对不可能的了。这里黑棋再封锁一手,白棋几乎就要死在里面了,那么到这个时候还能说白棋之前的"外势"是厚势吗?

外势和厚势的定义我们又要好好学习一回了。

第24局 不宜模仿

● Master ○ XIUZHI（朴廷桓）

实战图1 俗话说"七子沿边活也输"，Master彻底挑战我们承受的底线，开始爬二路了。真是看得人眼珠子都要掉出来了，不敢相信这是像神一样存在的Master下出来的。

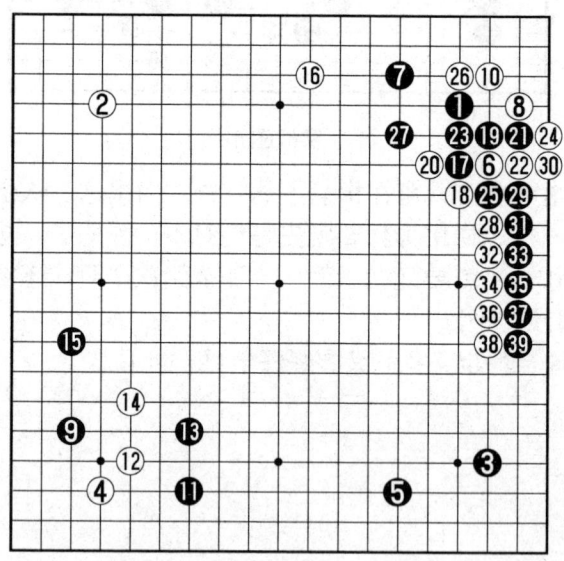

实战图1

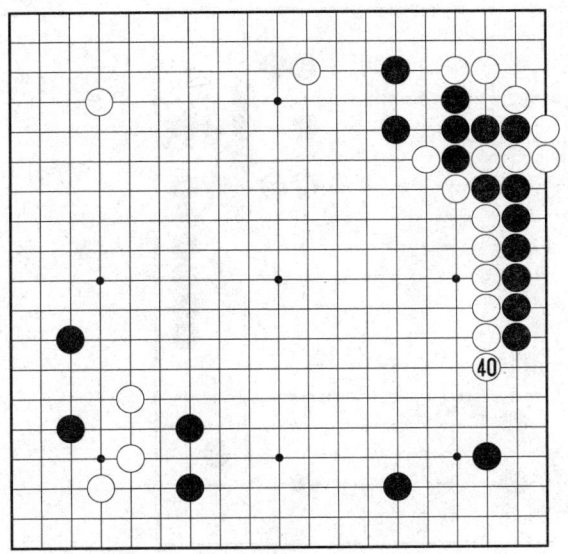

实战图2

实战图2 AI的下法我们不理解,不能因为它爬效果好,就说爬二路不是坏棋,那是误人子弟。

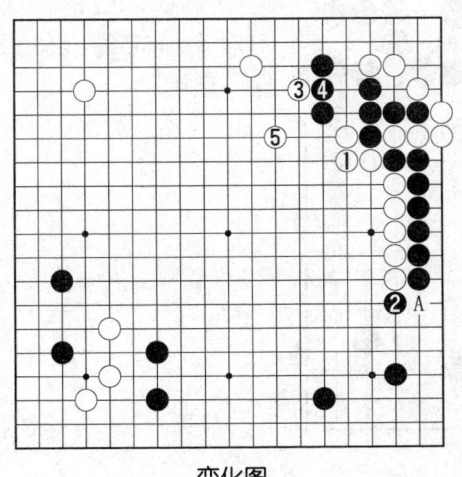

变化图

变化图 事后来看白棋还是应该1位粘住别长了,这里是局面的大势。2位长虽然很大,尤其是接下来A位先手拐很有诱惑力,但是实战的效果白并不好,看重小利失了大势。

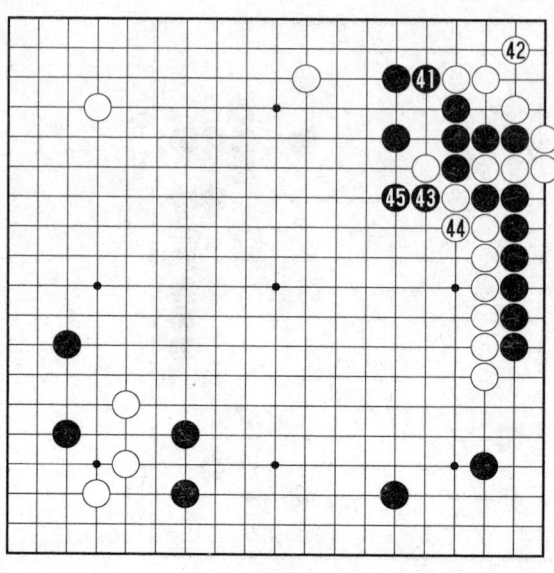

实战图3 黑棋走到它认为活了的地方，它就不多爬了。

甚至，它还要对白棋保持一定的攻势。这从它后面的招法就能看出来。

实战图 3

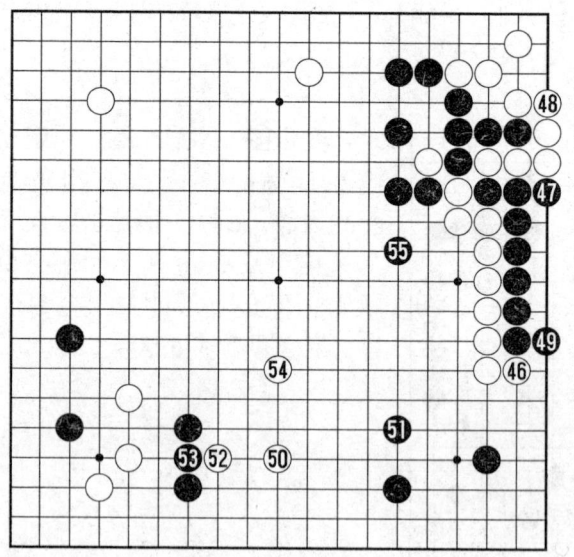

实战图4 黑棋开始蓄谋对白棋的封锁。定睛一看，白棋确实也没有确定的眼位来保证活棋。

实战图 4

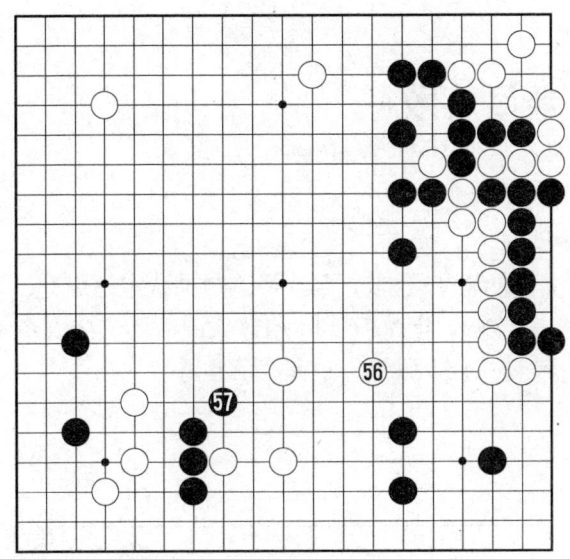

实战图 5

实战图 5 黑 57 还是对白棋保持攻势，远远地瞄着白棋的联络问题。

AI 爬二路这么下是因为它的背后有技术支撑，而我们学习时强调棋形优美、讲棋理等过程是我们人类学习围棋的必经阶段。

此时不由得让我想起一个老掉牙的笑话：一架正在飞行的飞机上，鹦鹉觉得太热了，打开飞机机舱门跳出去了。兔子也觉得热，跟着也跳了出去。半空中，鹦鹉对兔子说："你不会飞跟我出来干什么？"

如果单纯模仿手段的话，不要学 AI，搞不好容易走火入魔。

第25局 半目落败

● XIUZHI（朴廷桓） ○ Master

实战图1 这盘棋黑棋输了半目，如果认定这就是人与AI最小差距，从结果上是这样，但是就实际内容来说的话这样说牵强。

白36明显漏了一个破绽，这是怎么回事？

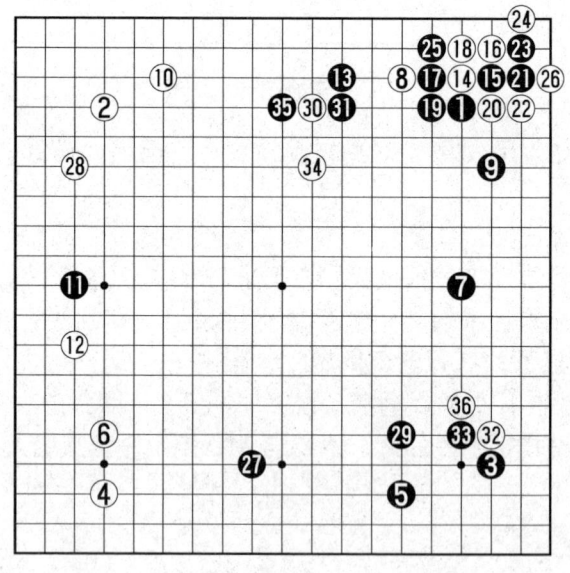

实战图1

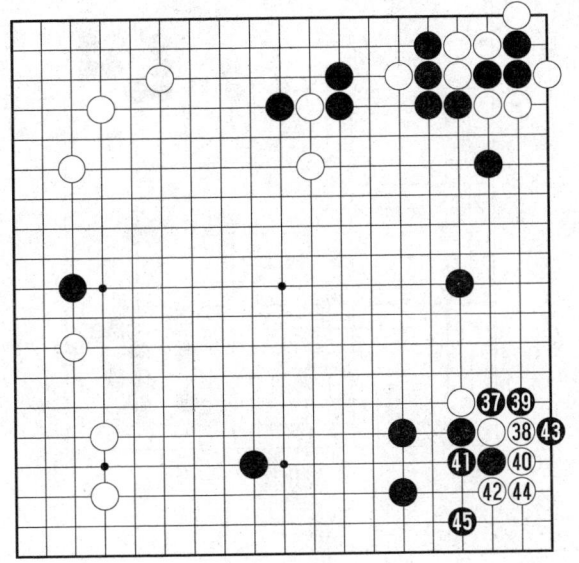

实战图 2

实战图 2　黑 43、45 的配合是此局面下最佳杀棋手法。

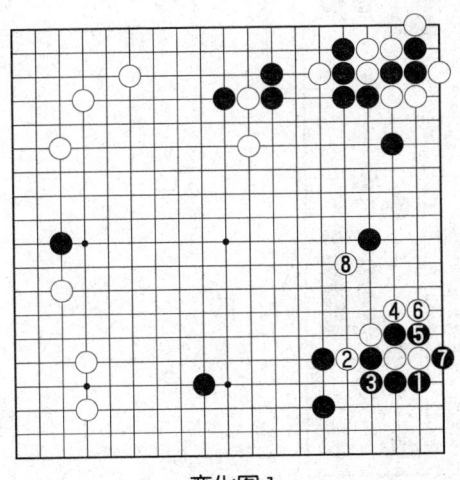

变化图 1　如果上图黑 39 如本图 1 位从里面挡,白棋明显要弃子,上下便宜之后白棋轻快处理,黑棋不能满意。

变化图 1

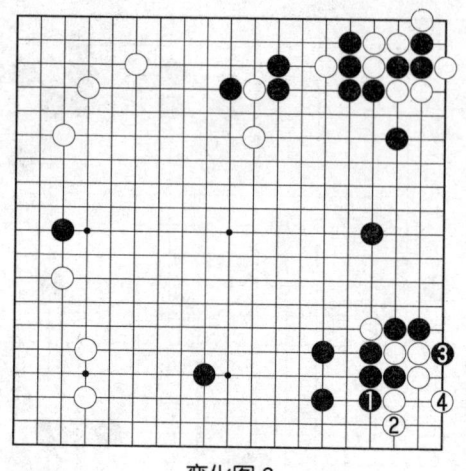

变化图 2

变化图 2 次序很重要，如果实战图 2 黑 43 不动脑筋从本图 1 位拐，这里白棋就净活了。

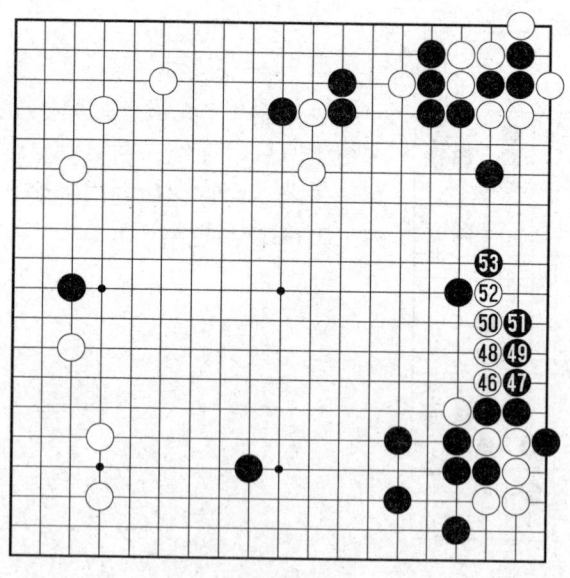

实战图 3 必须有黑 53 这招，黑棋才可以在这一带和白棋较量。

实战图 3

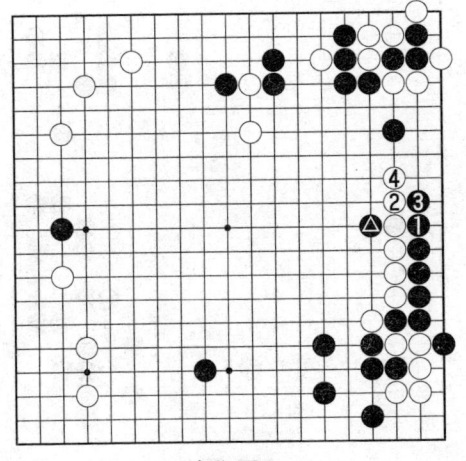

变化图 3

变化图 3 如果黑棋只能爬二路，白棋通过弃子取得了分割▲位一子的效果，非常满意。黑 1 爬是无谋的表现。

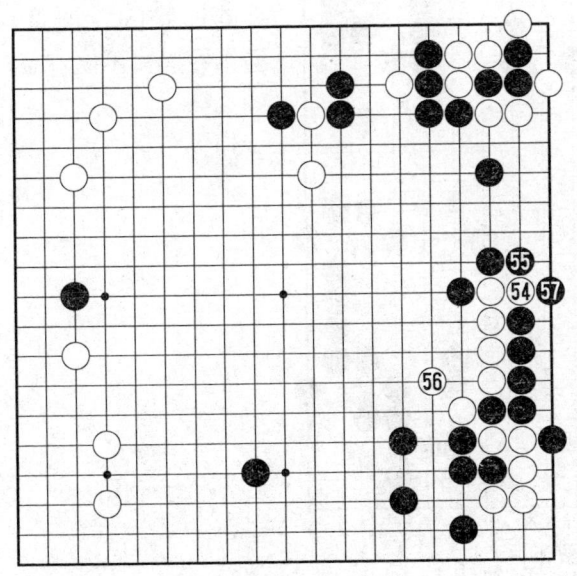

实战图 4 粗粗一看白棋角部死掉，外围也没有取得特别大的效果，白棋不甚便宜。

但这就是我们多次说到的 Masrers 神奇的地方，看似它没下什么好棋，你应对的也没大毛病，但是下着下着就不行了。

实战图 4

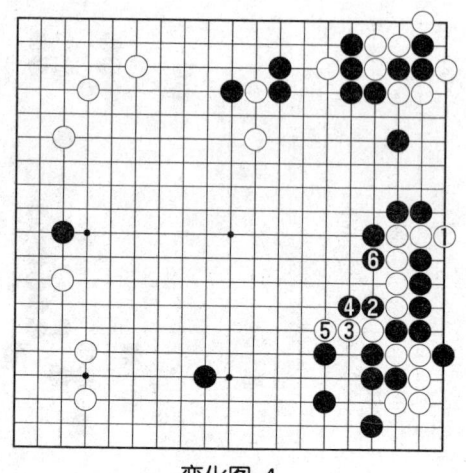

变化图 4

变化图 4 实战图 4 白 56 如在本图 1 位立，结果白死。

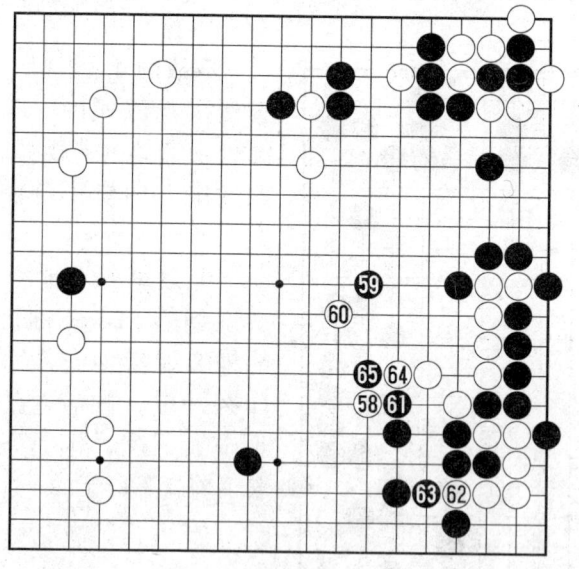

实战图 5 黑 61 冲断比较凶，但是从结果看黑棋不便宜。

实战图 5

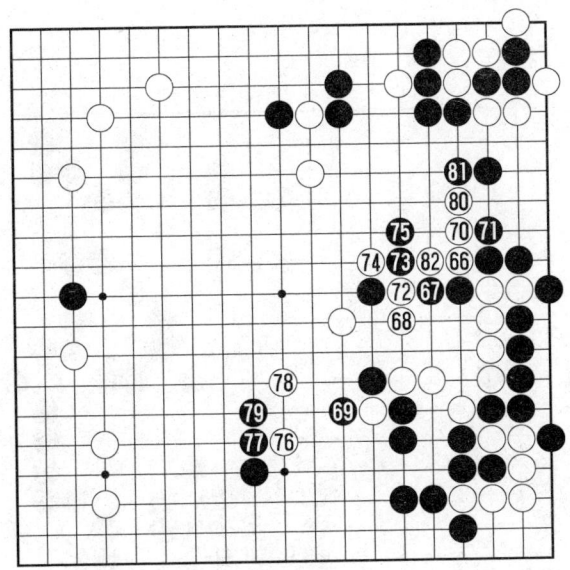

实战图 6

实战图 6 白棋先手便宜一下。

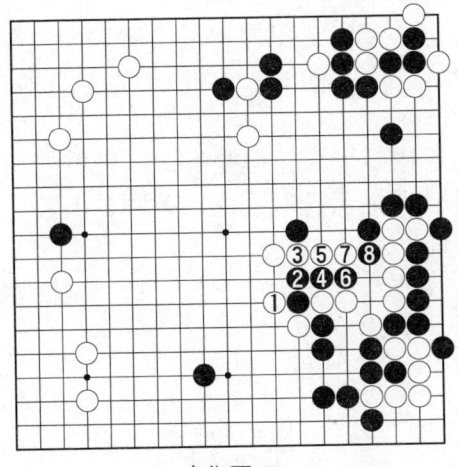

变化图 5

变化图 5 实战图 6 白 66 如果直接在本图 1 位吃，白棋不行。

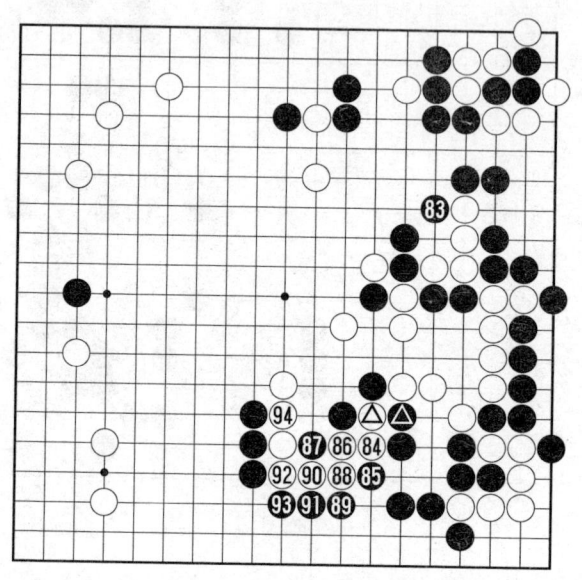

实战图 7

实战图 7 黑棋被白 84 位跑出亏了,这里黑棋没有意识到白△这个子有多大,不但白棋整体加厚,而且△位冲断的效果也没有了,黑棋对白棋这块棋的进攻以失败告终。

虽然最后奋力追赶,黑棋还是输了半目,但是 Master 设置的程序只是为了取胜,它在优势下就会退缩,让对手缩小差距,但是它不会输。

运转得当

● Master ○ dauning(尹灿熙)

实战图 1 局面到此时有许多头绪待解决,比如左边如何是形?再比如上面 77 位一手棋算是安全联络了吗?中央还有劫争的可能性。如此种种都是接下来黑棋要解决的问题。

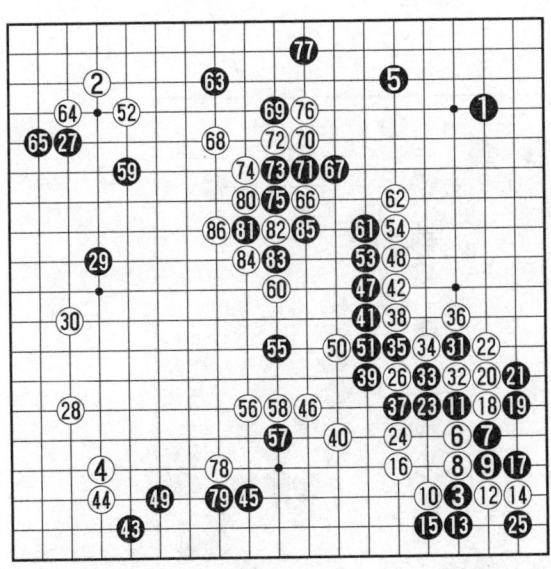

实战图 1

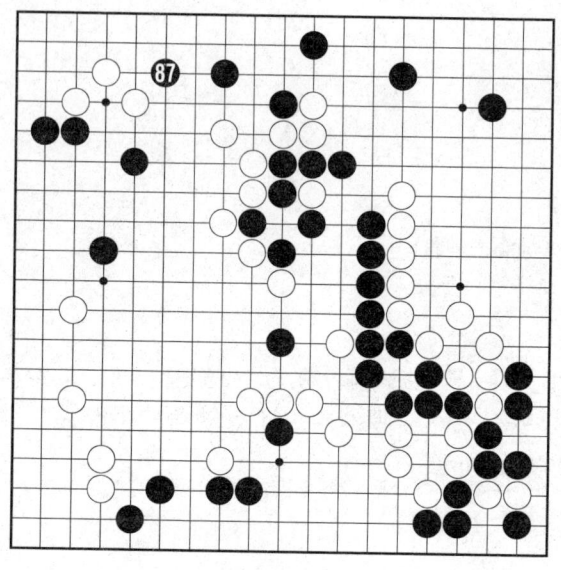

实战图2 从黑87这手棋开始,我们可以欣赏到AI快速定型的能力,几乎可以说黑棋以迅雷不及掩耳之势,趁白棋还没有反应过来就处理好自己的问题了。

实战图2

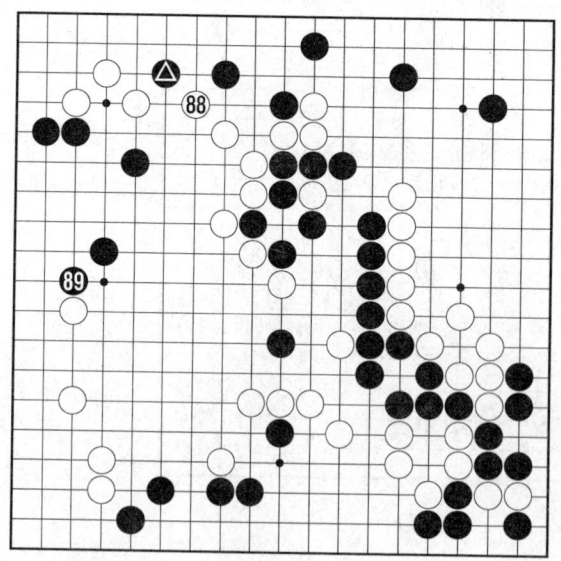

实战图3 交换黑△是个幌子,继续脱先才是真。

实战图3

第 26 局 运转得当

实战图 4 黑棋消掉劫争,局面的变数正在慢慢变少。

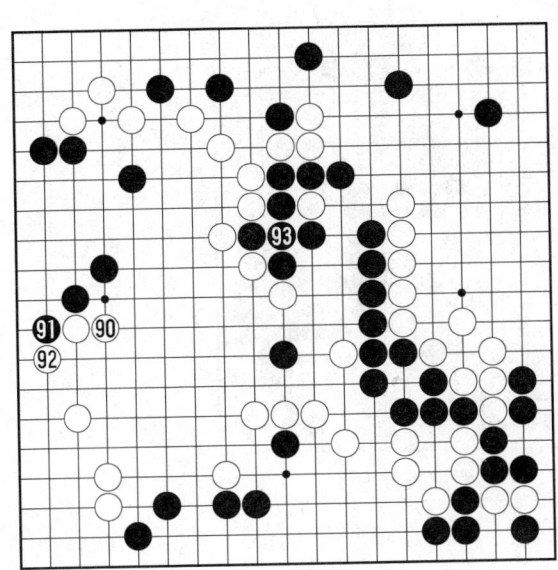

实战图 4

实战图 5 白 94 是败招,太缓了,白棋还沉浸在黑棋左边和上面不能两全的想法中。

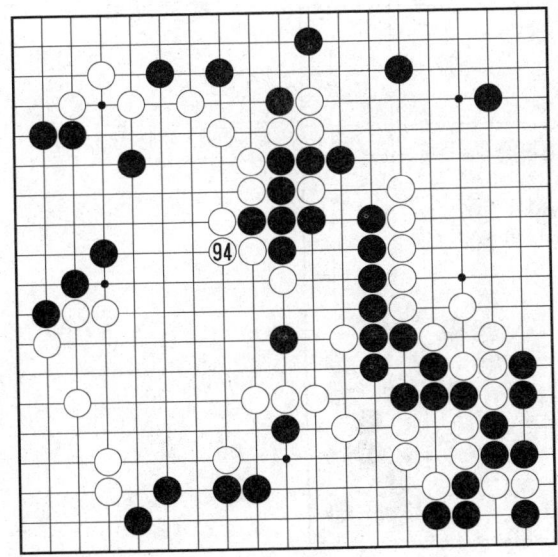

实战图 5

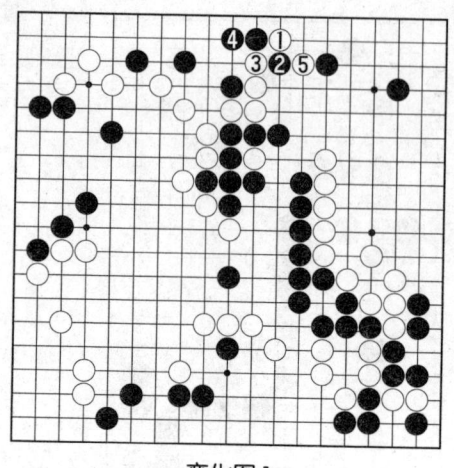

变化图1

变化图1 白棋无论成立不成立都应该在1位拼一把,混沌看不清的情况也许还有胜机。

实战错过这唯一的一点机会,全局就完全被黑棋掌握了。

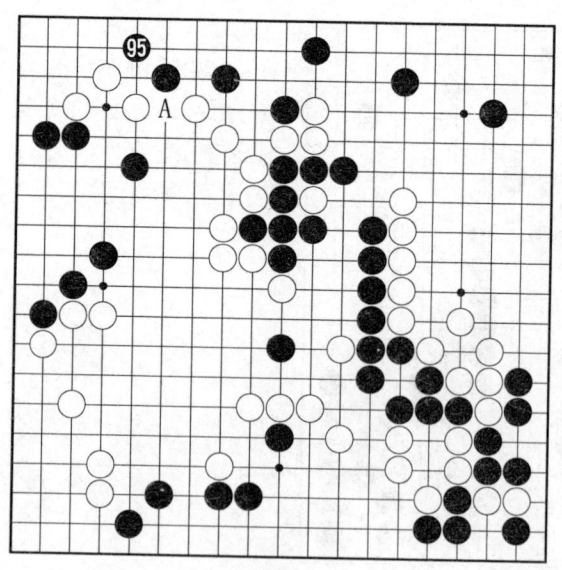

实战图6

实战图6 一石二鸟!补了上面也兼顾了左边。A位的弱点白棋必须顾忌。

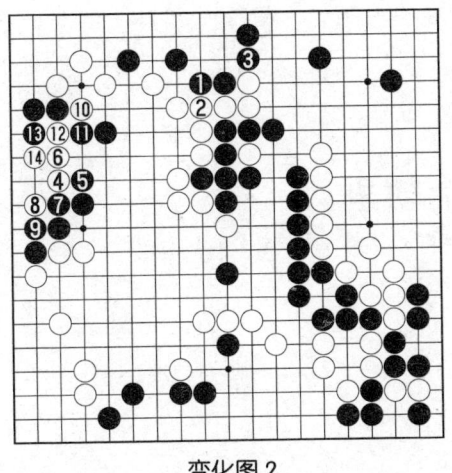

变化图2

变化图2 上图黑95如果脱先在本图1位补强上边,白4点进去非常严厉。

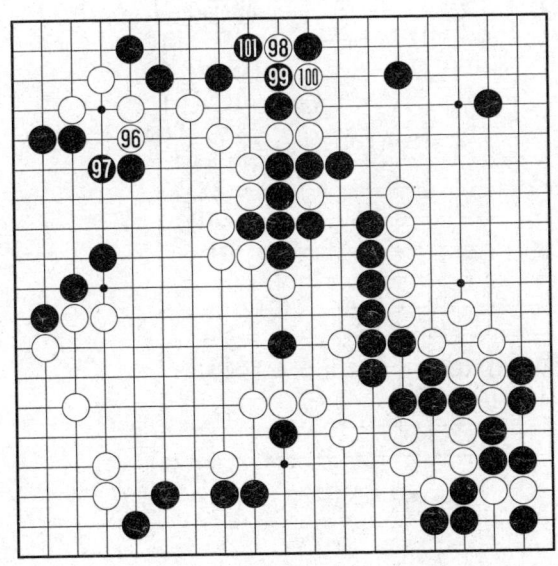

实战图7

实战图7 到此,黑棋所有的隐患彻底补完,实地在之前也抢了很多,接下来平稳收空,白棋一点优势都没有。

第27局 **两个劫争**

● Master ○ ddcg(范廷钰)

实战图1 右边开始打劫,白棋在考验黑棋。

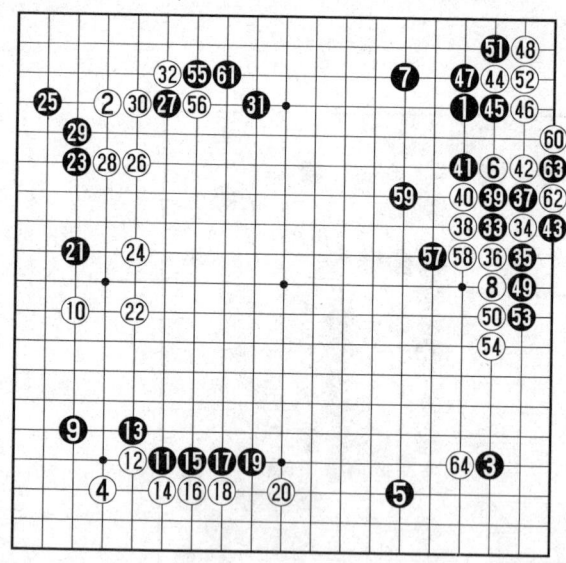

实战图1

第27局
两个劫争

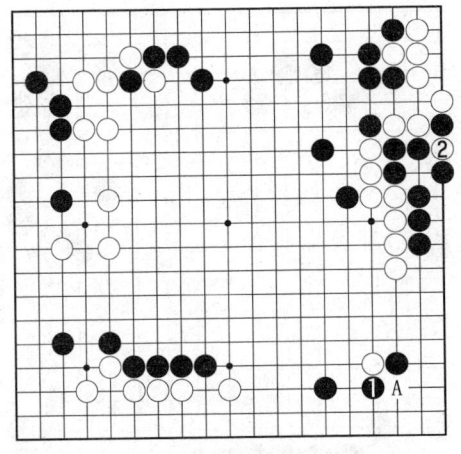

变化图 1

变化图 1　黑棋没有合适的劫材，而白棋由于接下来还有 A 位断寻劫，如果黑棋劫争失败，右边将全军覆没，代价也太大了。

但是疑惑也就此产生，Master 不可能看不到打劫之后的下法啊！它会如何应对呢？

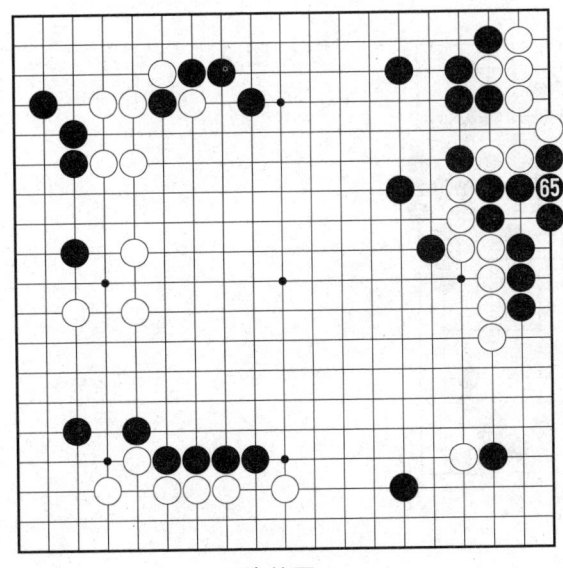

实战图 2

实战图 2　黑棋粘劫了。这应该是个艰难的决定，黑棋劫胜的收获暂时还没有看到，而乍一看白棋通过劫争获得了右下角的"飞刀"，把黑棋大飞守角撕裂无疑是非常成功的下法。

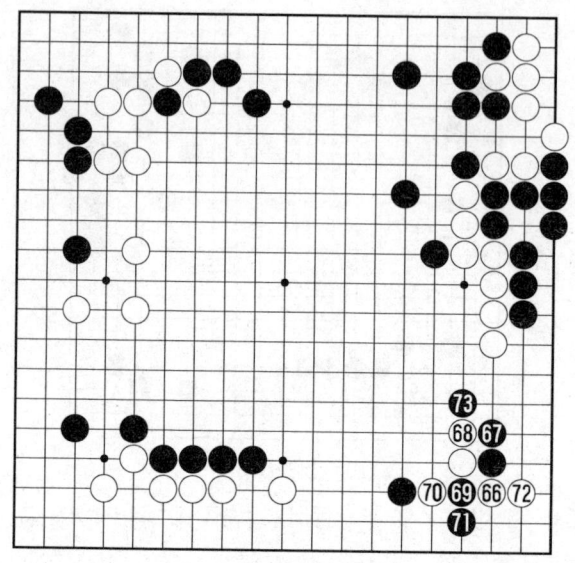

实战图 3

实战图 3 看黑棋的反击！

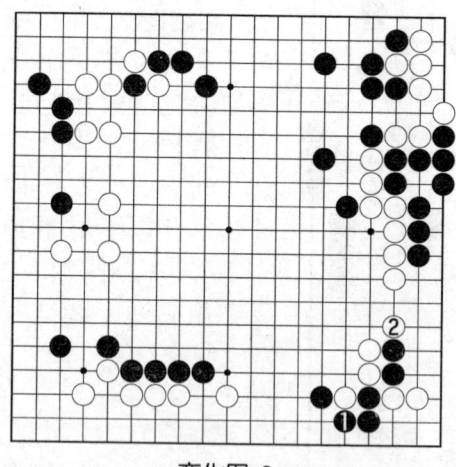

变化图 2

变化图 2 上图黑 73 如本图 1 位拐不行，无法两全。

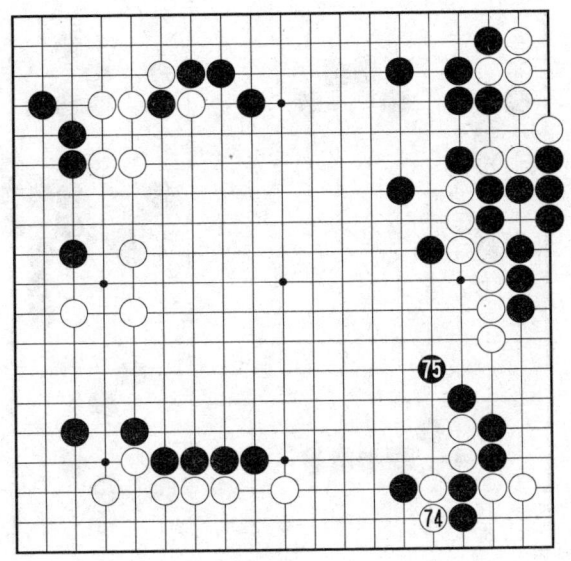

实战图 4

实战图 4 黑75这手棋的选择是最关键的。如果不是AI给我们展示了这手棋，可能对于这个局面的下法我们还非常困惑，不知道黑棋到底该何去何从。

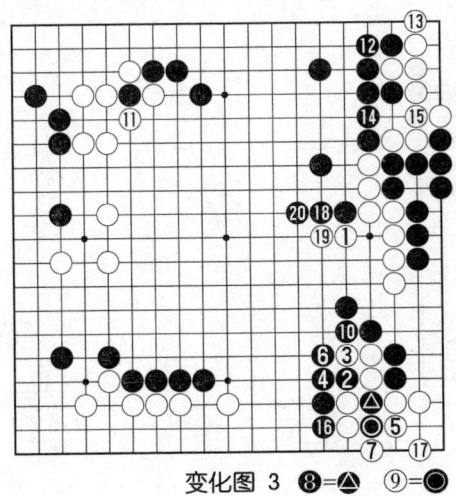

变化图 3　⑧=△　⑨=●

变化图 3 接上图，如果白棋1位出头，黑2至10的下法是必然应对。然后再仔细一看，发现白棋也不过是把黑棋的角地掏掉而已，其实也没有对黑棋形成多么大的打击。

而接下来黑12、14、16都是先手便宜，黑18、20还可以继续对白棋保持攻势，黑棋的形势并不坏。

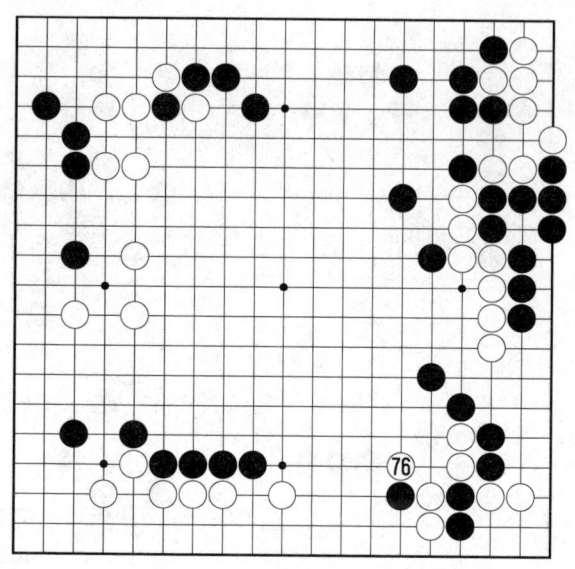

实战图 5

实战图 5 白 76 选择下边，相当于放弃了右边。

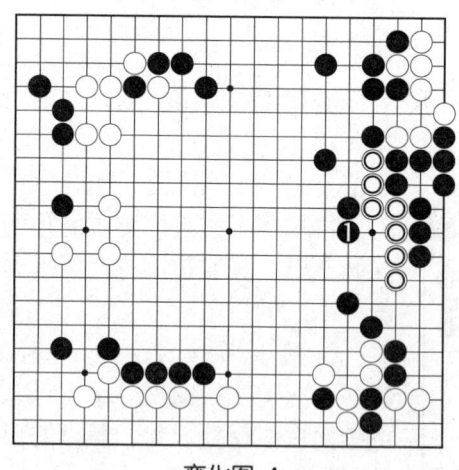

变化图 4 黑棋加补一招棋，白◎七子就死了。这一带相当于转换了。

变化图 4

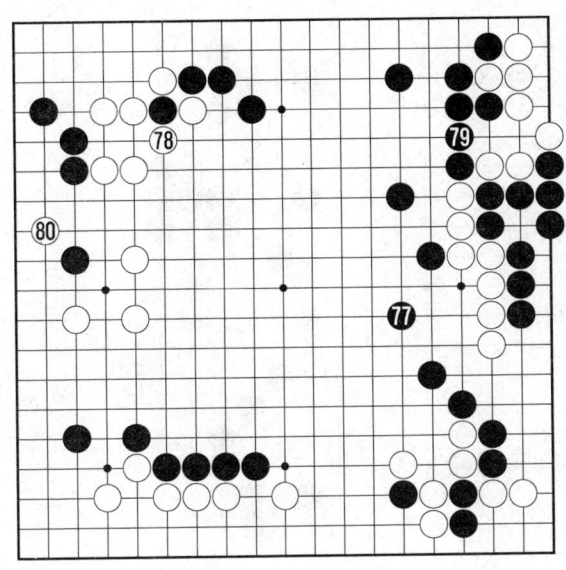

实战图6 白棋有点着急，可能是对突如其来的转换不自信，白80直接放胜负手了，瞬间就要跟黑棋拼个你死我活。快棋里很容易产生短时间的冲动，这要仔细分析起来，又要涉及心理学的范畴了。

实战图6

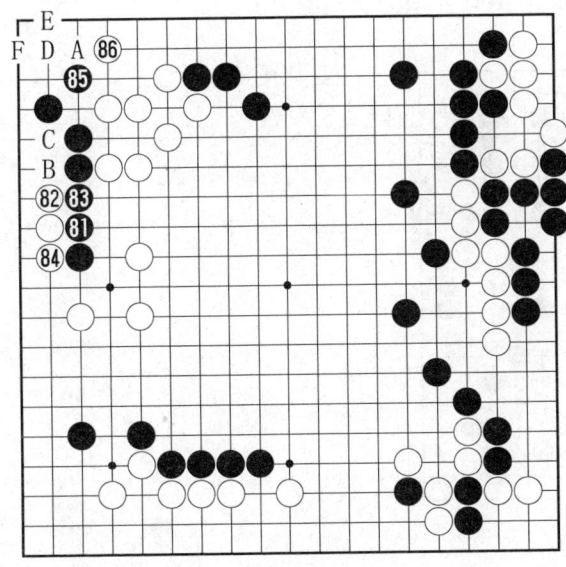

实战图7 左上角如果黑A、白B、黑C、白D、黑E、白F，局部黑活不了，只能向外寻找逃出的机会。

实战图7

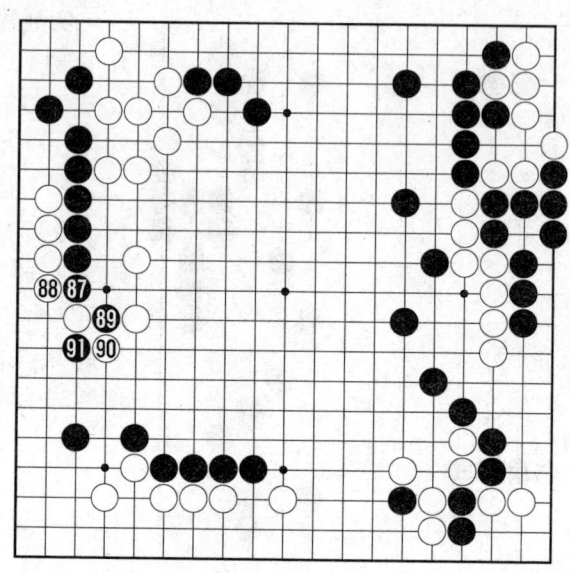

实战图 8

实战图 8 黑 91 卡吃，经典手筋，

变化图 5 接上图，白棋不能 1 位粘住。

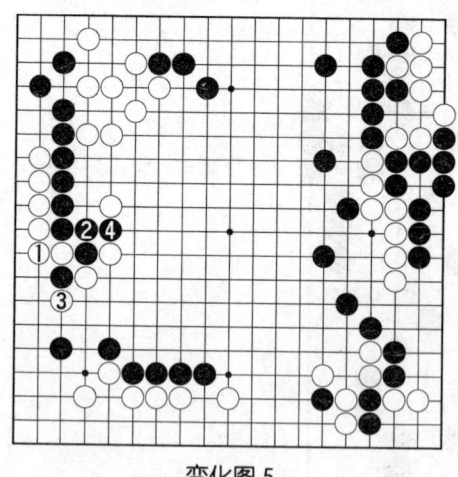

变化图 5

第27局
两个劫争

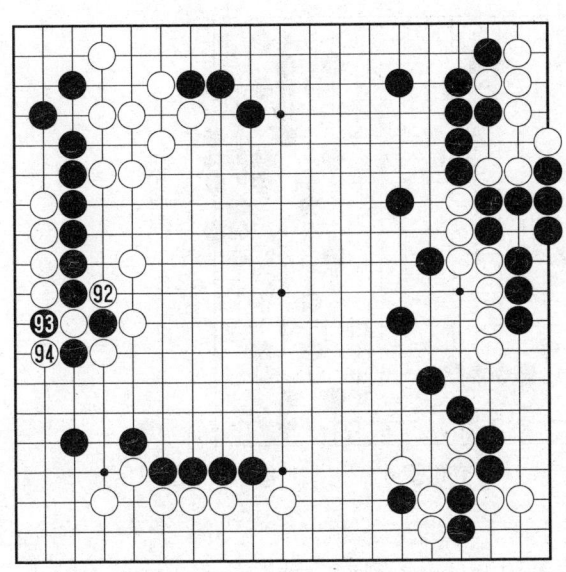

实战图 9 打劫不可避免，本局的第二次劫争开始了。

实战图 9

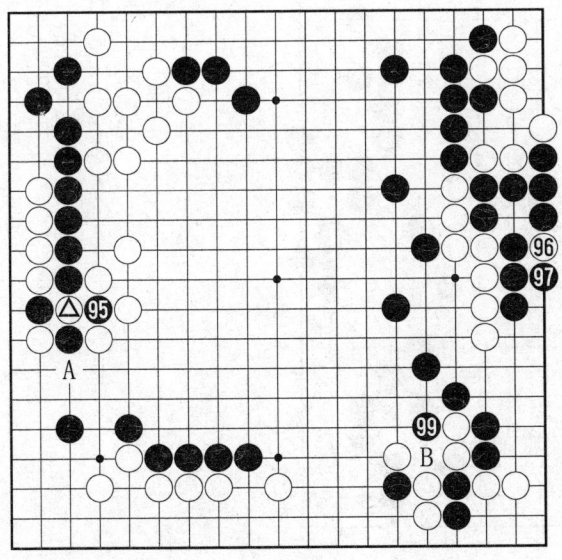

实战图 10

实战图 10 黑99之后，A、B两点白棋怎么选择是个问题。

98=⊙

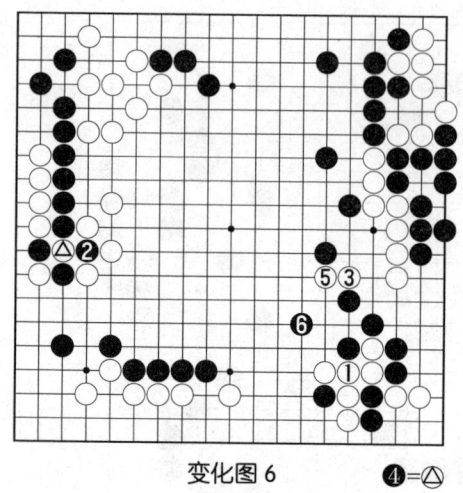

变化图 6　④=△

变化图 6　黑棋万劫不应，白棋左边劫败惨不忍睹。即使右边逃出也仅仅是活一块和死一块的改变，全局没有实质性的改善。

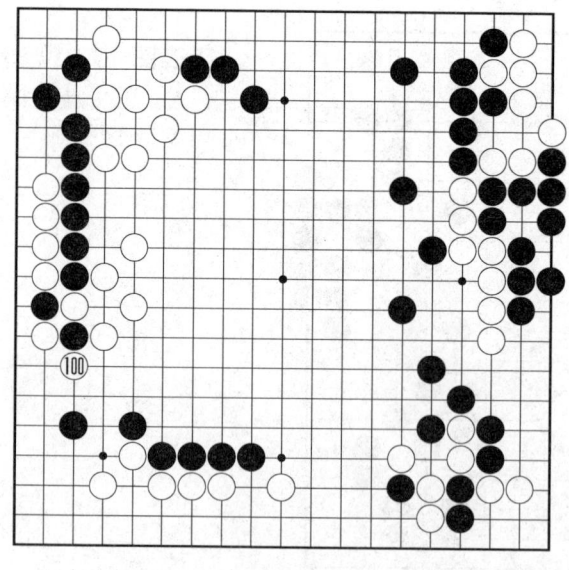

实战图 11　白棋斟酌再三不应劫。当然，吃掉左上角固然大，但是右边黑棋也不容小觑。

实战图 11

第27局
两个劫争

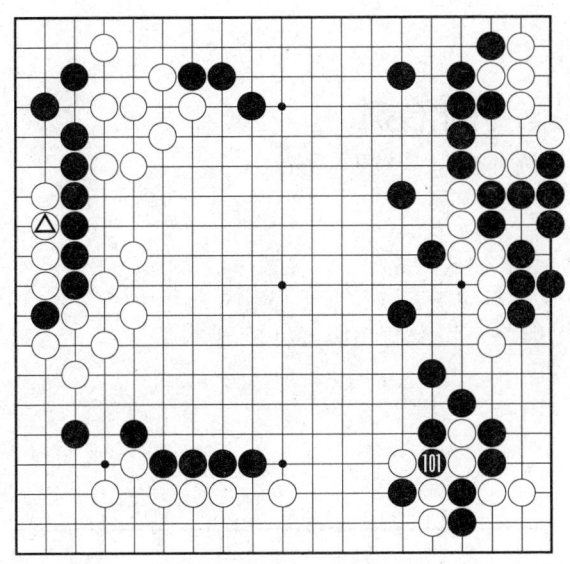

实战图 12

实战图 12 全局发生超级恐怖大转换。白△主动挑起战争，当然，从现在看来只是冲动的结果，对于形势并没有改善。

人有两种思维模式，一种叫意义思维，简单说就是想全局、想意义、想价值；一种叫感受思维，只要眼前的感受、局部的感受。所以一般一个人冲动的决定往往都是只看眼前不看全局，只想感受，不想意义。

但是 Master 的出现带给了我们更多的启发。意义思维与感受思维之间的博弈其实是可以通过训练解决的，任何时候都不要低估人的学习能力。也许在若干年以后，人会越来越向着 AI 的思考模式靠近，借助 AI，人机结合后实力会越来越强。

第28局 紧凑的治孤

● Master　○ 愿我能（孟泰龄）

实战图 1　白 56 长出，黑棋一队棋子非常沉重，不但不能弃掉，而且孤单的治孤路上也没有可以陪伴的"朋友"。

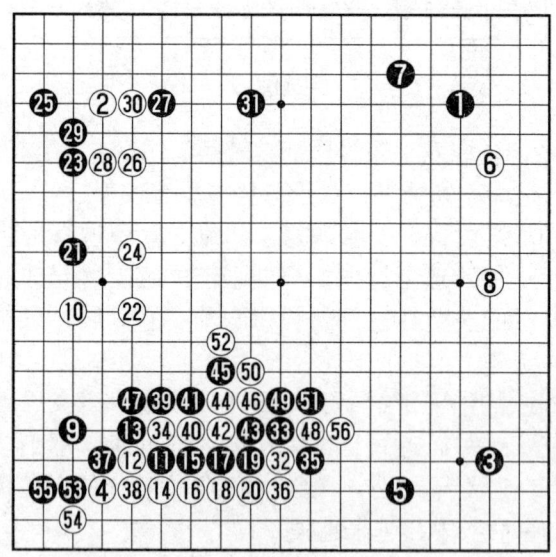

实战图 1

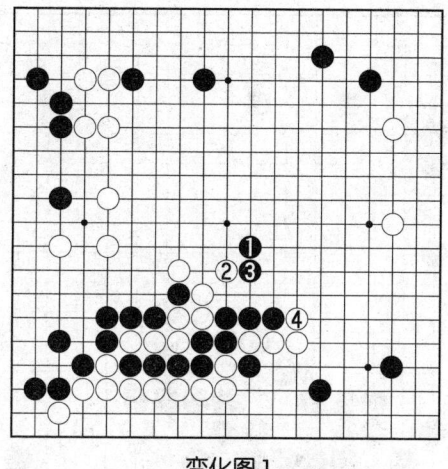

变化图1

变化图1 接上图，黑棋单纯治孤，处理起来比较乏味。

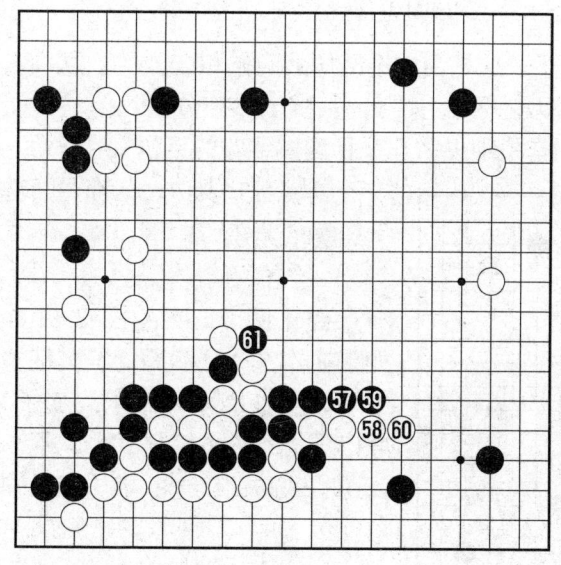

实战图2

实战图2 黑61强手！找准白棋棋形的弱点，不给白棋喘息之机，是实用又有效的治孤手段。

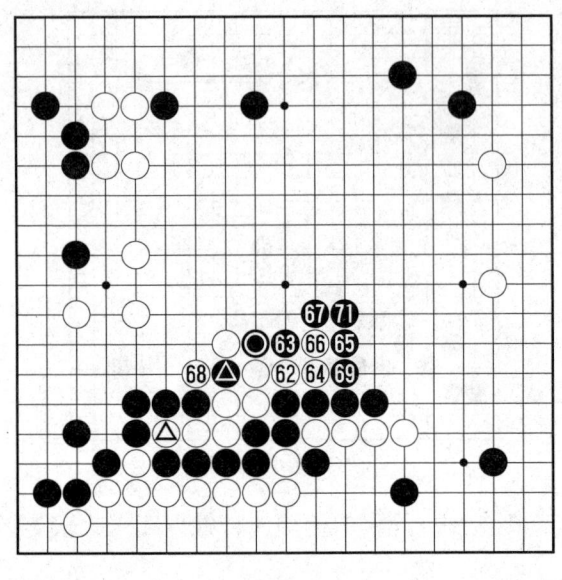

实战图3　　⑩=▲

实战图3　黑棋厚极了,这是白棋选择作战时始料未及的。从白▲开始白棋挑起了战斗,到现在回过头看,黑棋虽然被分断,但是分而治之,都处理得不错,尤其是中央,几乎是黑棋绝对的话语权。

黑棋治孤成功,这都要归功于黑●的紧凑。

变化图2　实战图3白66如果在本图1位单提,黑棋粘住之后,现在的厚薄完全改变了,黑棋不但不用为治孤发愁,下一步还有威胁白棋一队棋子安全的可能。

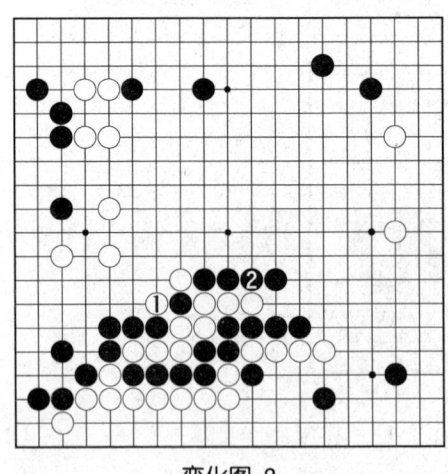

变化图2

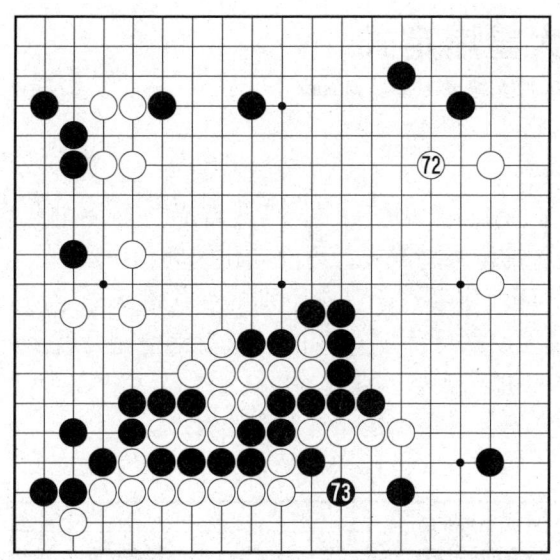

实战图 4

实战图 4 如果说 2016 年 3 月与李世石对战的 AlphaGo 是集天下剑术之大成的高手，2017年 Master 的感觉就已接近剑术神通的大师。手中无剑，天下万物为剑，飞花摘叶般退敌千里。

第29局 大雪崩定式

● 拼搏（芈昱廷）　○ Master

实战图1　AI第一次下出了"大雪崩"外拐定式。众所周知，"大雪崩"是非常复杂的定式，里面变化一环扣一环，一招不慎就有可能结束战斗。职业棋手对于其中个别的变化都不一定能搞得清，更别说业余爱好者了。关于大雪崩我的建议就是能避开就避开，棋盘这么大，何必非要下那么大型的变化呢？

猜测AI会不会下定式是非常有趣的看点。

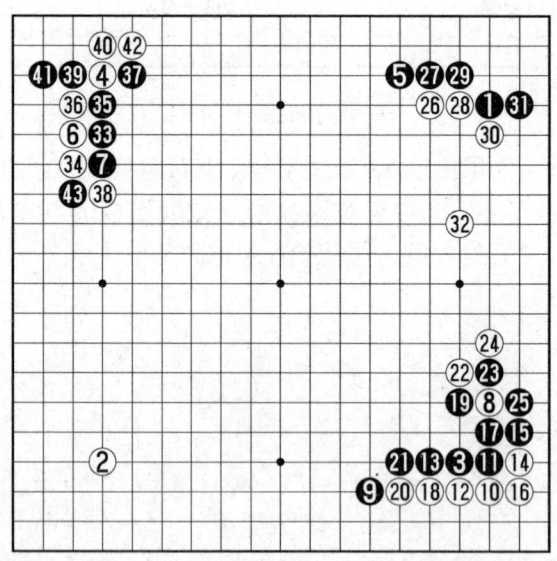

实战图1

变化图 1 接上图，本图是外拐定式最标准的下法，也是最简明的下法。如果黑 6 跳在 A 位将是更加复杂的变化，这里不做推荐。

职业棋手不喜欢下大型变化的主要原因是，一个变化下完四分之一棋盘没有了，等于少了好多自我发挥的可能，我就是水平比你高我也无处施展！而且定式套路随时在变化，如果一旦掉进对方的陷阱，真的是万劫不复，所以高手们也会很慎重。

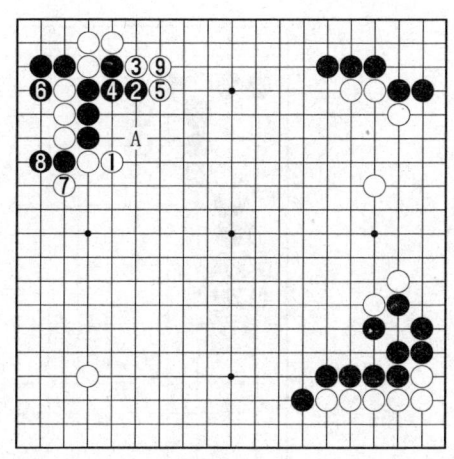

变化图 1

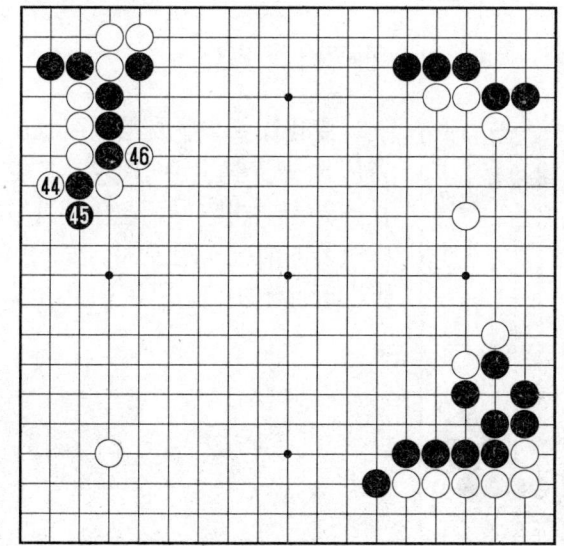

实战图 2

实战图 2 AI 的招法把所有人都惊着了。这不是定式！这完全是临时下出的变化！

白 44、46 不按照套路出牌把对手也吓了一跳，快棋短时间的读秒中，他也是摸着石头过河，走一步看一步。

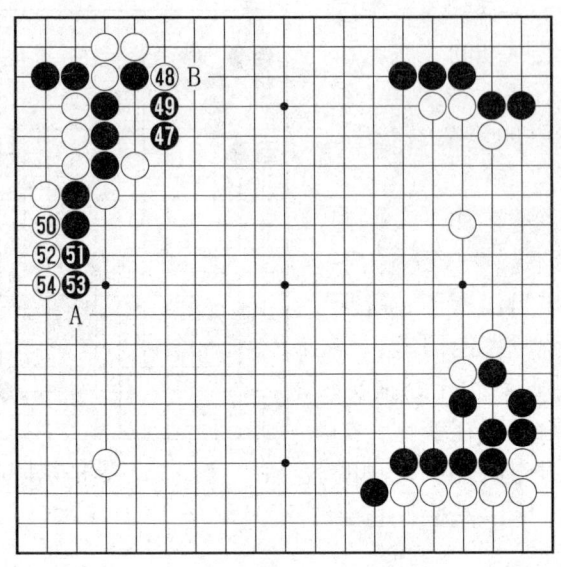

实战图 3

实战图 3 这时候黑棋有 A、B 两种选择。

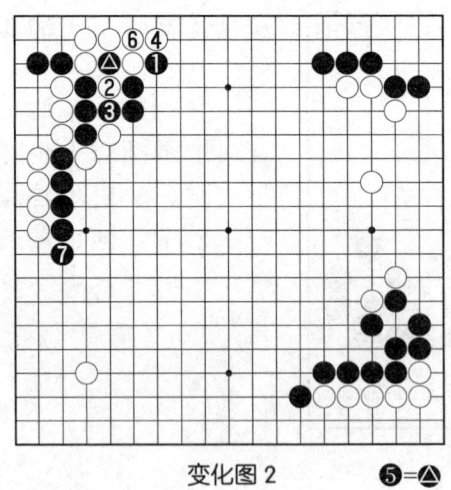

变化图 2　❺=△

变化图 2 事后黑棋自我反省应该先交换几手棋再下 7 位长，这与白棋实战长出之后黑棋气紧的情况差距很大，如此黑棋远远优于实战。

第29局 大雪崩定式

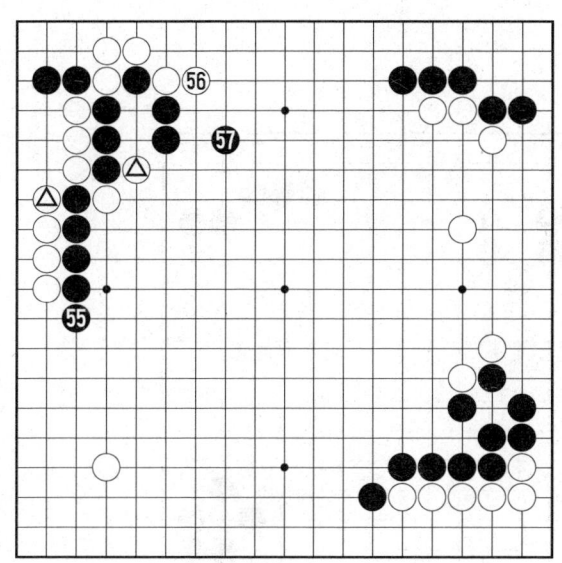

实战图4

实战图4 被白△两手棋搞得无所适从的黑棋,到了黑57这手棋都依然没有回过神。其实AI对这个局部的变化完全不像我们那样认真,它只当这和任何局部一样,都只是算法排列的过程。

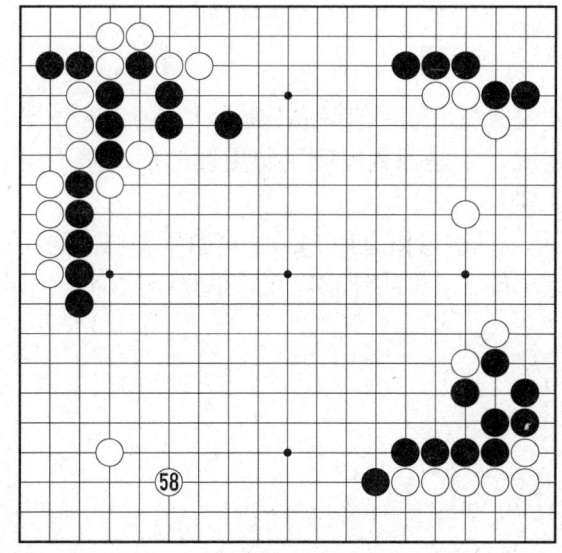

实战图5

实战图5 白棋脱先他投,左上角定式算是告一段落,究竟结论如何呢?

黑棋总体便宜一些应该是肯定的,毕竟下在外围对中央的影响力大,但是并没有想象中那么有利。随着局面的进行,白棋慢慢限制住黑棋的势力,感觉黑棋形势发挥不了之后,黑棋也不太乐观。

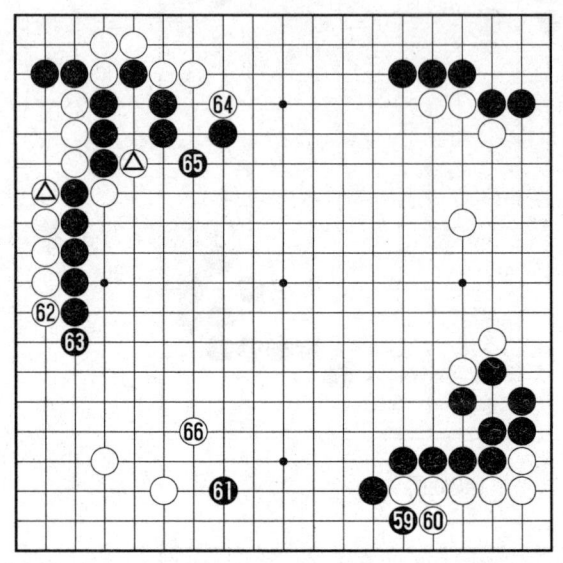

实战图 6

实战图 6 这盘棋绝对是人机大战中值得浓墨重彩大书特书的一局。AI 没有见过"大雪崩"定式，于是自我发明了历史性的白△两手棋，"实用主义"再次震撼了人类。

不过也有一个好消息是，从这盘棋之后 Master 再遇到类似的局面，它都选择下立，不下"大雪崩"了。估计它自我总结觉得这个变化还是不便宜吧。

第
30
局

亮眼的一招

● 930115(唐韦星) ○ Master

实战图 1 白 36 是亮眼的一招。虽然不至于说是人脑想不到的一手棋，不过还是很有视觉冲击力的。

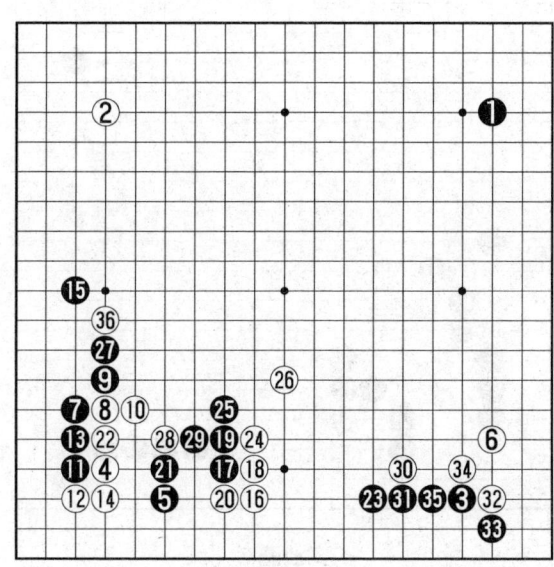

实战图 1

变化图 1 接上图，黑 1 不明所以挡住无疑中计，白 2、4、6 连环拳，黑棋被白棋借力，左边太重复了。

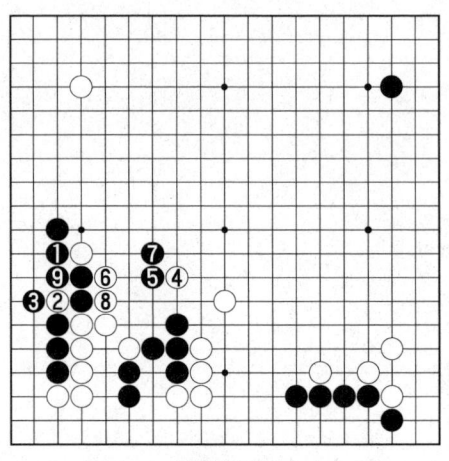

变化图 1

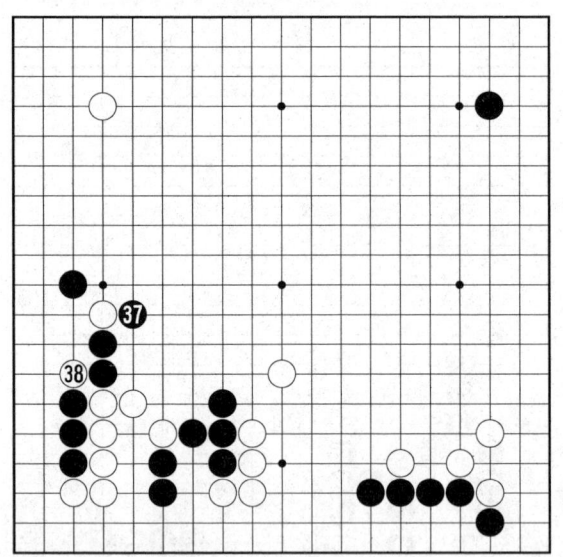

实战图 2

实战图 2 白 38 考验黑棋。

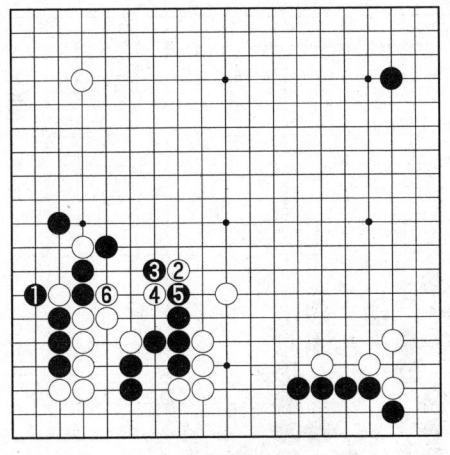

变化图 2

变化图 2　黑棋棋形要崩溃。

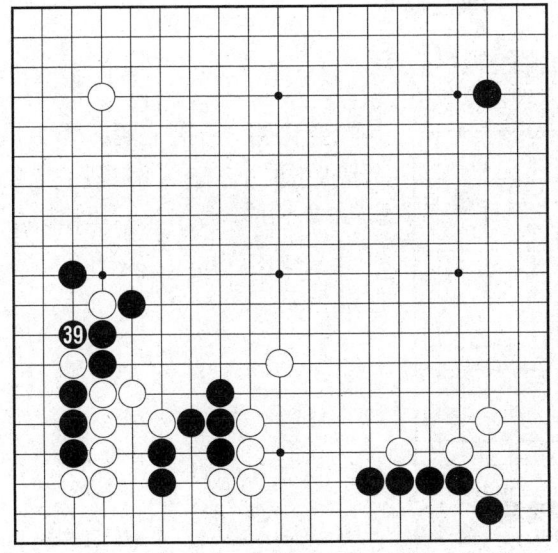

实战图 3

实战图 3　目数很难受，但也只好认了。一般世界冠军级别的高手不会出现这样心酸的形状，黑棋这盘棋的发挥有些失常。

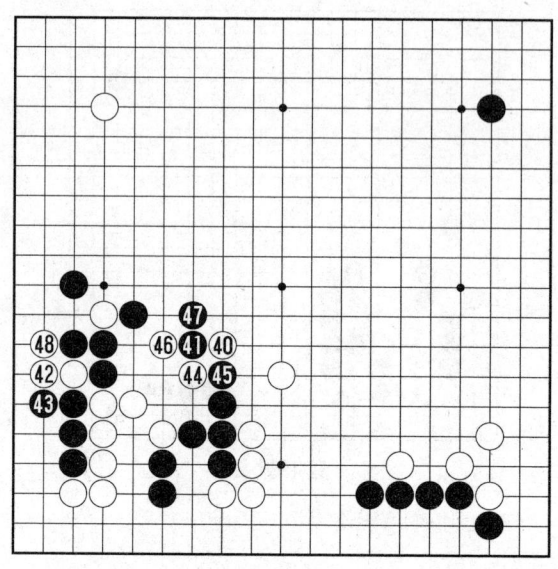

实战图 4

实战图 4 白 48 再度考验黑棋应手。

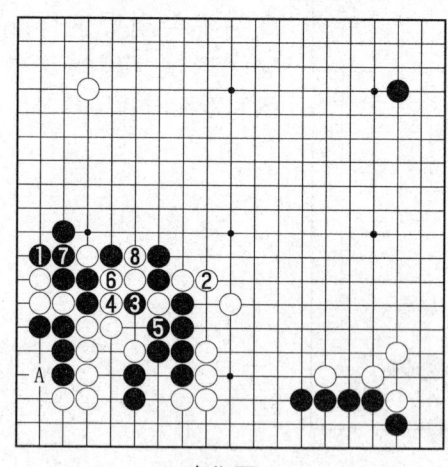

变化图 3

变化图 3 接上图，黑 1 是可以吃住白三子，但是白棋 2、4、6 有连贯手段出头。黑棋以后再遭受 A 位扳，目数缩水，实在是生无可恋……

实战图 5 是可忍孰不可忍！但是角部的实地也着实太痛心了。

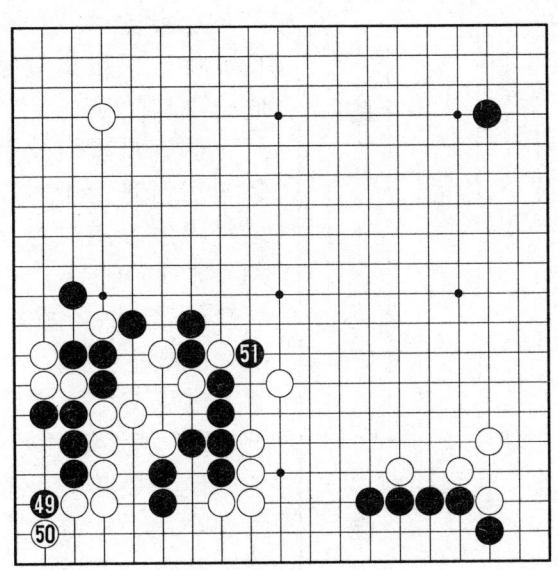

实战图 5

实战图 6 黑棋顽强反击，但是面对AI效果甚微。

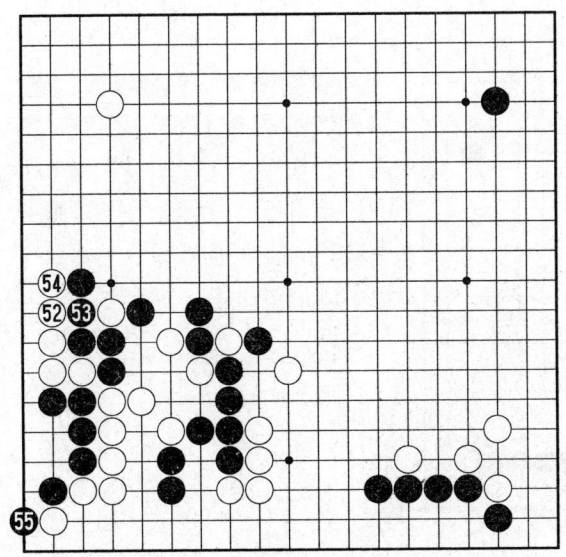

实战图 6

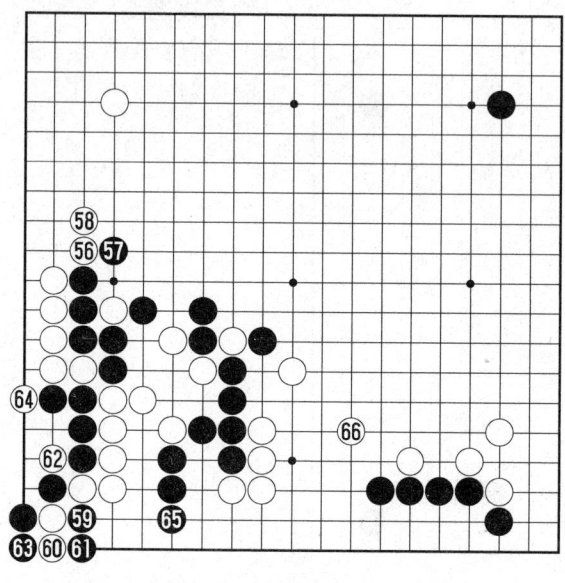

实战图7

实战图7 白66位联络，黑棋棋筋被吃已经大败。

这盘棋黑棋局后坦言自己是由于对局之前已经知道对方是AI，于是心态上产生了变化，想法一变多，导致布局就下坏了。

佛家有语：本来无一物，何处惹尘埃？

他的败其实是败给了自己，败给他潜意识里对方的"强"。

体悟禅机才能更好地领悟棋道啊！

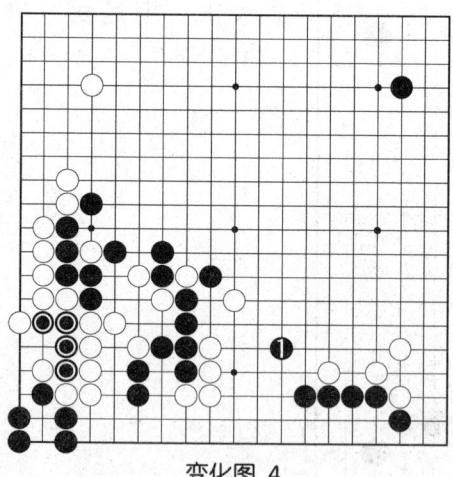

变化图4

变化图4 事后黑棋自述，如果实战图7黑65不贪恋左下角，而在本图1位拼搏出头，也许还有机会。实际上当黑⚫四子被吃，左下角战役大亏，寄希望于以后的战斗，那一切都只能是也许。

第 31 局 新 颖

● Master ○ blak201（李钦诚）

实战图 1 黑 17 这手棋非常新颖，此前这个局面没有人这样下过，感觉是非常紧凑的一手棋。通常这里都是 A 位普通地应对，Master 的出现的确是极大地刺激了职业棋手们的神经，新的围棋革命简单理解就是子效！在符合情理的范围里最大程度地发挥子效是职业高手们新的思考。

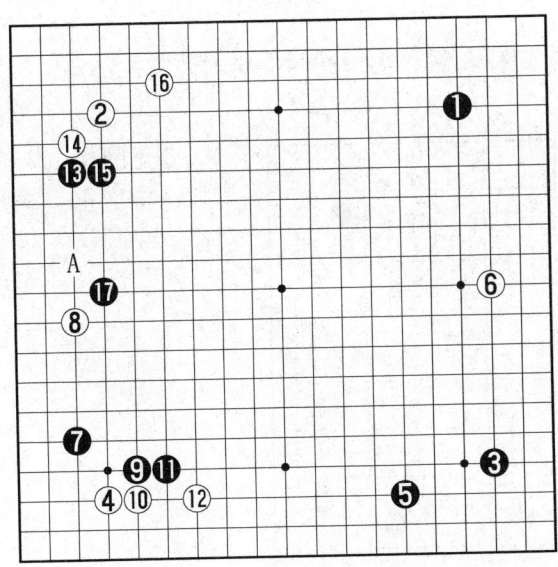

实战图 1

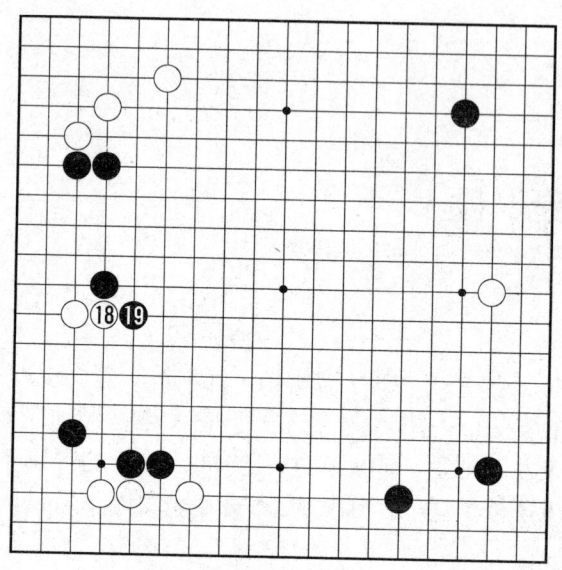

实战图 2

实战图 2 黑 19 后，白棋此时的应对非常关键。

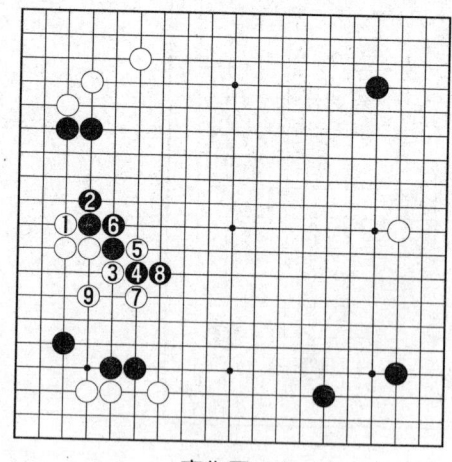

变化图 1 从事后来看白棋不如这样选择，棋形好于实战，出头也顺畅一些。

变化图 1

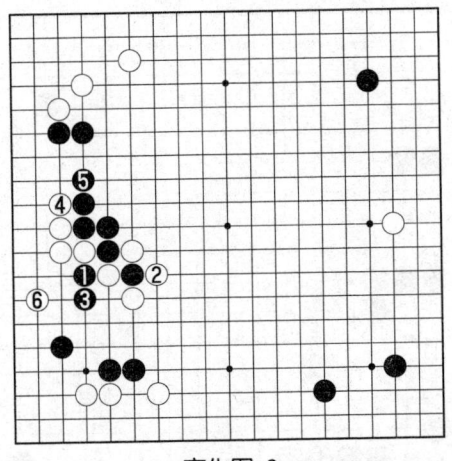

变化图 2

变化图2 黑棋如果从1位冒着被中央拔花的风险断吃，白棋也不会那么轻易就被吃掉。

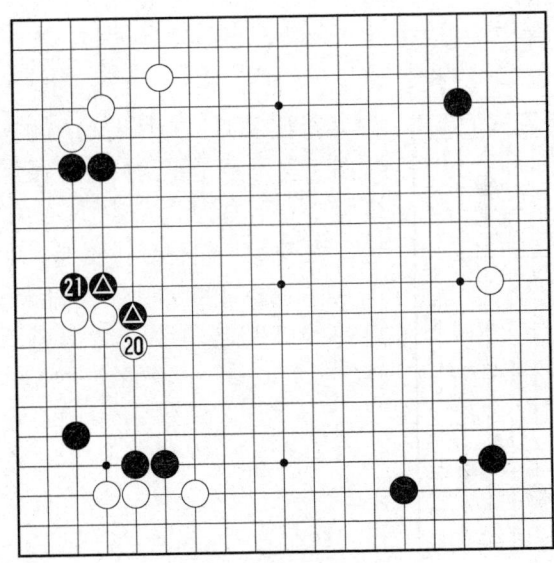

实战图3 被黑棋21位挡下，白棋没有眼位不好办了，而我们发现黑▲和21位三子的效果明显比普通拆二要好，实战图1黑17的手段成功了。

实战图3

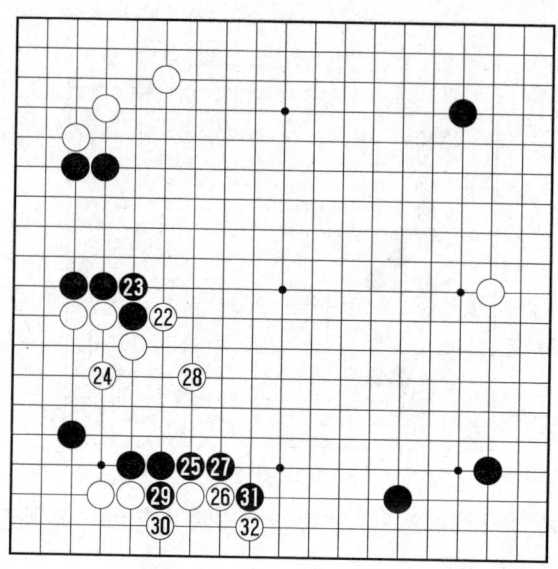

实战图 4

实战图 4 白 32 有些随手。

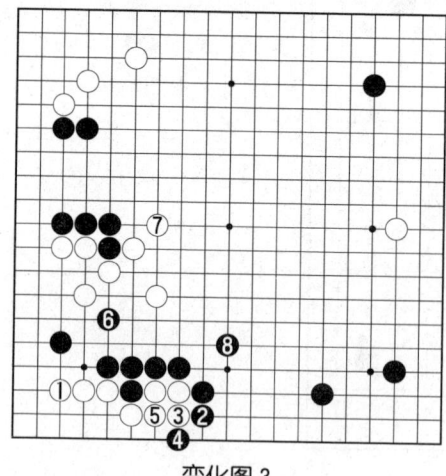

变化图 3

变化图 3 上图白 32 如本图白 1 差不多是正常分寸，虽然被黑 2 立下右边形成潜力，白棋也不太满意，但总好过实战。现在不好是之前的问题，不能因为之前的问题就急躁而变得更不好。

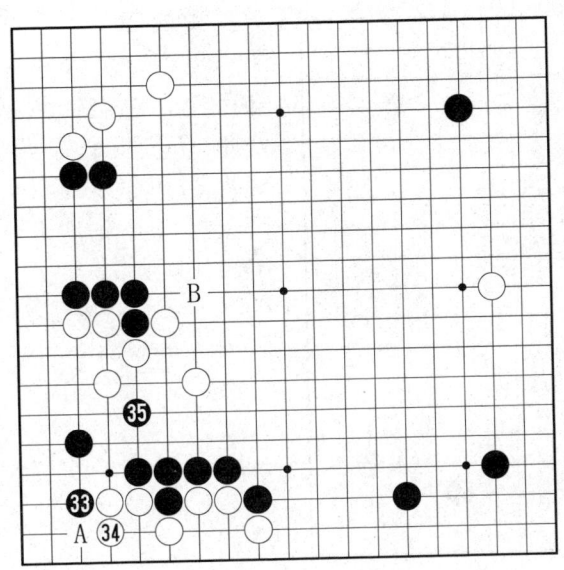

实战图 5 白 34 之后下一手黑棋 A 位挡变得很大，这时白棋虽然心疼实地，但还是应该 B 位补棋，现在不是意气用事的时候。

实战图 5

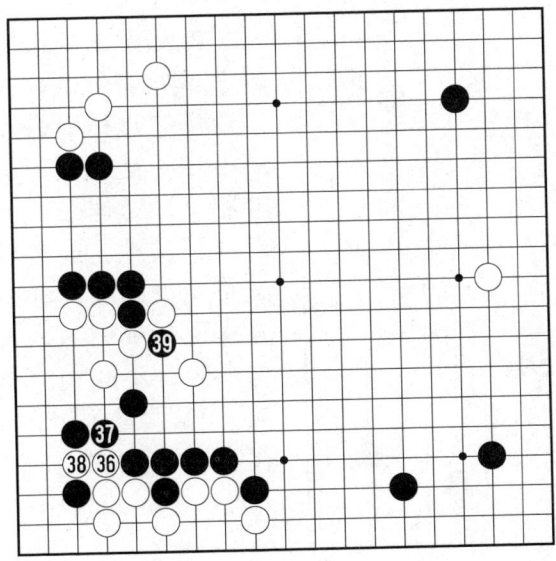

实战图 6 黑 39 断是必然的一手，白棋一旦被黑棋封到里面就坏了。

实战图 6

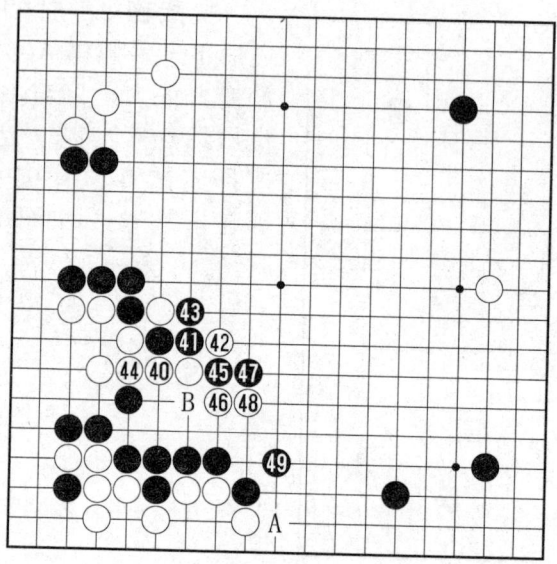

实战图7 A、B两点见合，AI从不勉强行棋，总是恰到好处地留下两个好点。现在白棋征子不利，可以说已经非常困难了。

实战图7

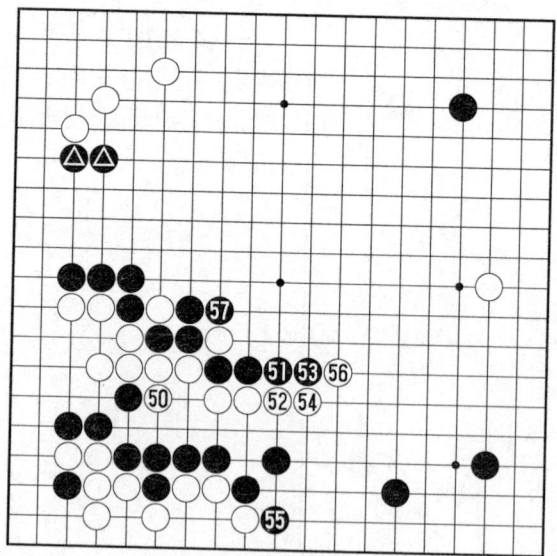

实战图8 黑55、57都非常有价值，攻击白棋的过程中，黑55不知不觉就把下面控制了，处理好自己又围了实地。而黑57又将中央加强，看看黑棋现在中央这么大的形势，不敢相信当初只是以黑▲两个子为背景发展起来的。

实战图8

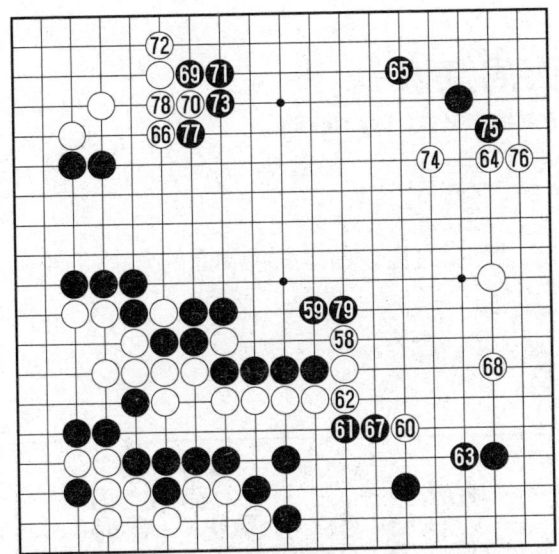

实战图 9

实战图 9 黑棋现在非常清楚地整理局面，基本上一旦 AI 开始控制局面的时候棋也就呈一边倒的状况了。

从这盘棋开始，Master 从弈城网转战野狐网开始新的征程。而从此时开始，它AI的身份也渐渐浮出水面，不明真相的观众猜测到底是不是谷歌公司的新程序，不过当时还没有人对 Master 的身份做出回应。

Master 转战野狐网之后，网站开始有规模地组织世界冠军、一流高手们轮流向 Master 发起挑战。

第32局

大局意识

● 星宿老仙(古力)　○ Master

实战图 1　黑 81 之后，白棋面临局面的分水岭。

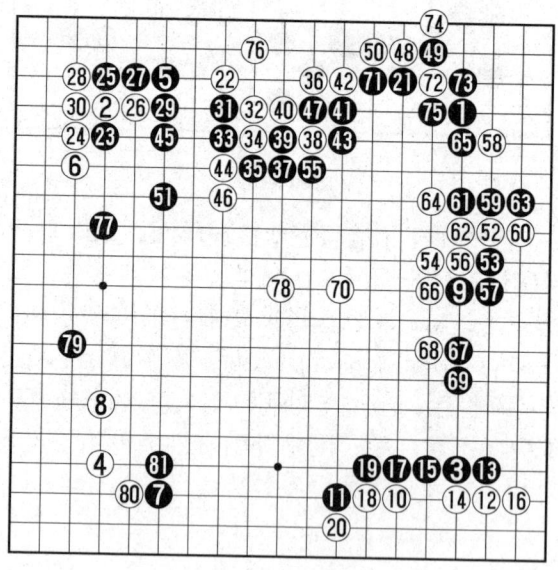

实战图1

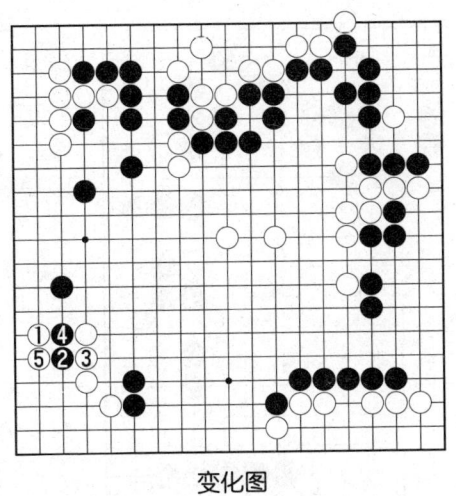

变化图

变化图 白1位守角是最容易想到的,现在白棋目数不差,守住实地最容易保持领先地位。

实战图2 白82这手棋以及接下来的定型让人深深地感受到什么是全局意识,什么是"大局观"!

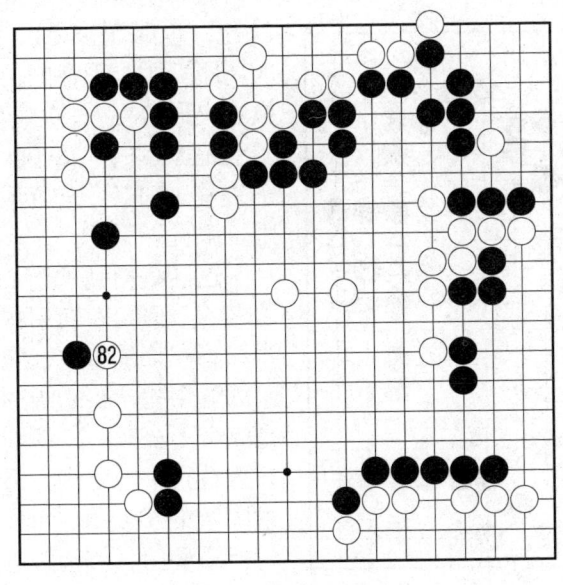

实战图2

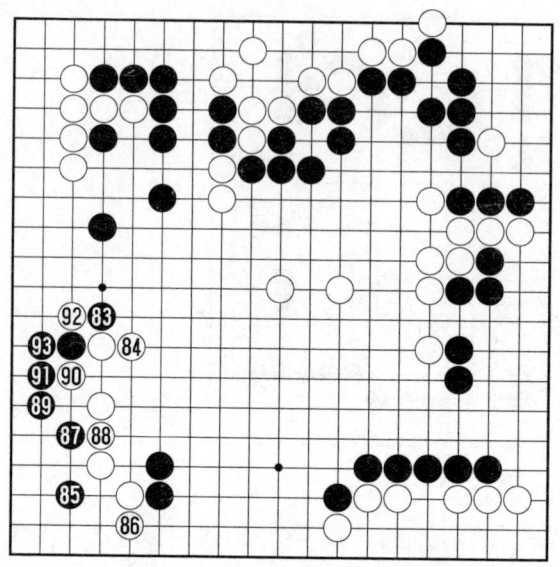

实战图 3

实战图 3 定型至黑 83，黑棋将白棋角部全部掏掉，局部获得了巨大的成果，如果单论这局部的下法亏了这么多实空，Master 的实力令人怀疑，事实果真如此吗？

实战图 4 接下来的发展突然一切都明了了，白棋分明是将上面白△一队子也列入整体规划中，才做出了白 82 的决定！在白 100 的时候终于看出白棋的目的，也深深被 AI 的大局所折服。现在的白棋中央形势喜人，之前可能是孤棋的白△一队子完全变成了势力范围，派上了用场。

这让我想到了一个著名的故事叫作庖丁解牛，同样都是解牛，庖丁的解牛和一般的厨师是完全不一样的，他能一眼看到牛的结构，透过厚厚的牛毛和牛皮，看到骨骼的结构和走向。换句话说，这也是实力的体现。

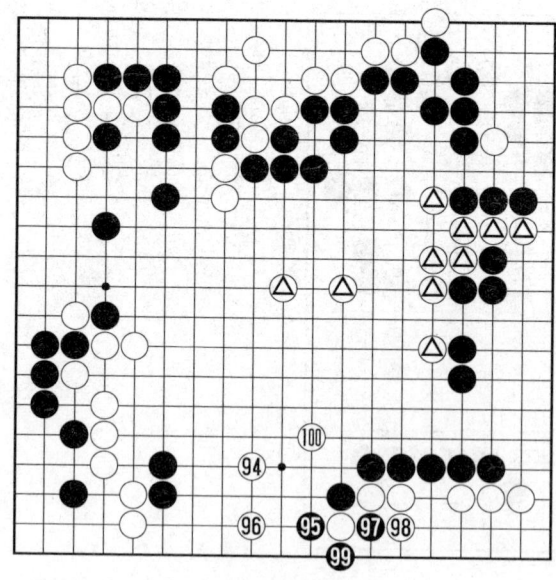

实战图 4

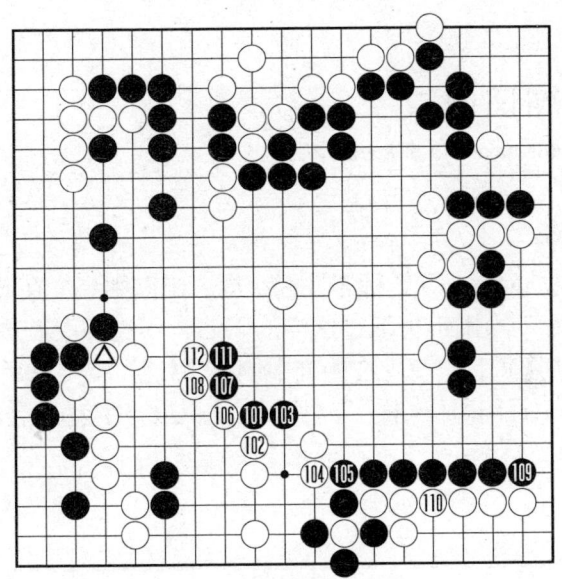

实战图 5

实战图 5 现在白棋面对黑 101 有些过分地进入，都没有对黑棋进行封锁，而是非常稳健地把下面的空牢牢守住，这又是安全运转了，AI 一旦开始保守，就说明黑棋已经没有机会了……

白△完全是舍小利图大业的典型代表，为什么我们下棋总是棋盘越下越大，越下越复杂？要赢的棋赢不下来？因为我们没有舍小利的眼光啊！形势判断混沌不清，什么该舍什么该争搞不清楚。唉，说到底，人脑不是电脑啊！

第33局 新风吹来

● Master　○ 星宿老仙（古力）

实战图1　Master开始标志性的布局，走向中央。在此之前也有过爱好"宇宙流"的棋手也下过这样的下法，不过并没有被接受，可能还是觉得不实惠吧，毕竟现在的高手们都"财迷"得要命！

但是Master下就不一样了，很快职业棋战当中就开始效仿了。

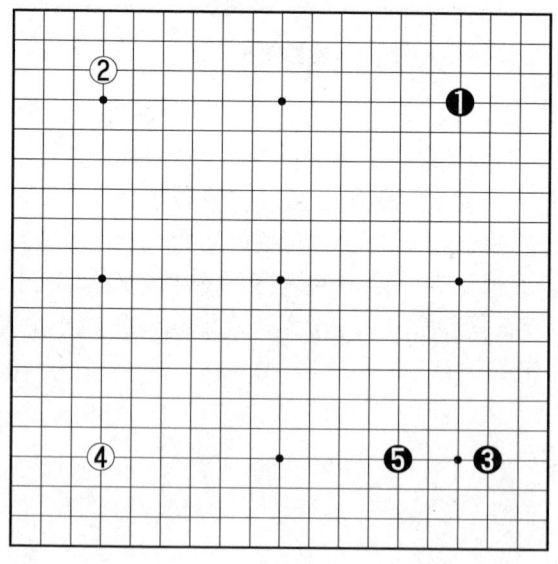

实战图1

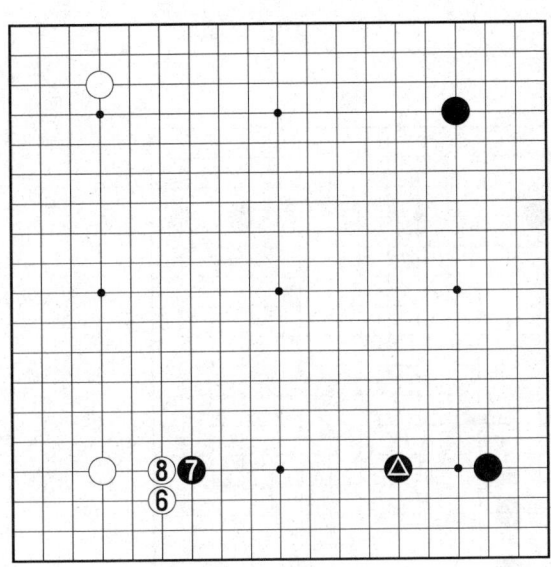

实战图 2 黑 7 尖冲和黑 ▲ 基本是"套餐"出现。由于 AI 带领了风潮，现在诸多棋手的对局里也频频出现此"套餐"！

实战图 2

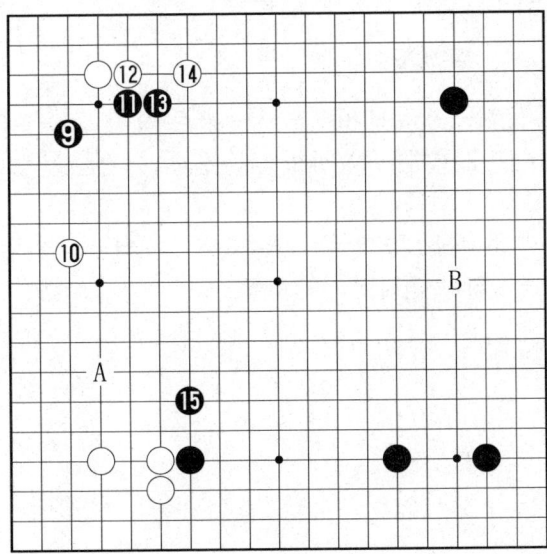

实战图 3 观察 AI 下棋会发现，往往它都是下了自己这手棋之后产生两个好点，像现在黑 15 之后，A、B 两点白棋就面临选择，而无论你选了什么下法，AI 永远保持着自己的步调和节奏。

实战图 3

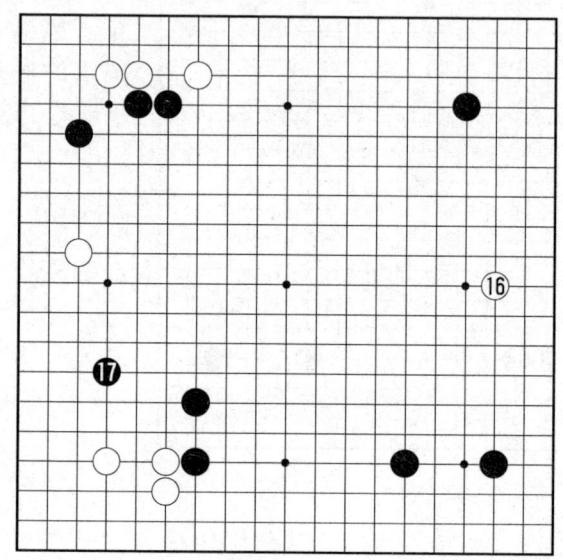

实战图 4

实战图 4 AI 快棋的优势一个是时间，一个是新手攻势。30秒的棋出现新下法，在没时间细想的情况下人类很容易吃亏，这是没有办法的事。

不过在职业棋手布局严重套路化，千篇一律的今天，AI 这一股新风无比珍贵，带来新变化，提升我们对布局的思考。

第34局
围棋之美

● Master ○ 我想静静了（党毅飞）

实战图 1　局面的焦点在左下角。

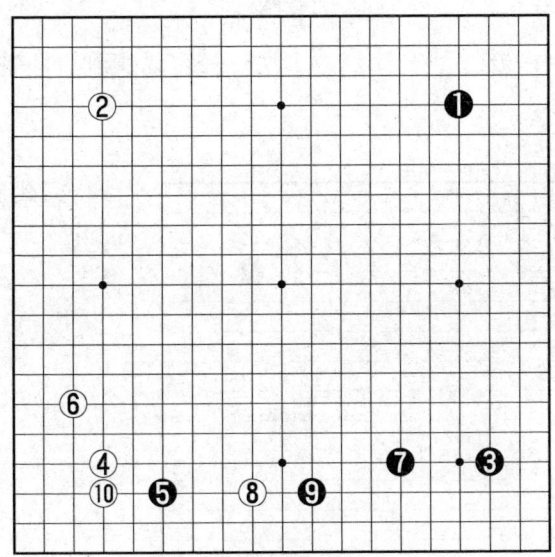

实战图1

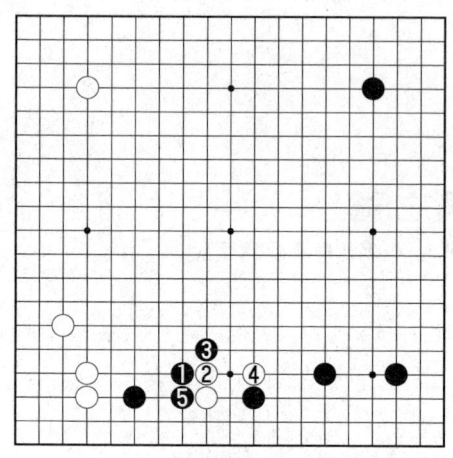

变化图 1

变化图 1 接上图,这样的下法比较容易想到,但是 Master 一向不按常理出牌。

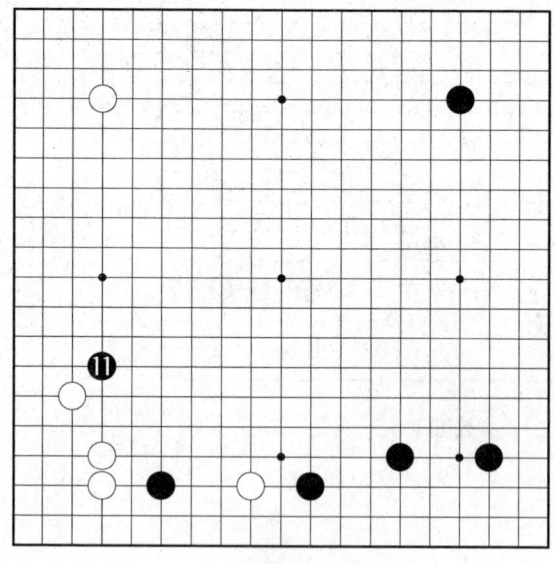

实战图 2 黑 11 尖冲又是 Master 的风格。

实战图 2

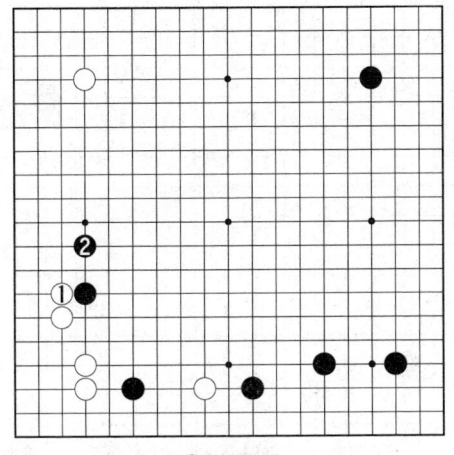

变化图 2

变化图 2 此处定型大致如此。

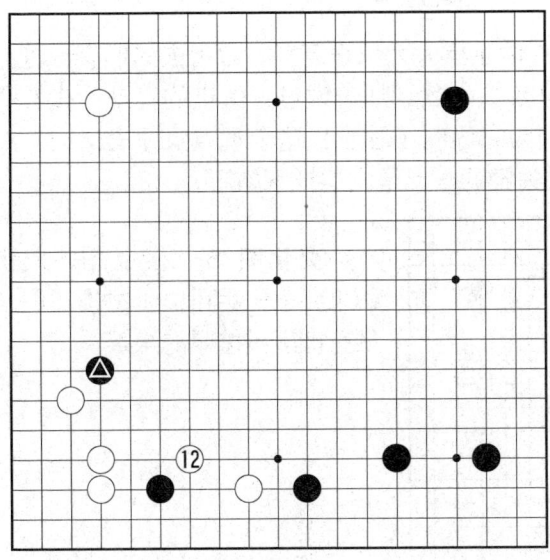

实战图 3

实战图 3 白 12 对黑△不予理睬,也是不落俗套的一招。

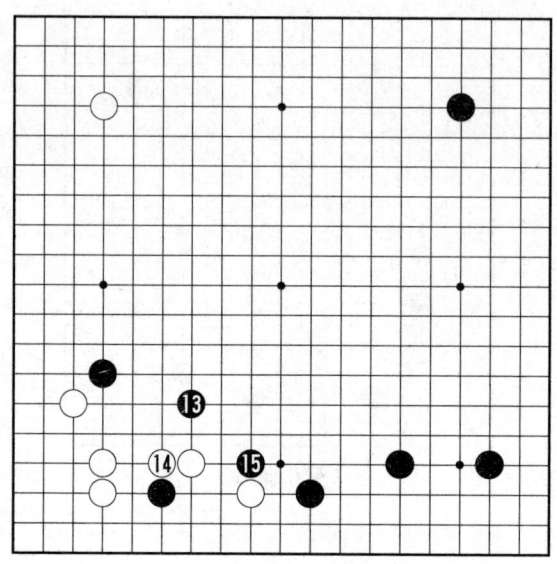

实战图 4

实战图 4 黑 13、15 两手棋大大出乎意料，看上去棋形有一种流动线条的美感。国家队总教练俞斌老师曾说过：围棋的美是什么？我们说一手棋它很美，是因为它导向了胜利！这个观点我深表认同。AI 带给我们的触动很大，最关键的一点是它这样下赢了。

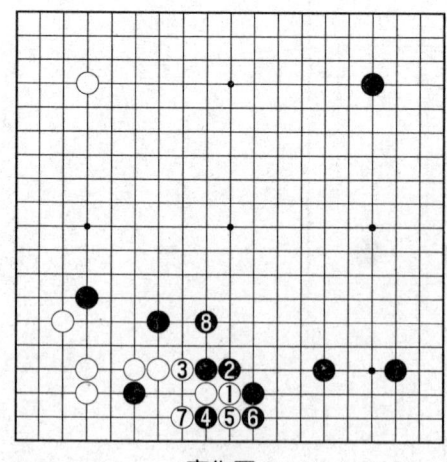

变化图 3

变化图 3 接上图，白棋如果要争先手可以 1 位顶，但是又有把黑棋撞厚的嫌疑。

第34局
围棋之美

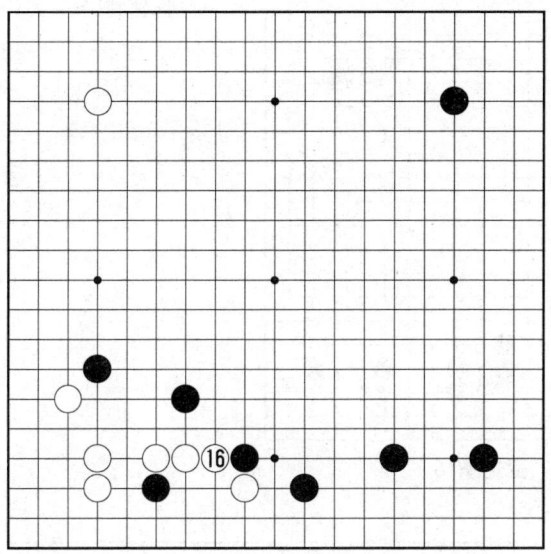

实战图 5

实战图 5　白 16 之后，局部黑棋再应反而不佳。

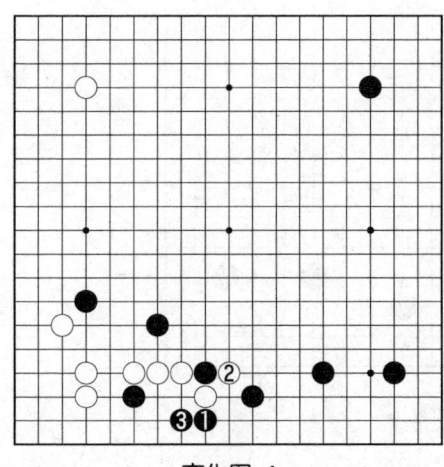

变化图 4

变化图 4　上图白16 之后留下了本图黑 1 夹的下法。当然黑棋这手棋不是现在下，将来外面都定型了可以问白棋的应手，这要看时机。

变化图 5 如果黑棋1位长那就不存在我们对它赞美的美感了，把黑棋从一种无形的美，变化莫测的美，变成了固定的呆滞状态……好像水面没有了波纹，成了一潭死水。

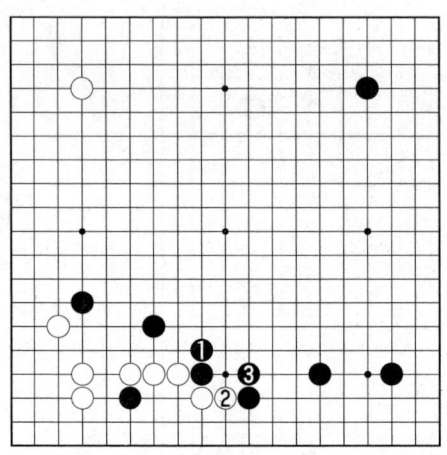

变化图 5

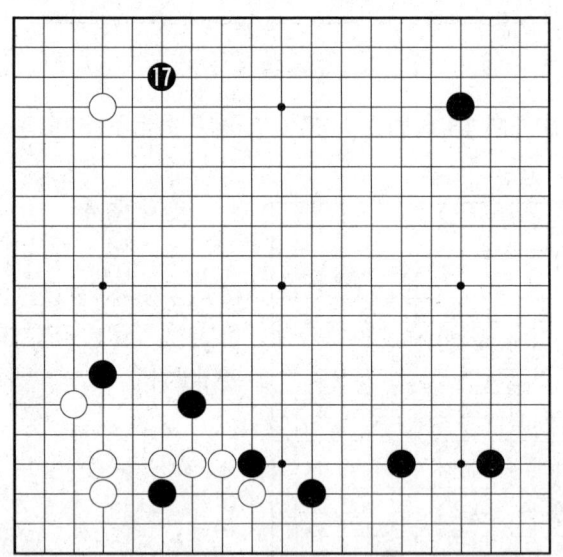

实战图 6

实战图 6 黑17脱先了，黑棋非常灵活。

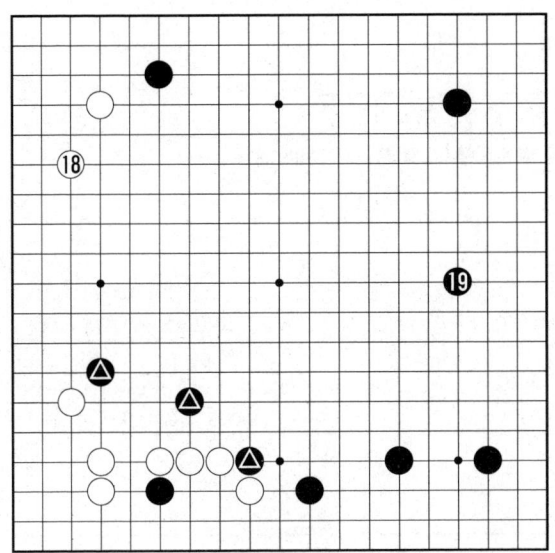

实战图 7

实战图 7 黑▲三子 AI 下得自由又奔放。

人类棋手应该怎么去向 AI 学习？怎样彻底地解放思想？

好比剑术，第一层境界讲求人剑合一，剑就是人，人就是剑。手中寸草，也是利器。第二层境界讲求手中无剑，剑在心中，虽赤手空拳，却能以剑气杀敌于百步之外。而剑法的最高境界则是手中无剑，心中也无剑，是以大胸怀包容一切。

我们追求的棋道精神，也是这样。不过这需要过程，先从模仿开始，慢慢创新，最后运用自如。

第35局 下不好就不下

● 若水云寒（江维杰） ○ Master

实战图1 白34完全不像"分投"，更像是将白18一子联系起来的开拆。令人有些疑惑的同时，又不禁要看看究竟白棋葫芦里卖的什么药。

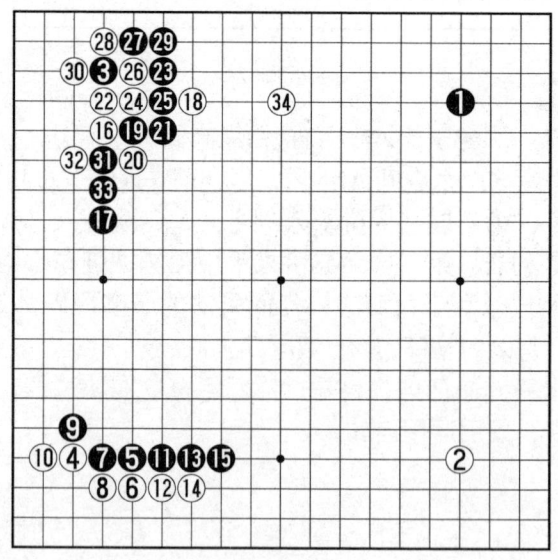

实战图1

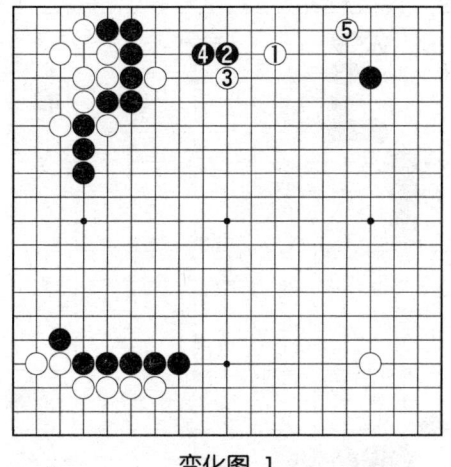

变化图 1

变化图 1 实战图 1 白 34 如本图白 1 分投是远离黑棋厚势的标准下法。

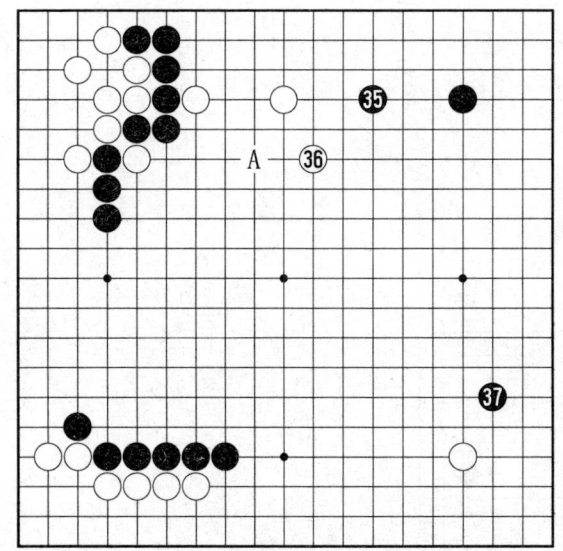

实战图 2

实战图 2 黑 37 是比较明显的问题手，有脱离主战场之嫌。黑 A 位是棋形，即对白棋有攻击性，同时也扩张自身模样。

黑棋实战显然是在读秒的催促下没有想清楚下法，临时挂一下来利用时间思考。

可惜你一下问题手，Master 马上就抓住了。

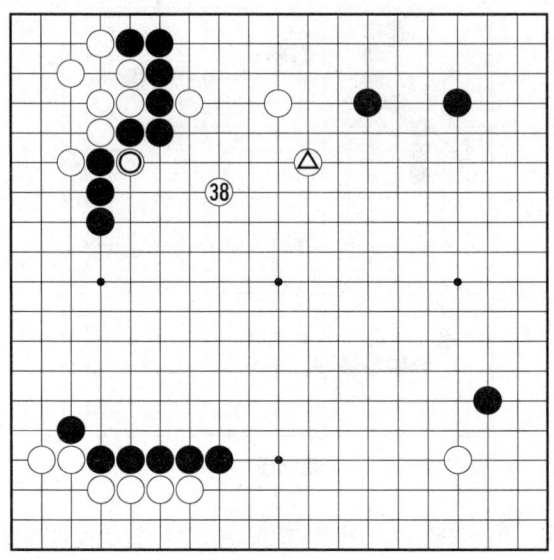

实战图 3

实战图 3 白 38 好点！打眼一看这里白棋下跟黑棋下的区别就能对比出来。白棋棋形一下子舒展开了。白◎与白 38 配合的意图也展露无遗，压迫黑棋厚势，使得黑棋必须委屈地去吃白◎一子。黑棋的模样也消失殆尽。

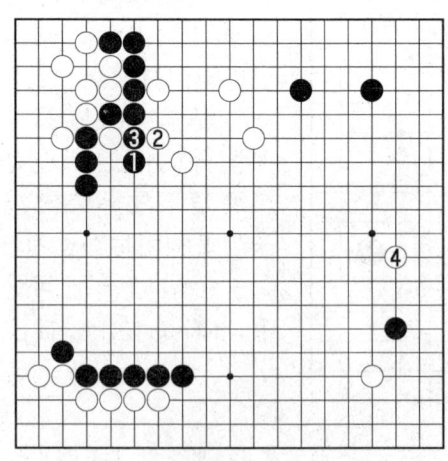

变化图 2

变化图 2 如果黑棋委屈地 1 位应肯定是不行的，这样下说明双方都不在同一水平线上了。白 4 可以脱先下任何地方。黑棋左上角的效率堪忧。

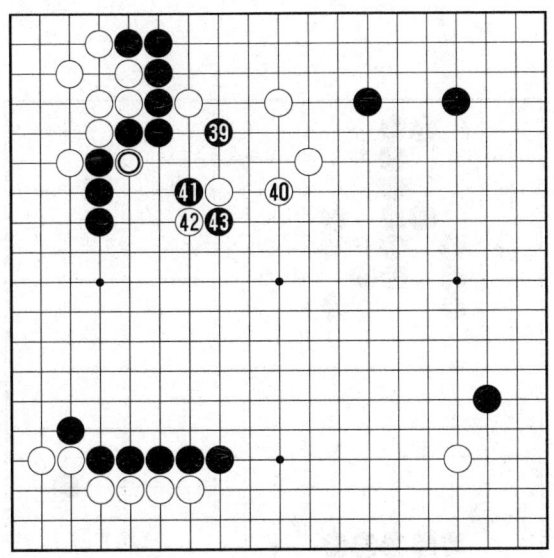

实战图 4

实战图 4 黑棋反击必然,否则这里黑棋这么多子只能吃掉白◎一个,黑棋苦不堪言。

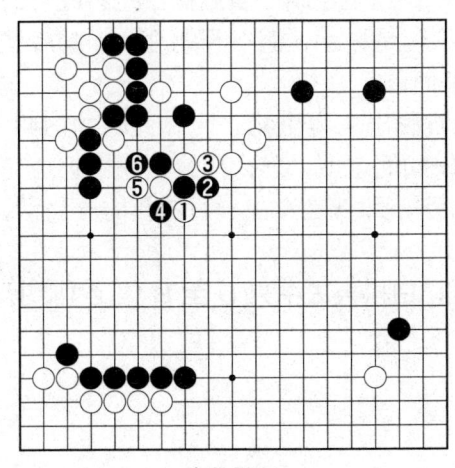

变化图 3

变化图 3 接上图,白棋强行作战过于勉强,征子不利没有胜算。

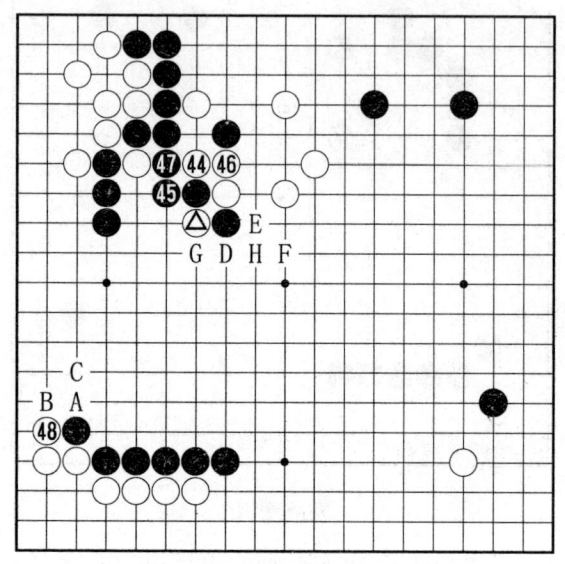

实战图 5

实战图 5 突然白 48 就脱先了,这里定睛一看白棋已经达成它的目的,加强了自己。黑棋再继续下也是后手,豁然开朗之余,脑海里想到了白居易的那句:蜗牛角上争何事?

的确,很多时候我们都不能跳脱出来看事物,比如此时的白 48,也许我们还苦于不知道白△一子该如何定型,怎么样给这块棋一个交代的时候,白 48 告诉我们一个思路,那就是过去一直流传的一句话,叫作"下不好的地方就不下"。

如果黑棋以下 A 至 C 位应对,白棋再去中央 D 至 H 位定型,把黑棋中央的潜力化解得一干二净。

不同物种的较量

● Master ○ 印城之霸（辜梓豪）

实战图1 点三·3在之前讲的Master的对局中已经出现过，应该说大家都没有那么吃惊了，见过一次也有了承受能力。

但是这手棋能说它是好棋吗？这可能在很长时间里都没有人能给出准确的答案。

虽然我之前讲过，打破棋理的招法目前也在慢慢地被认可，但是咱们爱好者朋友想模仿还是千万慎重。

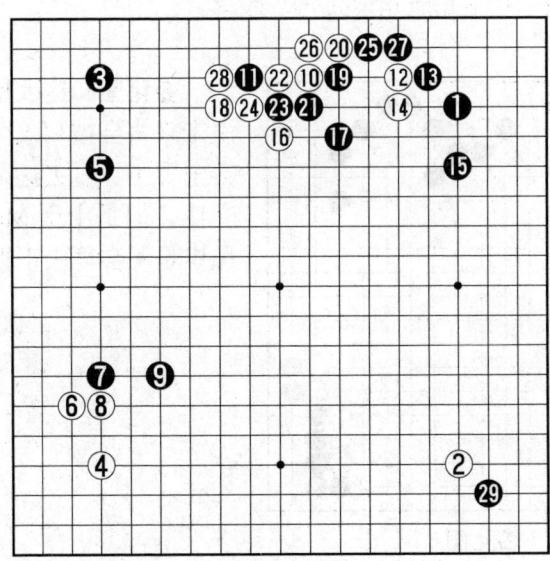

实战图1

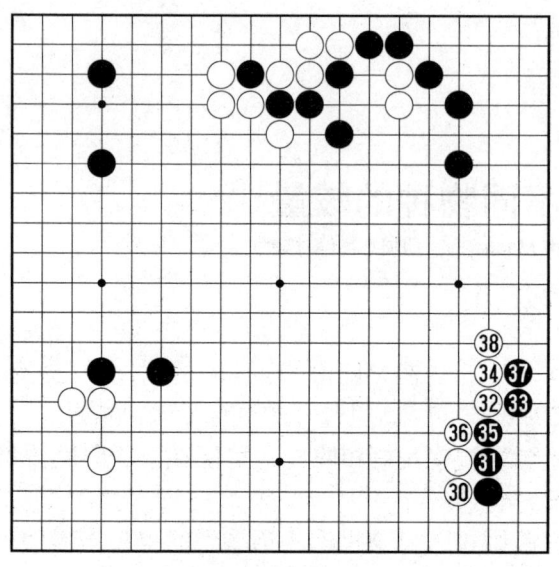

实战图 2

实战图 2 右下角点角定式告一段落。

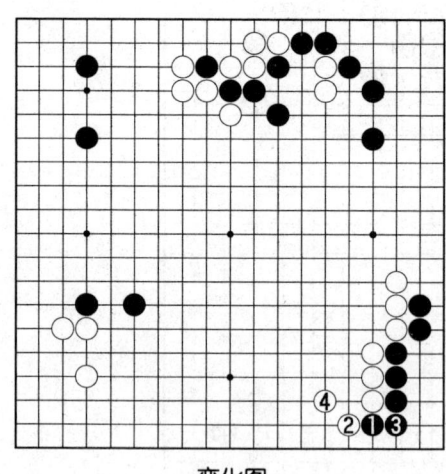

变化图

变化图 这扳粘四手棋可以说未来将会被写入历史，再也不会出现了。过去这是定式的必然交换，但是由于 Master 的革命，黑棋是不会再去下扳粘了。

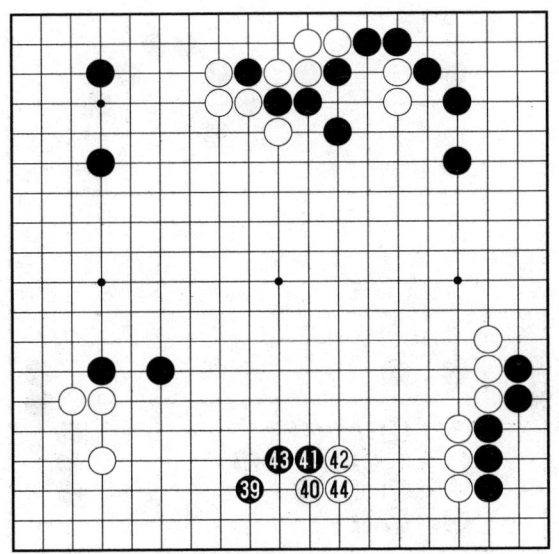

实战图 3

实战图 3 其实从实用主义出发，Master 的思想也比较好理解，就是让你的外势发挥不了，那么它先占了实地就有绝对的优势，这样从 AI 的计算方式来说，它大大地减小了计算的难度。毕竟对它来说从第一手开始就在缩小局面，减少变化，它的难度是越下越低，而人是越下越复杂，难度越来越高。这是两个完全不同的物种用完全不同的方式在交流，所以你说围棋多奇妙？这样的较量在其他项目里根本不能想象。

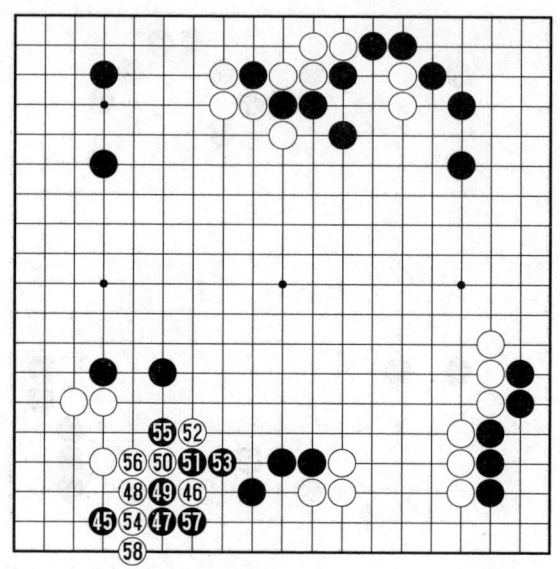

实战图 4

实战图 4 AI 用 AI 的方式下棋，人如果非要强行对照着 AI 的招法来下，在棋盘上就是走火入魔，因为它能掌握的未来，你根本预测不到。

但是把它的思路借鉴过来增强我们的实力是可以的。

第37局 被小利蒙蔽

● Master ○ pyh(朴永训)

实战图1 到目前为止局面平稳,白方对下面黑五子"虎视眈眈",黑棋应该如何应对?

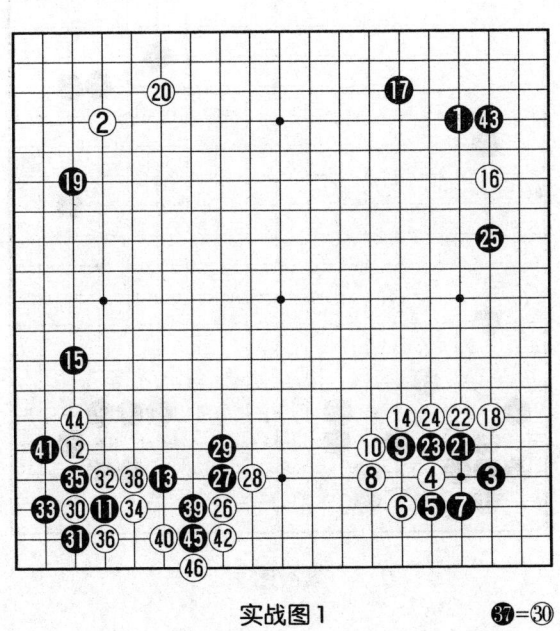

实战图1　　㊲=㉚

变化图 1 接上图,黑1爬过不能考虑,白2、4将黑棋压在低位不说,下边五子更显困顿。

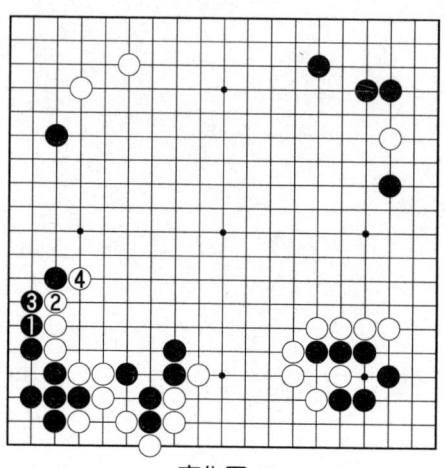

变化图 1

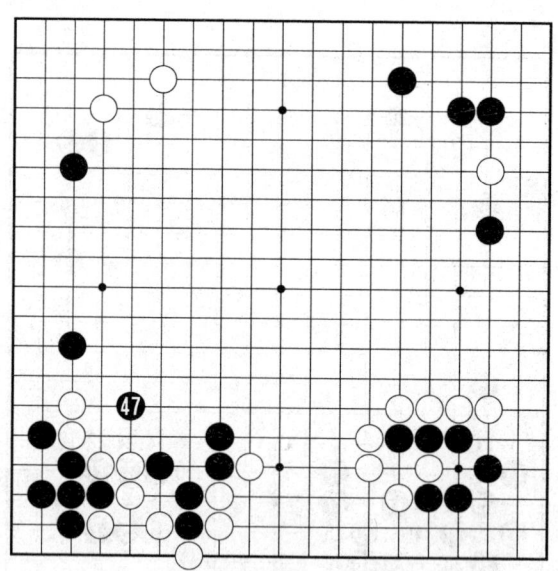

实战图 2

实战图 2 逢方必点!黑47是顾及全局的好手。

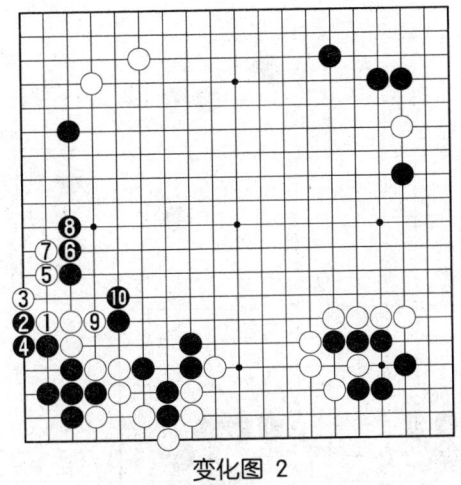

变化图 2

变化图 2 接上图，白 1 拐下是白棋的权利，但是至黑 10，白破掉黑棋左边的空并不甚大，黑棋在外围也建立了外势，可以满意。

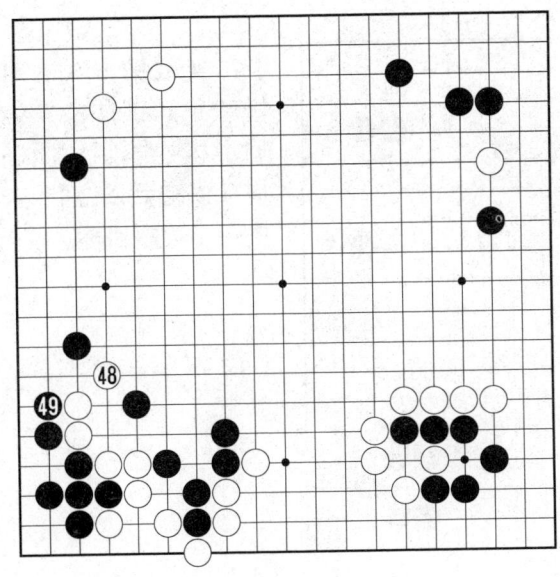

实战图 3

实战图 3 交换一个次序之后，黑棋再爬过，白棋就不像刚才可以形成顶了扳的好形了。

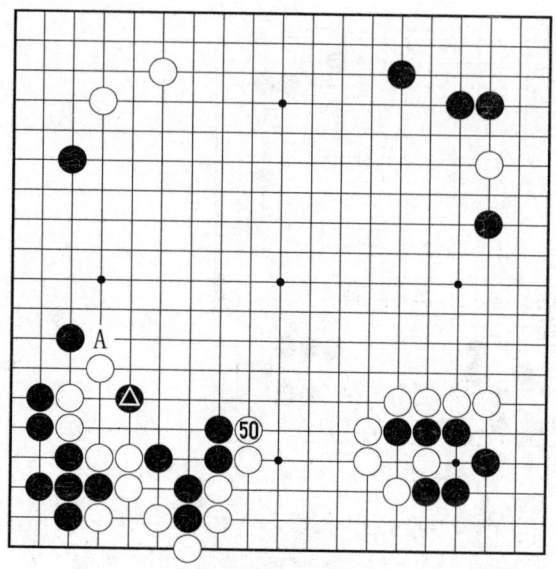

实战图 4

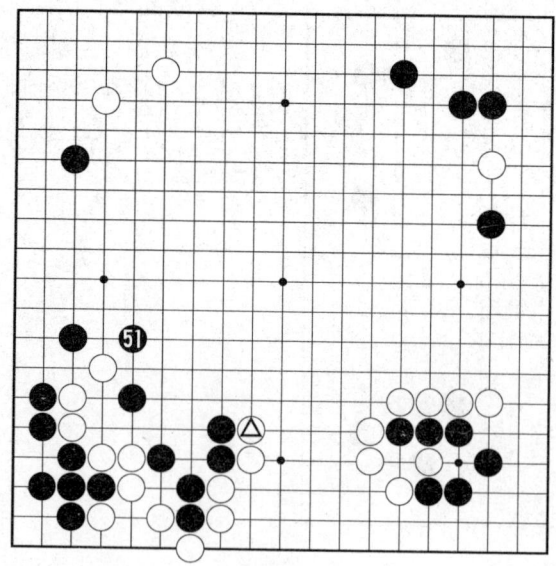

实战图 5

实战图 4 白 50 略有疑问,正中黑棋下怀,白 50 还是下 A 位正常,虽然被黑棋❷位便宜了一下心有不甘,但是大方向还是要确保正确的。

实战图 5 黑 51 机敏,封锁住白棋之后黑棋连厚了,而白棋仅仅得到❷位的贴,失去了攻击目标。

第 37 局
被小利蒙蔽

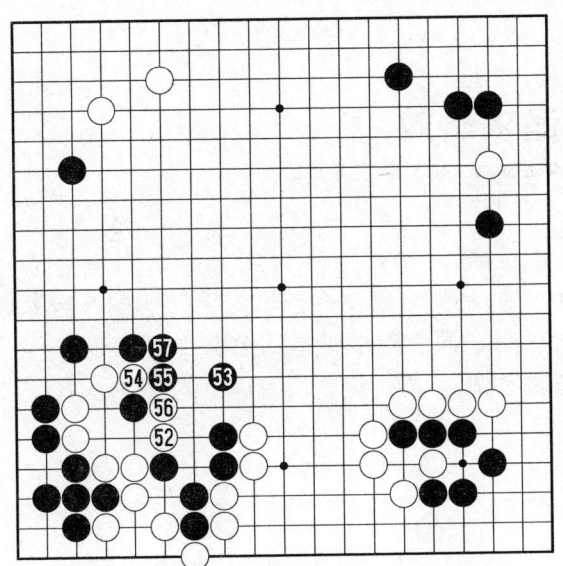

实战图 6

实战图 6 白 52 以下的交换纯粹是里和外的交换，把黑棋越走越厚。纵然是白方这样的世界冠军也会因为局部小利而蒙蔽了双眼！

左下角的定型直接导致白棋局面被动，这在一流高手的对局中是很少发生的事情。

白方突然发挥失常其实是心态上的原因，与 AI 下棋你感觉像是面对了一堵墙，你用任何招法去试探都接收不到反馈，久而久之人会对自己下的棋产生怀疑，自乱阵脚。

下棋是技艺的较量，也是心智的比拼，面对冷冰冰的机器的时候对人心性的挑战更大。

第38局 追求子效

● Master　○ 天选（柁嘉熹）

实战图1　黑65是紧凑试探白棋应手的一招，这手棋导致了后面几十手以后的变化，现在黑棋就是问白棋，你要安全还是要实地？

如果黑棋普通在A位拆边就没有这样的效果了。

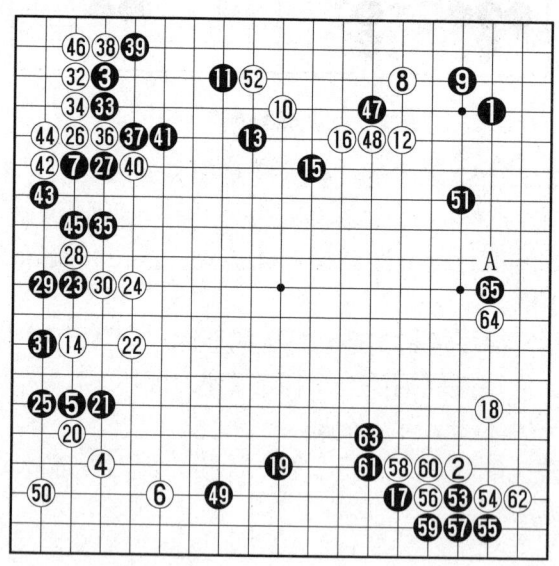

实战图1

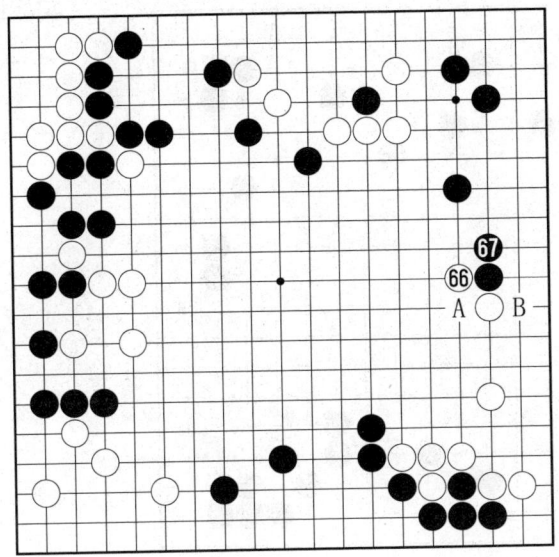

实战图 2

实战图 2 此时 A、B 两点如何选择就是对白棋的考验。

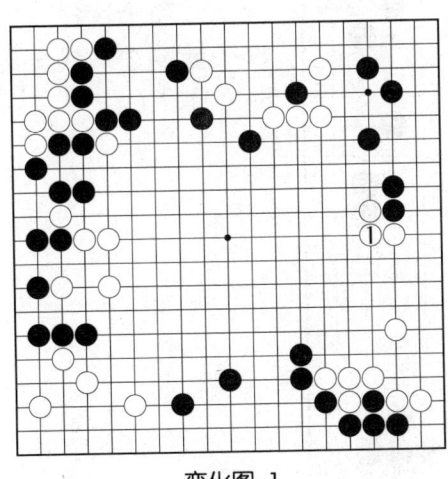

变化图 1

变化图 1 接上图，白 1 粘一手很厚，但是实地差了，黑棋相当于先手下到了拆边的效果，可以脱先继续抢占大的地方。

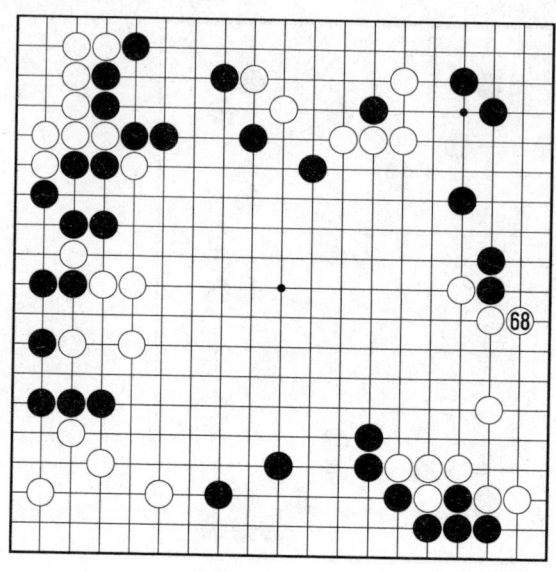

实战图3 白棋要实地，选择了眼见的现实的实空，那么黑棋就开始了对未来的规划。

实战图3

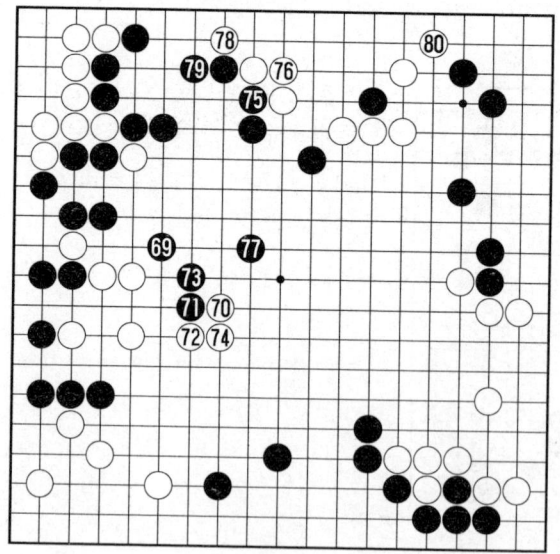

实战图4 双方四平八稳地进行，看样子就要进入漫长的收官阶段了。

实战图4

第38局 追求子效

实战图 5 黑棋通过弃子收官。

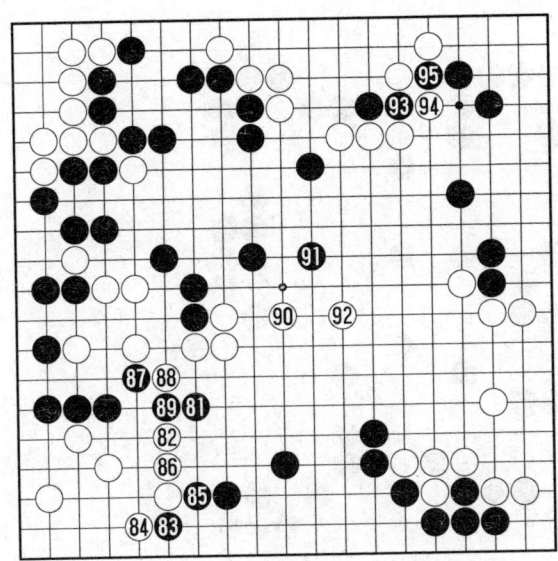

实战图 5

实战图 6 一切都在有条不紊地进行,风平浪静,如暴风雨即将来临之前的平静。

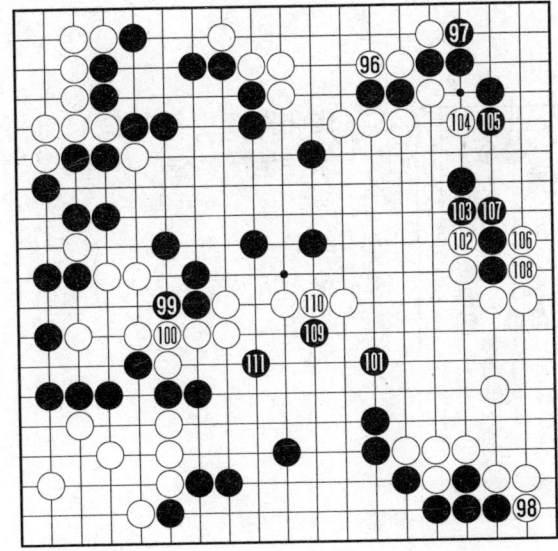

实战图 6

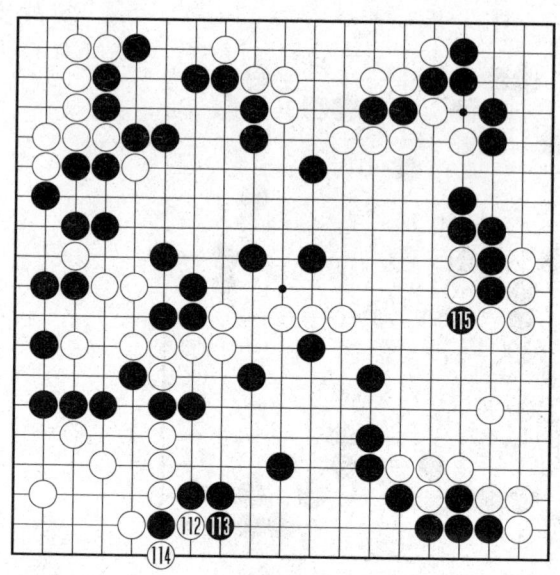

实战图 7

实战图 7 黑 115 终于亮剑！刀终于出鞘了！白棋不敢去吃断的这一子。

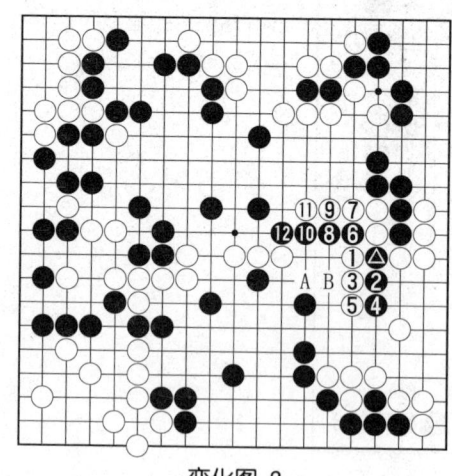

变化图 2

变化图 2 看似白 1、3 可以无条件地把黑△吃掉，但是黑 6 打出之后，通过弃子，白棋左边一队棋子已经无形中被分割，接下来白 A、黑 B，白棋联络不上。

实战图 8 这里黑棋吃下白棋两子,可以说局势黑棋反超,这里的目数出入极大。这是之前黑△的时候就埋下的伏笔,随着棋局的进行慢慢显现出来了。

白棋整盘棋没有明显的失误,似乎局面一直都很接近,但是最后关头,快要接近终点的时候还是被 Master 反超。

为什么我们强调黑△?是由于这一子埋下了种子。但是是什么促使了黑△的出现?其实归根结底还是效率,追求更高的子效。

水浒传里的九纹龙史进喜好舞刀弄叉,之前有七八个师父教的水平也不错,他对武艺钻研得算很深了。但面对东京八十万禁军教头王进一着便败。王进对史进的点评是什么?学的都是花棒,只好看,上阵无用!

未来棋盘上看重的是效率,那些好看但无用的棋一定会退出历史舞台。

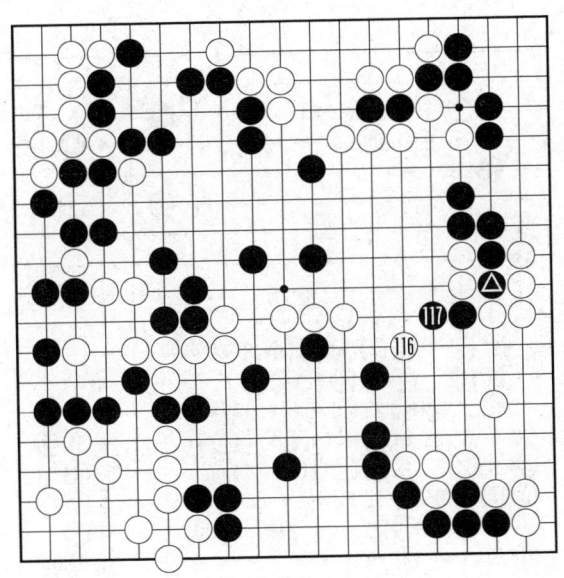

实战图 8

第39局　超级乌龙

● Master　○ jpgo01（井山裕太）

实战图1　黑99这手棋可谓是Master这60局中争议最大的一手了。当这手棋落在棋盘上的时候，多少棋手仰天长叹这么多年围棋白学了！Master是何缘由选择了这一下法引发了一系列的讨论，一切都像迷雾，都在找一种合理的解释来解读这手棋，但是没有明确的结论。

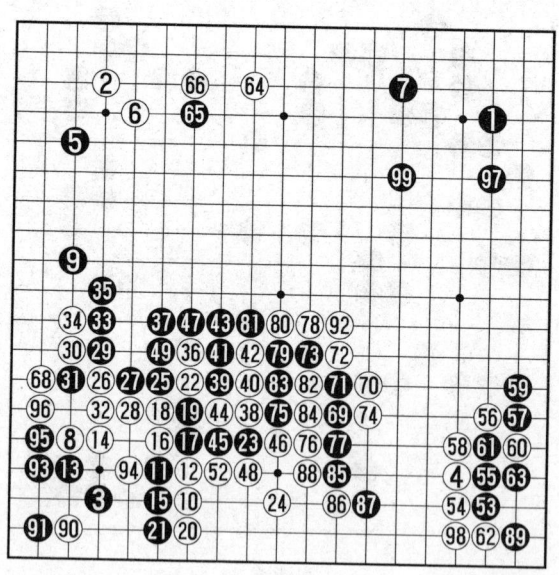

实战图1　㊿㊿=㉒　㊿=㊱

实战图2 为什么说黑▲是让人大跌眼镜的一步棋？因为这手棋没有对角部产生任何帮助，好似垒积木块一般形成了一个方块。

而白棋继续骚扰黑角的时候黑棋没有因为多了▲一子而产生帮助。这就说不通了，Master如此注重棋的效率，怎么会下出类似停一招的下法？

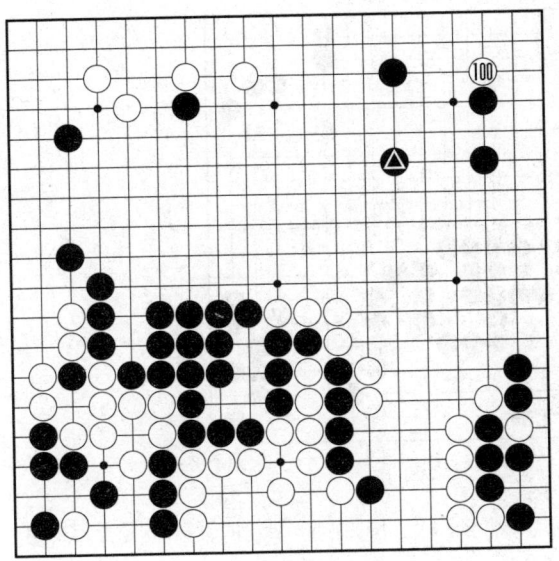

实战图2

实战图3 黑棋不能忍受打劫。

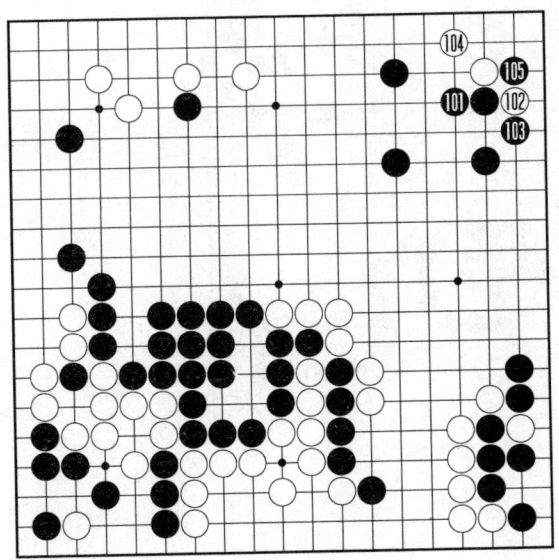

实战图3

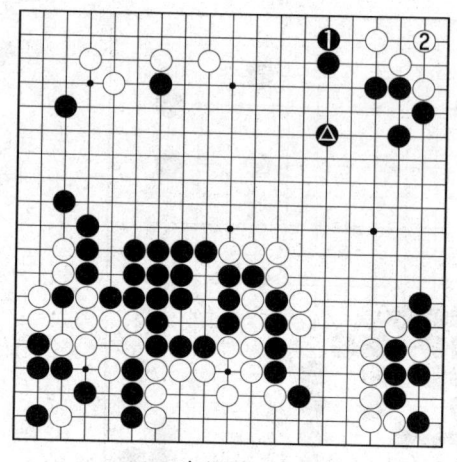

变化图 1

变化图1 上图黑105如本图1位角部得成劫活,如此这般黑▲一子应该会尴尬得面红耳赤吧。

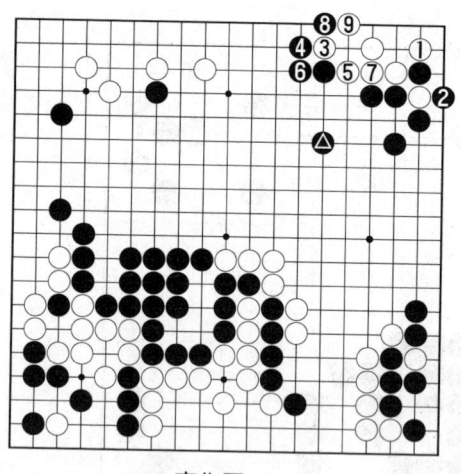

变化图 2

变化图2 实战图3黑105之后,本图白1也是打劫,不过负担要重得多,这样打劫黑棋▲一子还算有面子。

第39局
超级乌龙

实战图4 实战白棋弃掉也可，总之你已经有四手棋的角，我稍微占点便宜就行了。

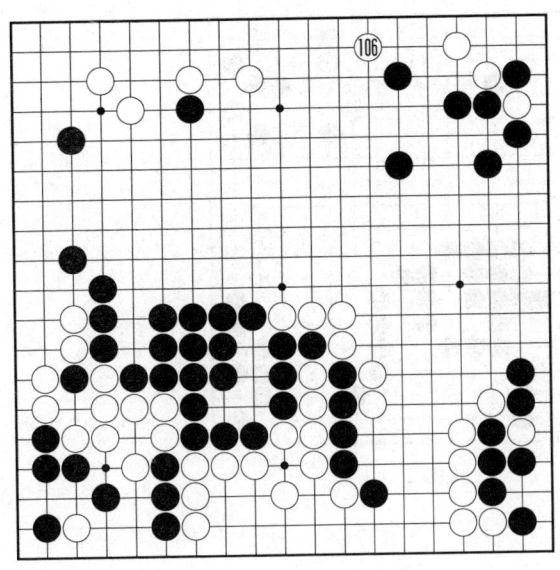

实战图4

实战图5 白棋还想要便宜，这里黑棋只要陪着白棋一直下，白棋就能通过弃子借用白白便宜。

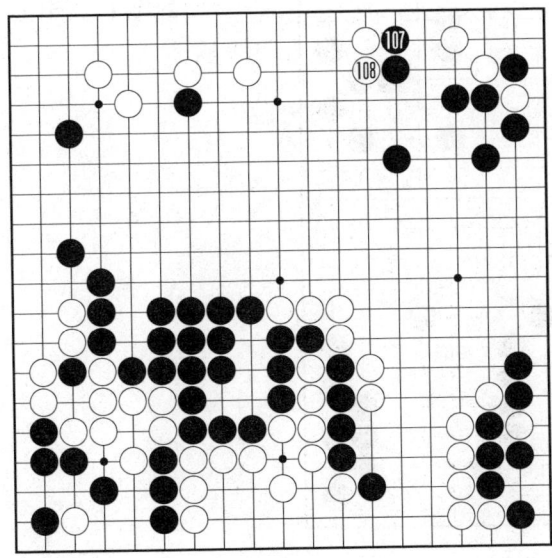

实战图5

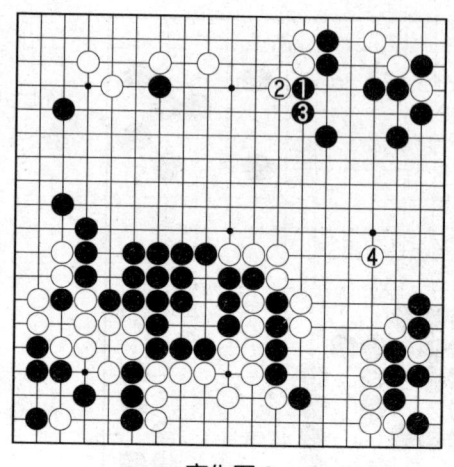

变化图3

变化图3 黑棋继续在这里下意义不大,吃住白角已经可以脱先了。白4的要点确实很大。

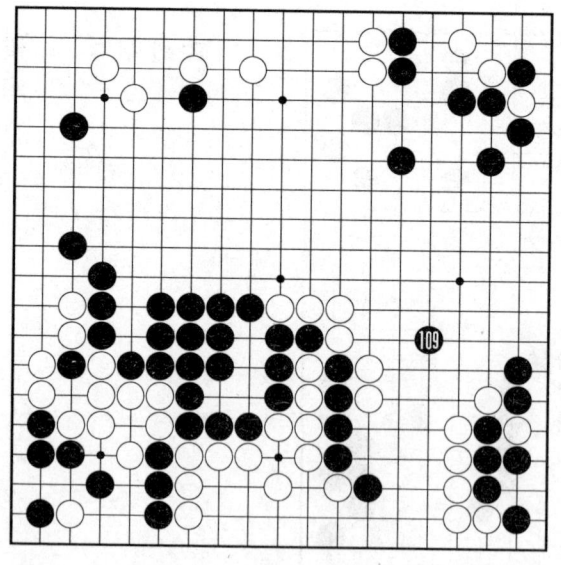

实战图6

实战图6 所以黑109脱先了。

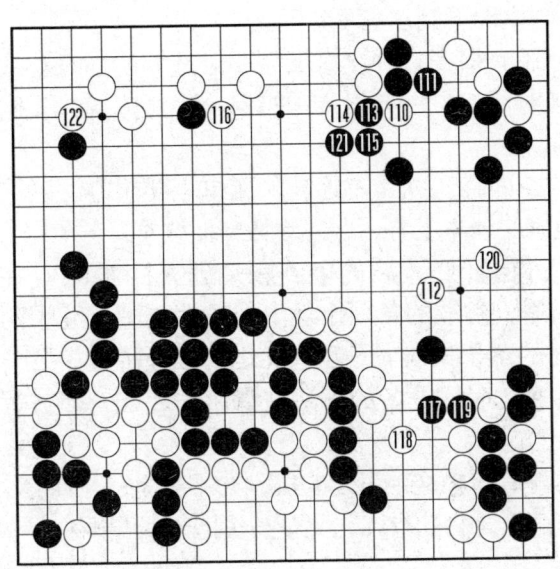

实战图7

实战图7 白棋拼命争抢实地，右边还是比较薄的。这样的下法非常大胆。

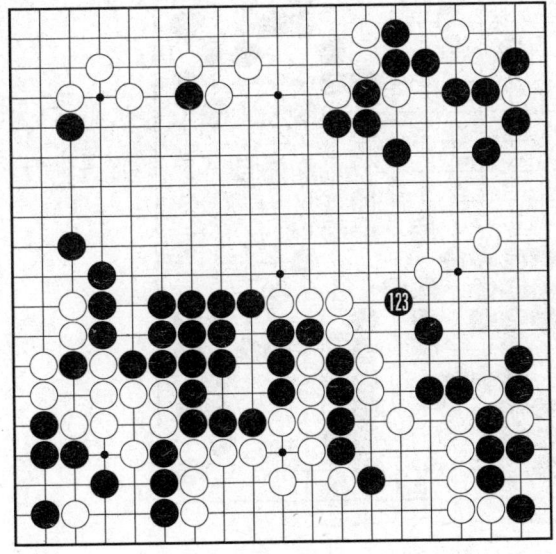

实战图8

实战图8 黑123反击必然。

实战图9 黑中盘胜，棋局下到这里戛然而止。

实际上要交代的地方还有很多，并没有下完，但是据说当时观战的爱好者人数太多挤爆了对局室，白方日本围棋第一人频频掉线，网络太不稳定而选择了认输。

当然，白自己下方的空面临压缩，右边一队孤棋也要想办法联络回家。现在的局面白棋也确实谈不上好，所以就放弃抵抗了。

话说回来，这盘棋引起轩然大波的▲到底是怎么回事呢？在Master事件过去20多天以后，谷歌的黄博士发出一条朋友圈澄清了两盘在他担任"机器臂"时的落子失误。一盘我们之前已经讲过，另一盘就是这盘棋的▲！AI在▲的时候准备的下法是◉位的大飞，而被黄博士搞了乌龙摆在了▲的位置。

一切水落石出之后，再看看▲这手可爱的棋，如果不是一个手误，可能它根本不会出现在棋盘上，它的存在，完全拜黄博士所赐啊！

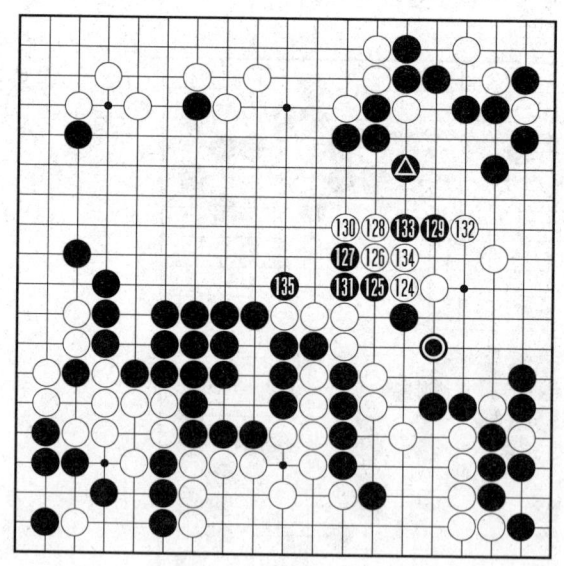

实战图9

第40局 脑洞大开

● 愿我能（孟泰龄）　○ Master

实战图1　尖冲无忧角见过，尖冲大飞守角您见过吗？

这可真是脑洞大开的一手，尖冲无忧角还有实战理论依据，但是对于尖冲大飞角，在此之前的经验真的完全不起作用了，因为从来都没有人这么下过。白方送空给黑棋，将黑角加固。如果我们讲Master的棋是可以解读的，看到白10也要摇摇头了，这手棋真的来自未来！

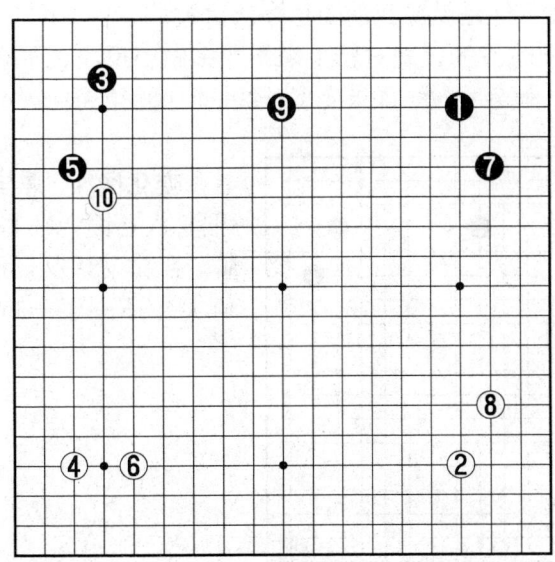

实战图1

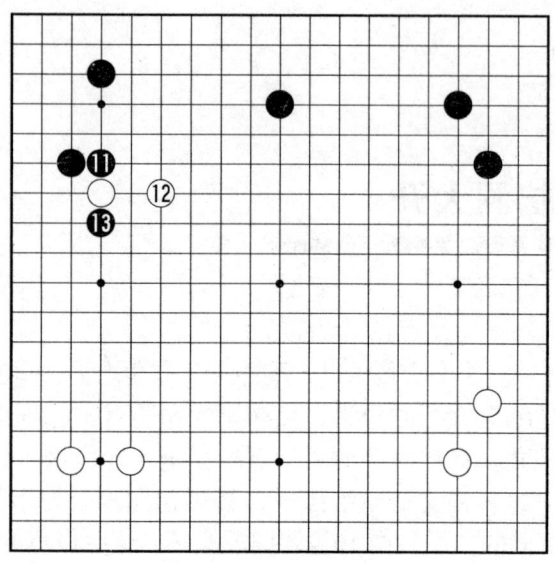

实战图2

实战图2 但是就像我前面也多次讲过的,在30秒的时间里和AI下棋人类是很吃亏的,面对新手来不及去做出反应,下意识的下法可能并不恰当,就会吃亏。如果有多一些的时间可能很多失误都会避免。

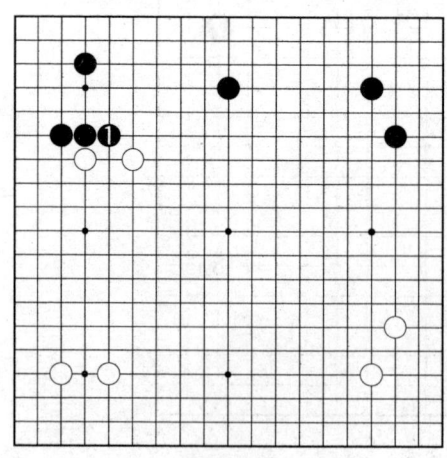

变化图1 黑棋与实战相比可能1位长会好些,等白棋出牌。黑棋就想反正我已经比无忧角尖冲多围了一行,可以知足了。

变化图1

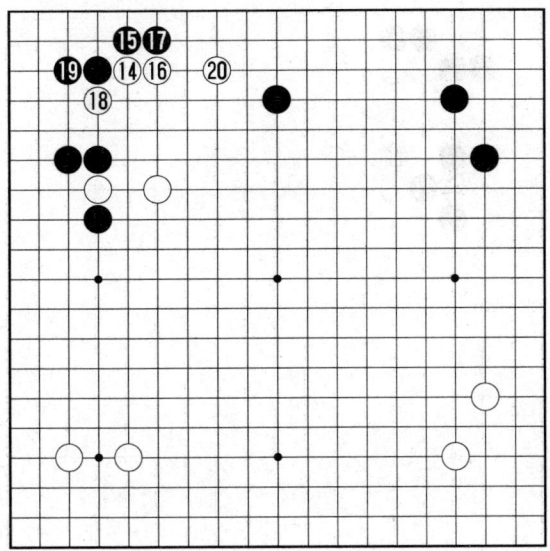

实战图3

实战图3 黑15和上扳的区别不大，白棋都是把上边的空破掉的同时也取得了联络。

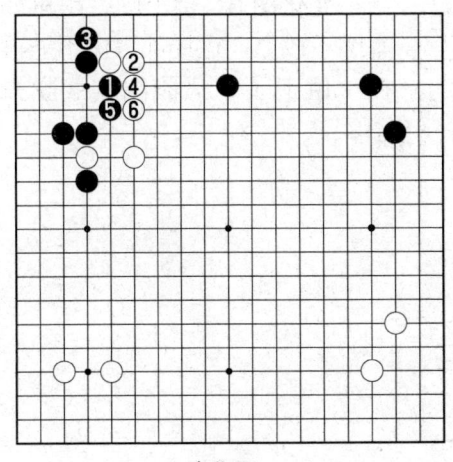

变化图2 实战图3白14靠后，本图黑1扳也可考虑，白的意图就是联络。

变化图2

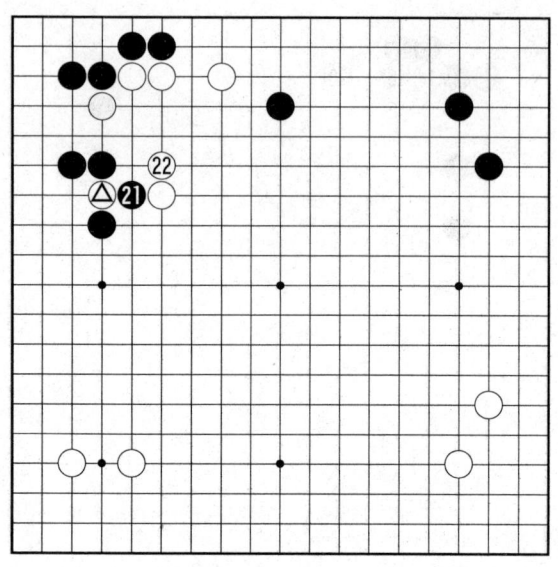

实战图 4

实战图 4 下到现在没有白棋很奇怪的感觉了，白△位的尖冲似乎比直接去打入上方的效果要好。这又是没办法解释的事了。

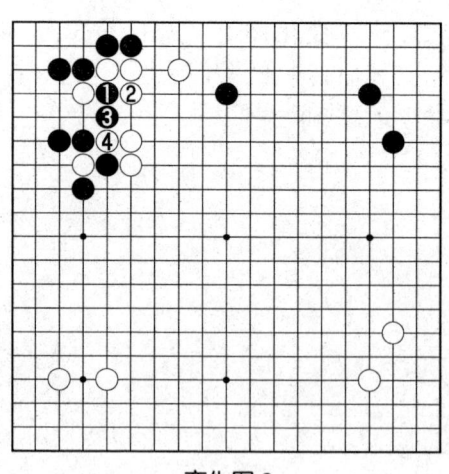

变化图 3 接上图，黑棋如本图不成立。这局部黑棋不能再在 1 位下了，只能像实战脱先了。

变化图 3

实战图 5 白 28 的意图只是先手防止黑棋 A 位的扳头，并不恋战。

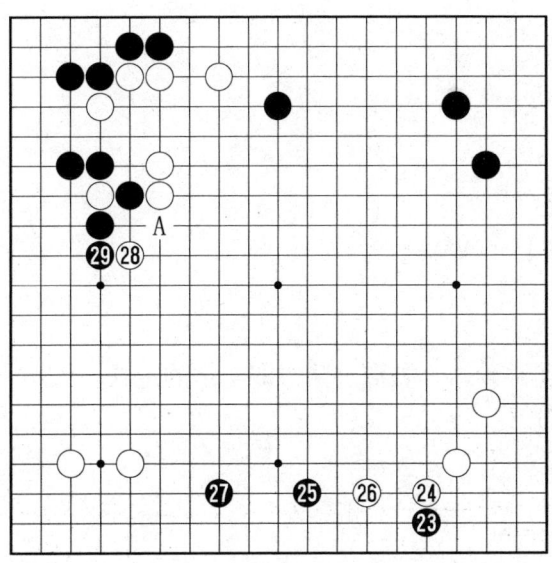

实战图 5

实战图 6 当白 30 打入的时候，白棋在想的不仅仅是破掉黑棋的空，而是对黑❶一子展开进攻。这是黑棋早在白 10 尖冲的时候始料未及的，但其实白棋整体的思路都是连贯的。当它加强了自身，黑棋自然就变薄了。

Master 带给我们"上帝视角"的棋很多，我觉得本局的尖冲大飞角可以算一个。对职业棋手来说，有些子力结构的问题我们要重新审视，重新思考。

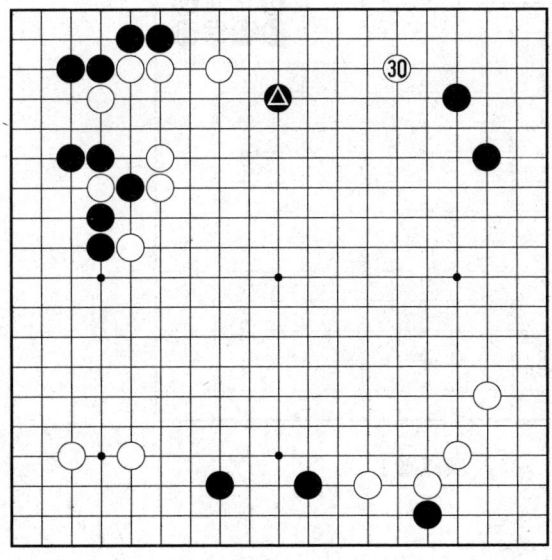

实战图 6

第41局 空中飞舞

● airforce（金志锡） ○ Master

实战图1 Master特别钟爱这个黑取外势白取实地的定式。大斜妖刀在它这里就是这样的定式！

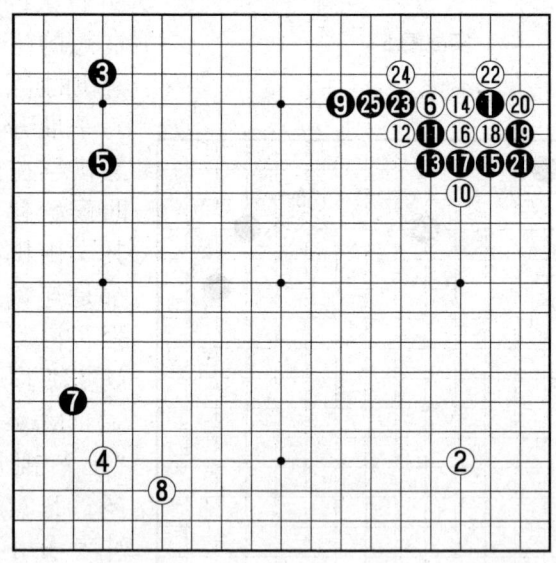

实战图1

第41局 空中飞舞

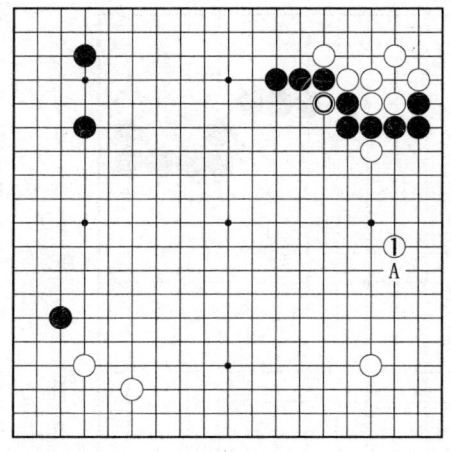

变化图1

变化图 1　上图之后，白棋下在 1 位或者 A 位拆是我们理解中的大致分寸。

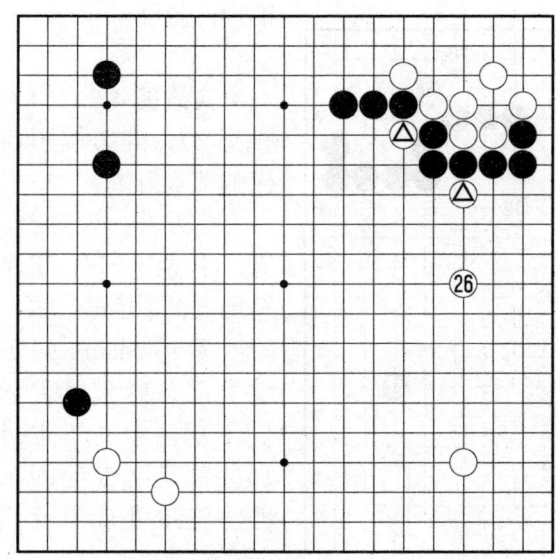

实战图2

实战图 2　重点来了，白棋永远对于黑的外势"耿耿于怀"，总是要拆在这个位置，白△两子在它眼里是还要继续利用的对象，而不是需要"敬而远之"的残子。

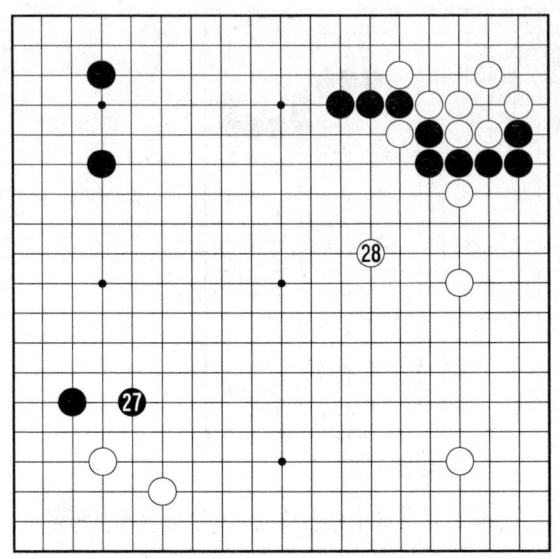

实战图 3

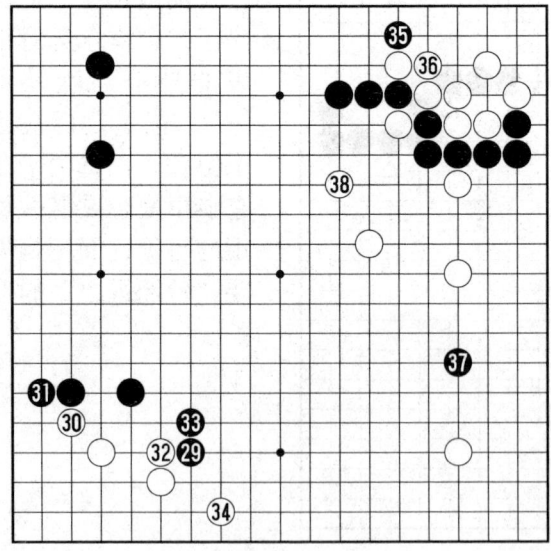

实战图 4

实战图 3 白棋继续走向空中，白 28 这手棋单看可能觉得不大，没有守角拆边看起来目的明确，但是如果我们把这一带换成黑子再看看，黑棋形势立马膨胀。

中央是人类探索围棋当中相对比较难把握的地方，而且也没有确切的理论依据。Master 的出现使得我们对棋子在中央的发展有了新的可依托借鉴的理论基础。

实战图 4 白棋无视黑 37，继续按照自己的节奏行棋。

古人云：不谋万世者，不足谋一时；不谋全局者，不足谋一城。

看过 Master 的下法之后，感到过去我们不重视中央，觉得那些都是比较虚的东西，但 AI 重新给我们上了一课。

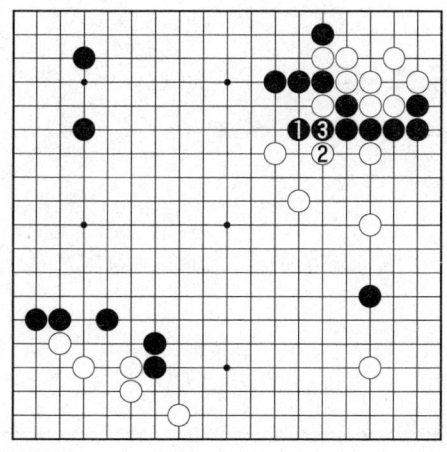

变化图 2

变化图 2 接上图，黑棋如果只能 1 位跳枷一子实在是难受，这么多子转着圈吃 2 目棋，当初所谓的外势发展也荡然无存。这样下黑棋厚势颜面无光，不能考虑。

第42局

完美弃子

● Master　○ 时间之虫（杨鼎新）

实战图1　由于白42提前续了劫材，白棋才敢开劫。这么大的劫可不是闹着玩的。

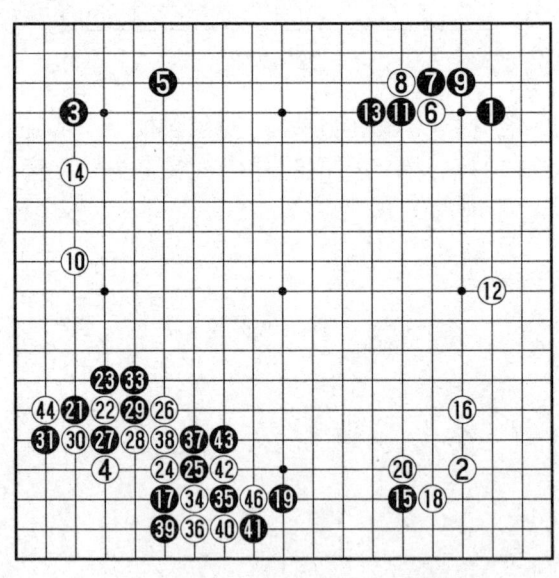

实战图1　㉜=㉒　㊺=㉗

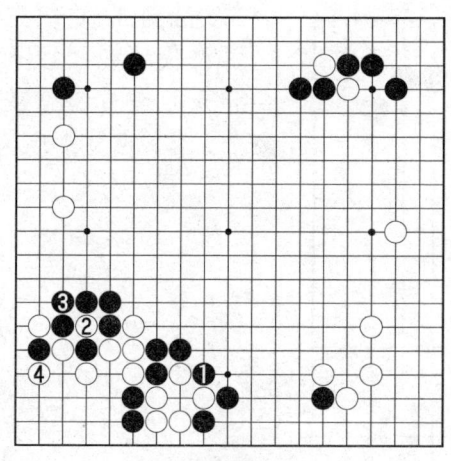

变化图 1　接上图，黑1如果应劫，白棋提劫之后全盘无劫，黑棋只能无条件被白棋把劫打赢，那么黑棋五子没有根据地，还要成为受攻击的目标。

变化图 1

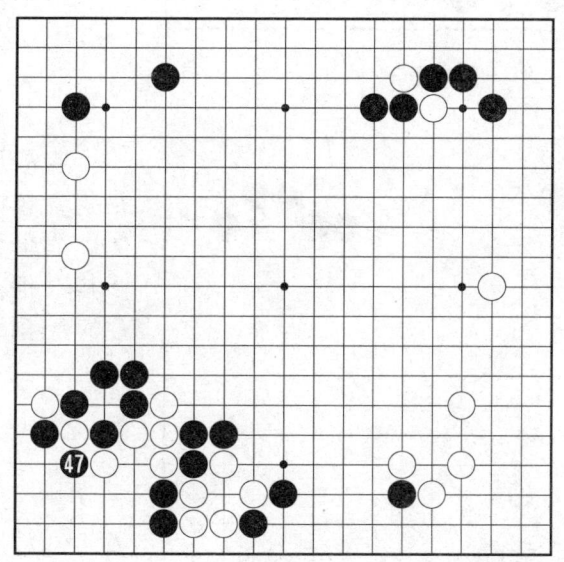

实战图 2

实战图2　黑47气合转换了。

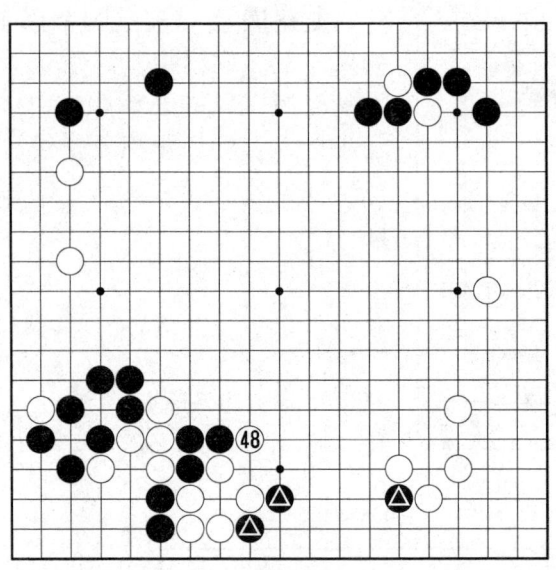

实战图 3 白棋在这里收获可观,最重要的原因是右边黑棋△三子基本成为废子。

实战图 3

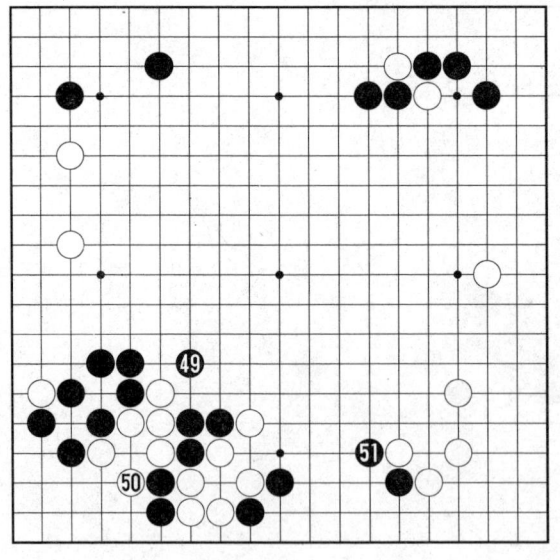

实战图 4 黑 51 是这盘棋闪光点的开始,看似极平常的一步棋,但是这手棋背后包含了极深的算路。

实战图 4

第42局 完美弃子

实战图5 看似黑棋被吃了,不明白黑棋在谋什么。

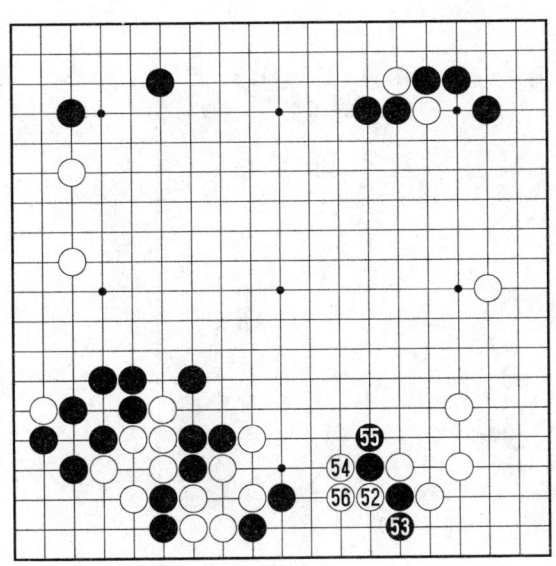

实战图 5

实战图6 黑棋原来是要转身。

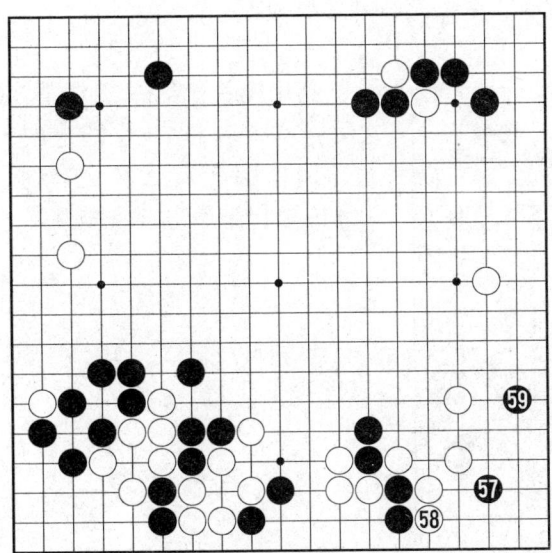

实战图 6

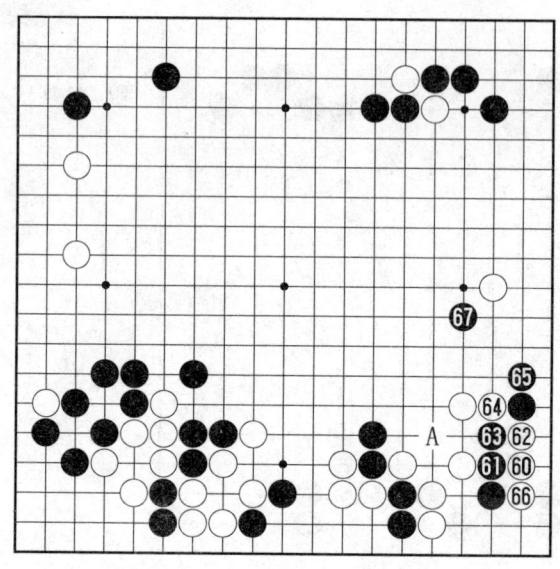

实战图 7

实战图 7　有 A 位的隐患存在，白棋受牵制。

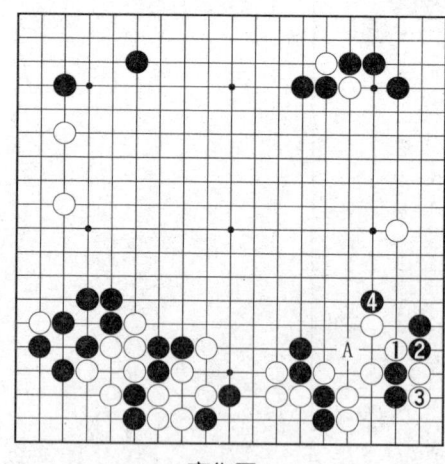

变化图 2

变化图 2　实战图 7 黑 61 之后，本图白 1 挡住也能吃掉角上，但是由于有 A 位的借用，黑 4 位靠起借用也很好腾挪。

实战图 8 最终黑棋还是将白棋的头封住了。从黑▲开始一气呵成，完美的弃子案例。

Master 的棋能给我们启发，我觉得很重要的一点是它永远不会被对方的节奏牵引，永远执着地走在自己认为胜率最佳的路上。当然，这是它的机器属性决定的，它不像人会有感情，内心因为外界的变化而产生波动。

而爱好者们可能更大的感受是自己下棋的时候很容易被对方所影响，不自觉地跟在对方屁股后面，失去主动权，很容易被对方牵着鼻子走。

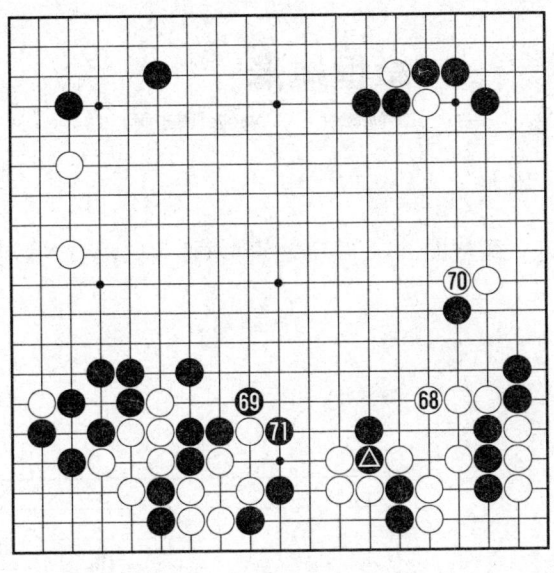

实战图 8

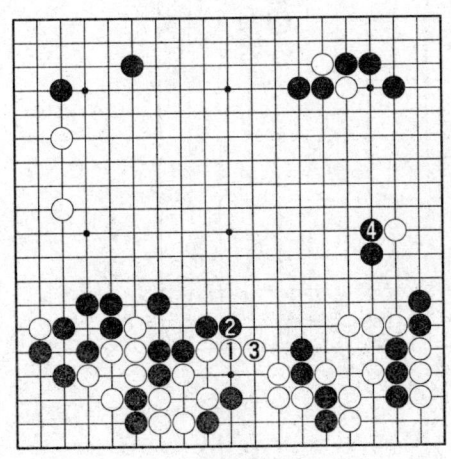

变化图 3

变化图 3 上图白 70 如本图 1 位长的话，白棋围空也非常大，但是我们关注全局会发现白棋的实地全部被压迫在下边和右下角，左边一个小拆二不可能有太大作为，那么全局白棋已经没有任何发展潜力了。而黑棋借助左下角的超级厚势，可发展的潜力还很多。

第43局

拿捏棋形

● Master　○ piaojie（姜东润）

实战图1 白棋的棋形看似有些薄？黑棋该从何处着手？

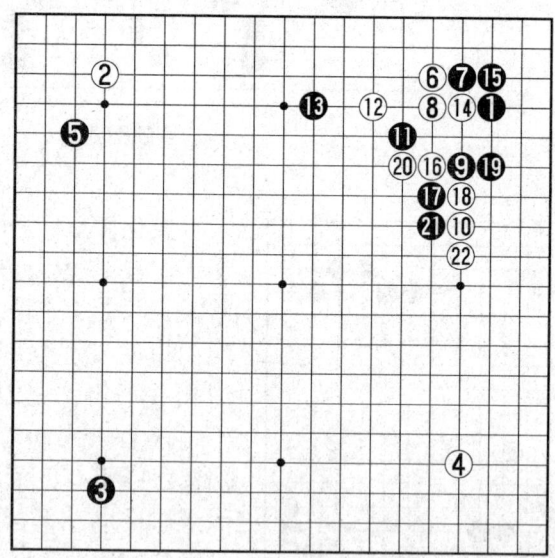

实战图1

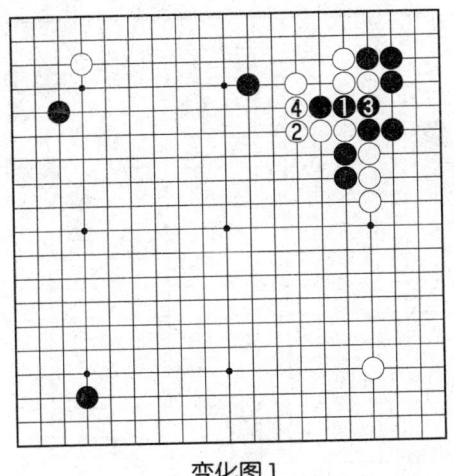

变化图1

变化图 1 上图之后,白棋棋形有缺陷,但是黑棋直接冲并不能起到分断白棋的作用。

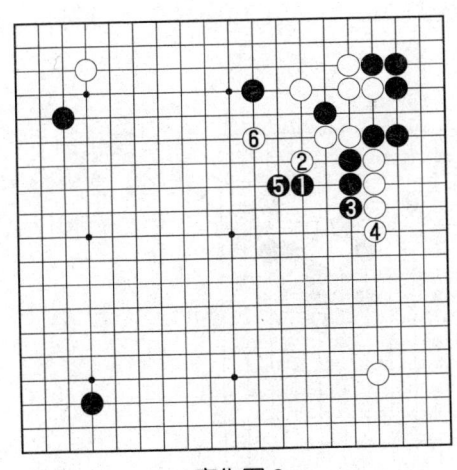

变化图2

变化图 2 上图黑1如本图1位单官跳不是不行,只是稍显无趣。

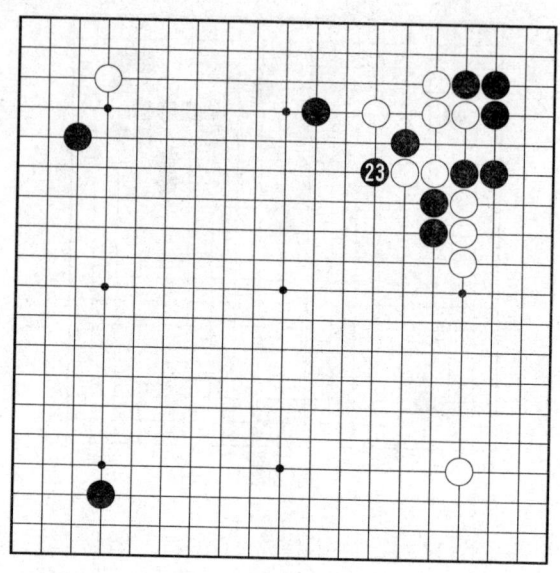

实战图 2

实战图 2 黑 23 扳,棋局定格在这里一秒钟,这是值得回味的好手。

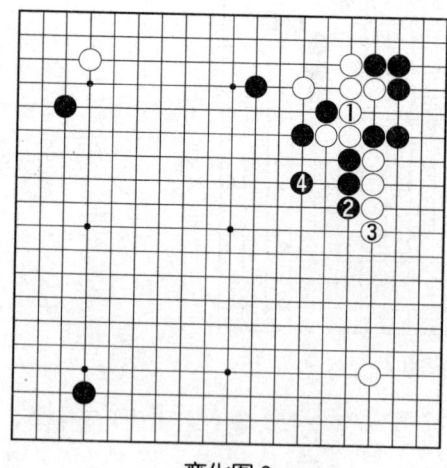

变化图 3 接上图,如果白棋缩回去那就不谈了,黑棋无论如何处理自己,扳一下已经便宜了。

变化图 3

第43局
拿捏棋形

实战图3 白棋不能忍,要出头。

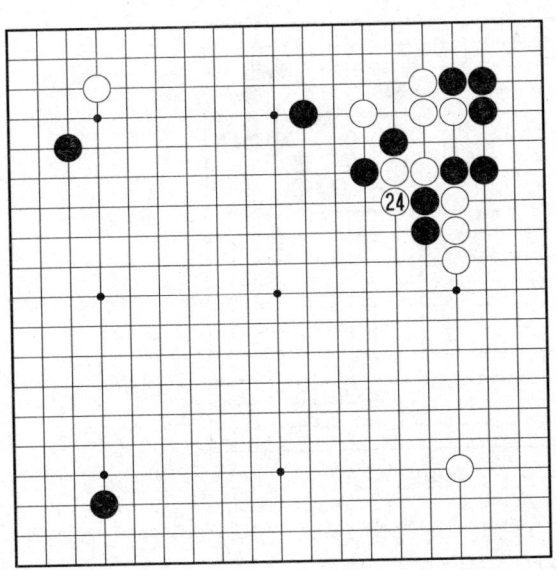

实战图3

实战图4 黑棋25位冲,分断白棋。

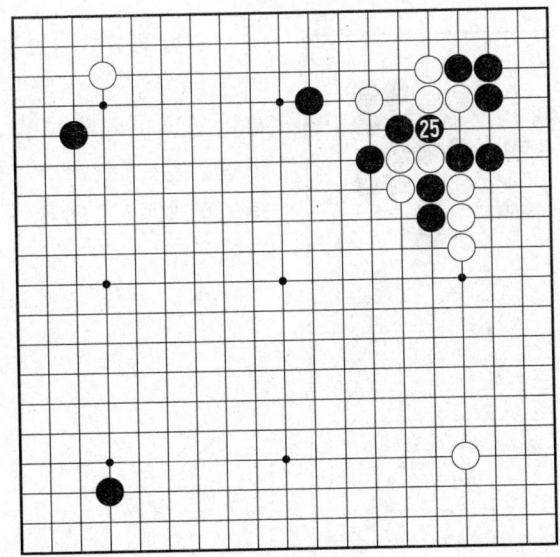

实战图4

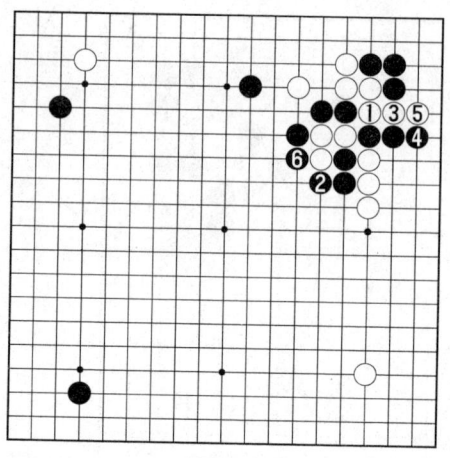

变化图 4

变化图 4 接上图，白棋 1 位断需要勇气，布局阶段过早地被对方形成拔花对未来局面的影响太大了，而且角部白棋还需要补棋，吃角的目数也不太大。这个变化图不能考虑。

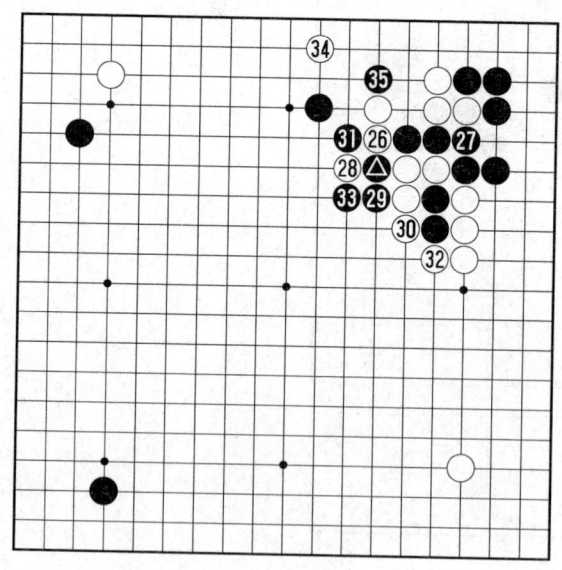

实战图 5 结果形成了转换，黑棋吃住右上角还是很厚实的。黑▲这手棋找准了白棋的软肋，果断出手效果不错。

实战图 5

第44局 朴实无华

● spinmore（安成浚）　○ Master

实战图1　面对黑棋的阵势，白棋会怎么样侵入？

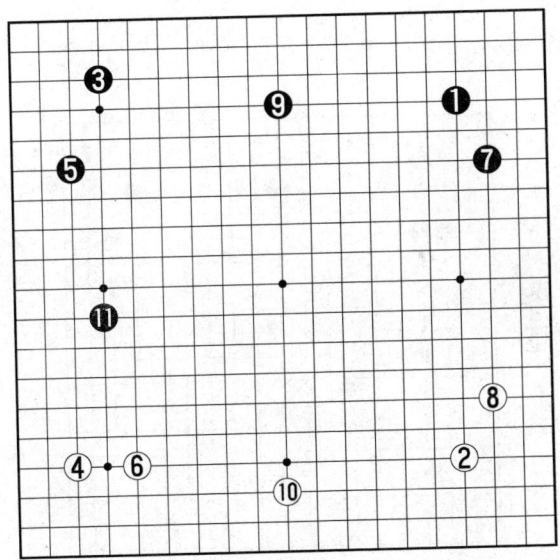

实战图1

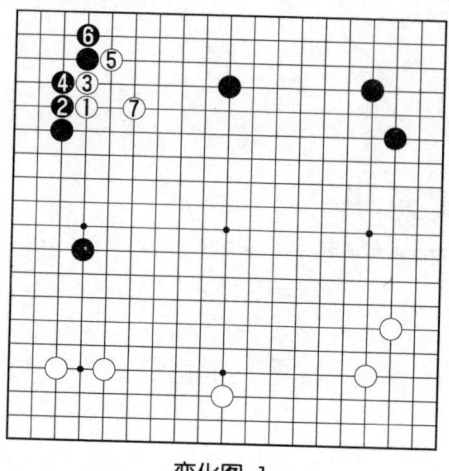

变化图 1

变化图 1　Master之前对大飞守角下过这样的定型。

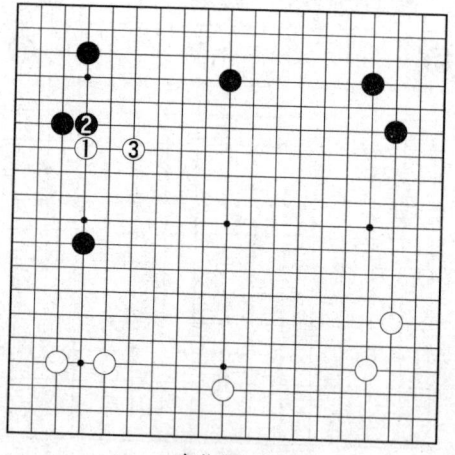

变化图 2

变化图 2　白1的尖冲，Master也下过。

实战图2 这手棋少见，往下一路A位镇倒是过去很传统的下法。

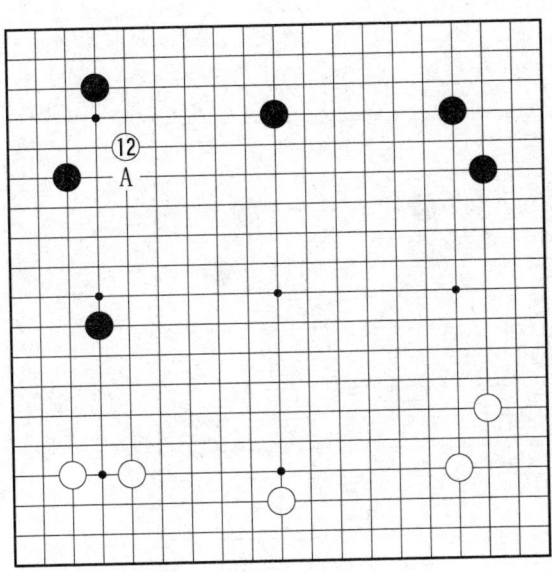

实战图2

实战图3 黑棋全无不满之感，棋形很饱满，效率很充分。

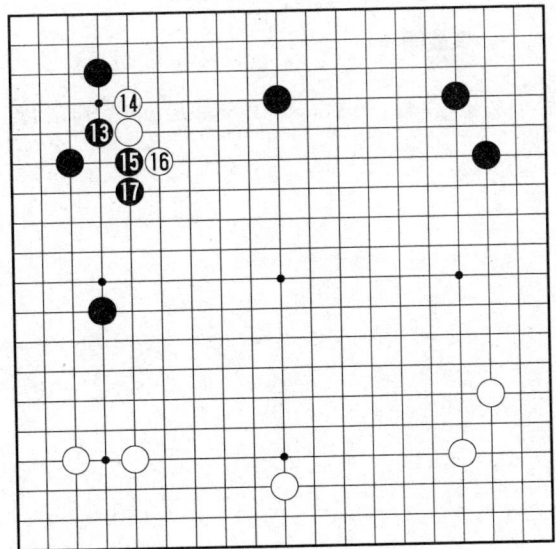

实战图3

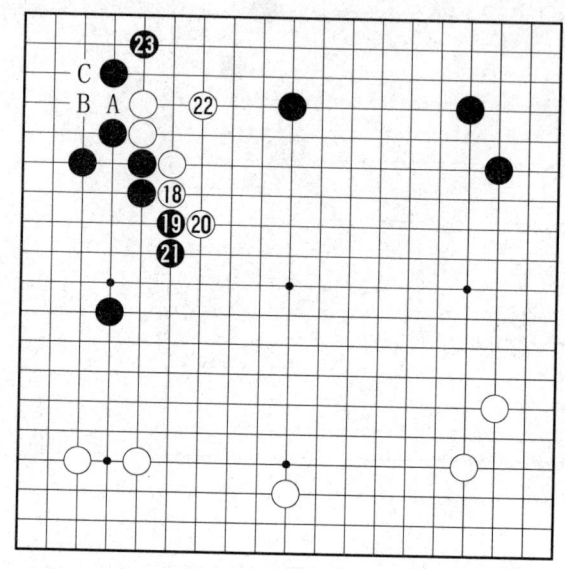

实战图4

实战图4　黑23如果不应，会有白A、黑B、白C冲断的余味，所以黑棋还是先补了一手棋。

实战图 5 白棋在黑阵中几乎没有采取什么特殊的下法，朴实无华地处理好自身，形成安定的状态。

反观黑棋，更是没有不满意的道理，左上角连边带角都围成实地，效率也是非常高了。

那么 Master 究竟是如何判断局面的？

由于谷歌公司并没有透漏太多深度学习之后 Master 的细节，我们也只能从这一下法来大胆推测。AI 攻克的难点在布局，布局太多虚的东西了，能选择的下法也很多。所以它一定是要把所有模糊的概念都从一个虚的状态变成实实在在的目数之后，它才可以对局面进行它擅长的"剪枝"功能，不然可能落子的点太多，对它的难度也太大。所以它快速地确定地盘，把围棋变成一个模型算法的游戏。

不过这只是一个猜测，用编写程序的程序员的角度去思考 AI，或许能帮助我们更好地认识 AI 的下法。

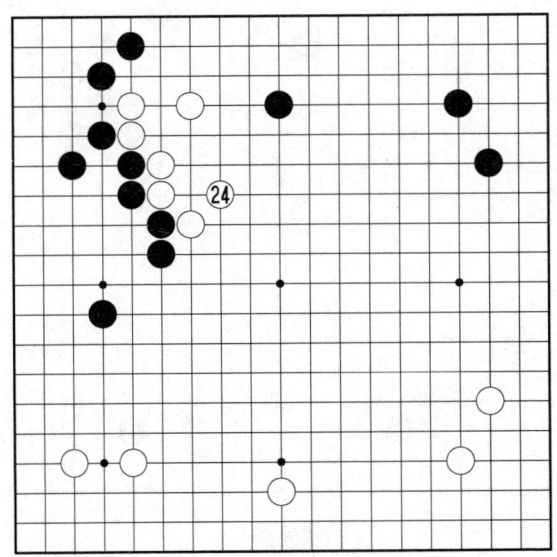

实战图 5

第45局 有趣的二路漏

● Master ○ 炼心（时越）

实战图1 黑29从二路漏，这个选点出人意料。既不是A位挂，也不是以直接取角地为目的，似乎是两者的中庸。

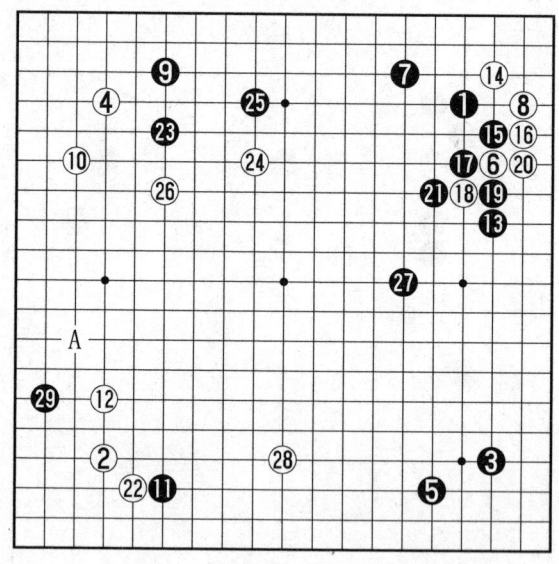

实战图1

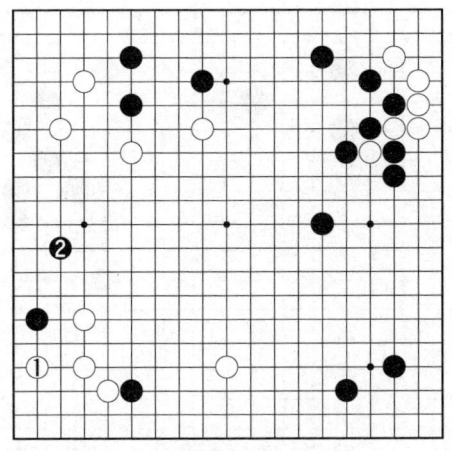

变化图 1

变化图 1 白如果 1 位跳角，黑 2 就开拆出去。选点可以再斟酌，也许是 2 位也许是其他点，总之能先手交换到总是便宜的。

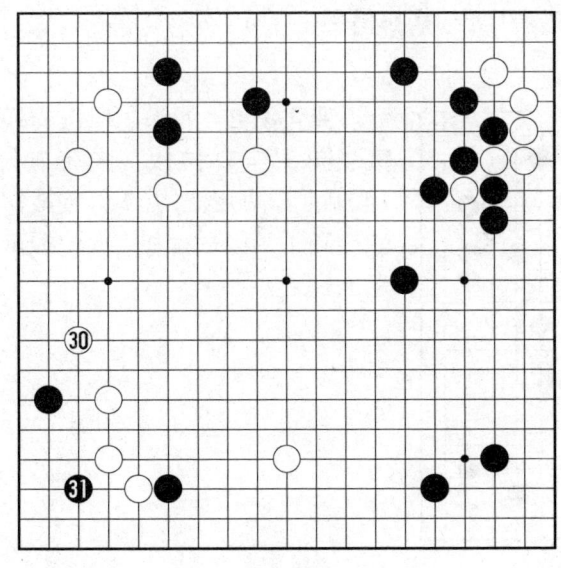

实战图 2

实战图 2 黑 31 进角，这里是有意思的下法。虽然变换了次序，但是黑棋活角的效果还不错。

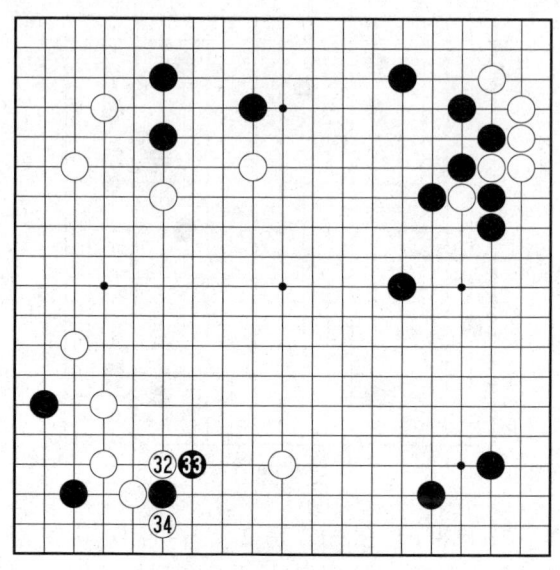

实战图 3

实战图 3 白 34 忍住，不愿给黑棋借用。

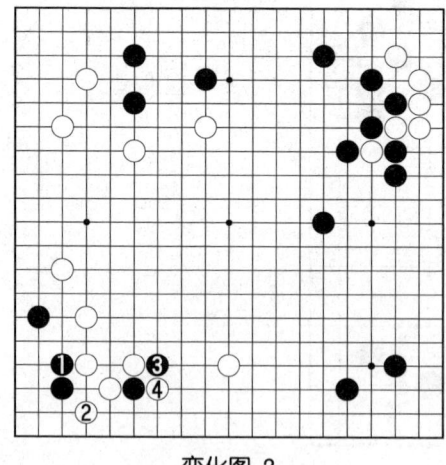

变化图 2

变化图 2 如果黑棋没交换实战图 3 黑 33 位扳，先在本图 1 位爬回，那么白棋 2 位尖效率就变高了，以后黑棋在 3 位扳就走不到了。

第 45 局
有趣的二路漏

变化图 3 实战黑棋 33 位扳的时机恰到好处，白棋如果 1 位从三路吃，黑棋顺势立下弃子，可以在外围获得便宜。

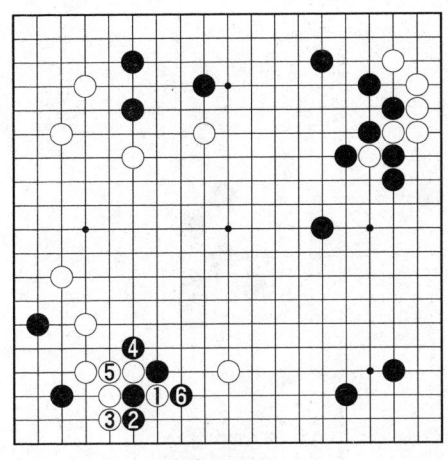

变化图 3

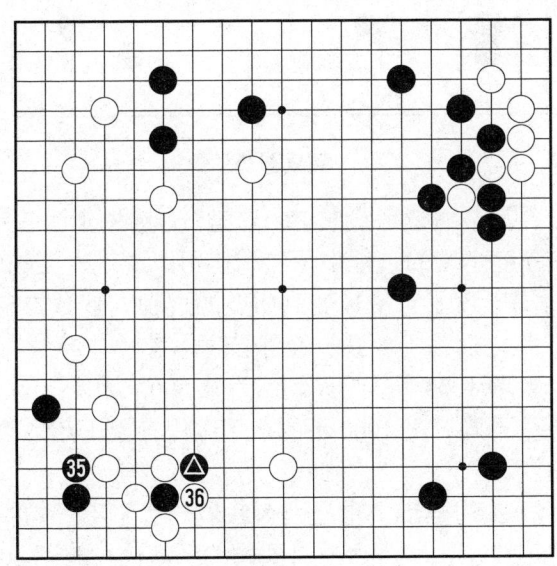

实战图 4

实战图 4 黑△扳的效果一目了然，黑棋先手活角，而且活的目数还很大。

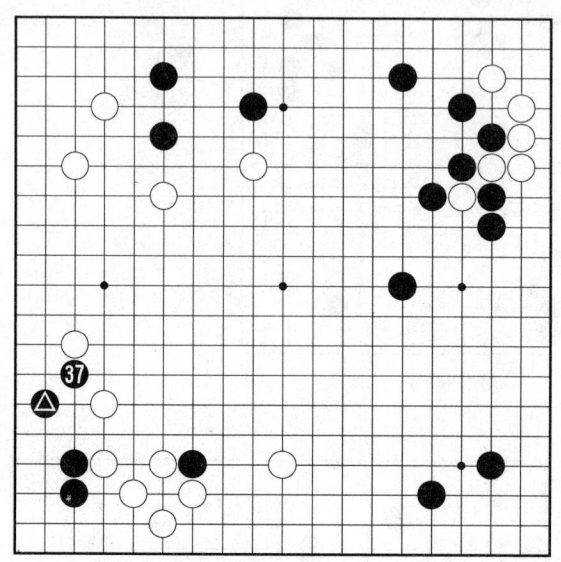

实战图 5

实战图 5 黑37继续考验白棋。这盘棋黑▲的下法效果还不错。

Master 在深度学习的过程中下过的棋可以说是人类的成百上千倍，那么大量的对局导致了它从量变到质变的过程。就像古老的造纸工艺一样，纸浆成型之后在上面盖一个小皮子，拿一个木锤敲皮子上画的格子，每一个要敲1000下。匠人们认为敲300下和敲1000下，这个纸产生的变化完全不同，敲1000下的纸可以保存上千年依然完整。这就是从量变到质变。

我们对 Master 的推崇，也是因为我们一生下不了的棋—它一晚上就自己跟自己下完了，所产生出对围棋的认识也和敲了1000下的效果一样。

第46局 釜底抽薪

● 剑过无声（连笑）　○ Master

实战图1　黑棋左边筑起一道厚势显得很有规模。

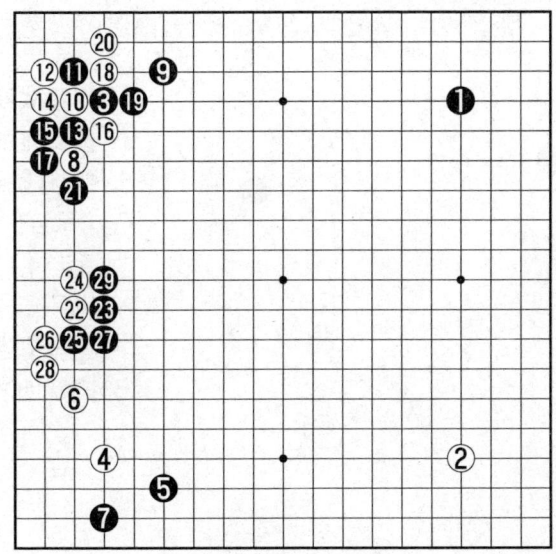

实战图1

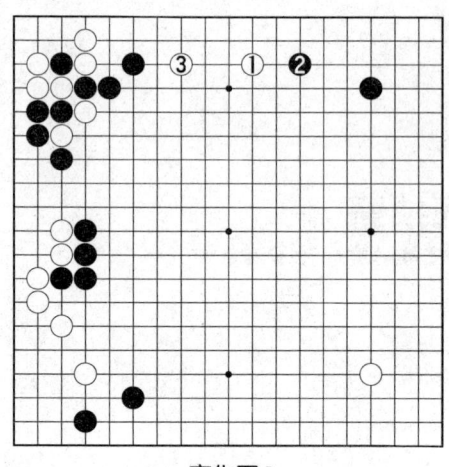

变化图1

变化图1 接上图，惧怕黑棋厚势的话，白棋可以考虑分投。

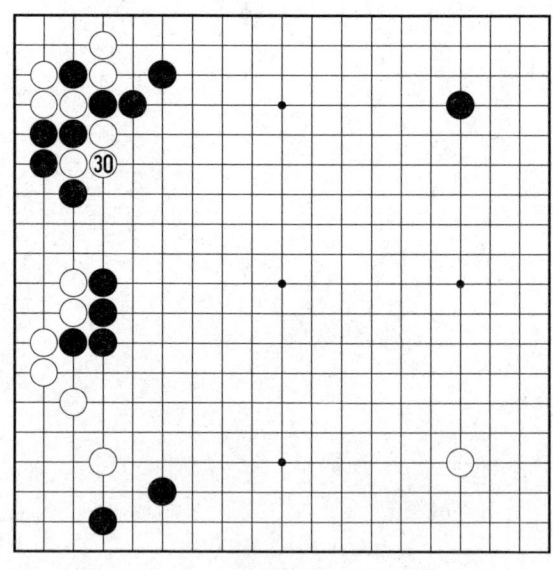

实战图2 白棋无所畏惧地将两子粘出，这里明显白棋势单力薄，是不容易想到的一手。但是仔细想想会发现，如果这里被白棋全部洗出，黑的形势就烟消云散了。

实战图2

实战图 3 白棋处理自己的同时也不忘对黑棋形成攻势压迫。

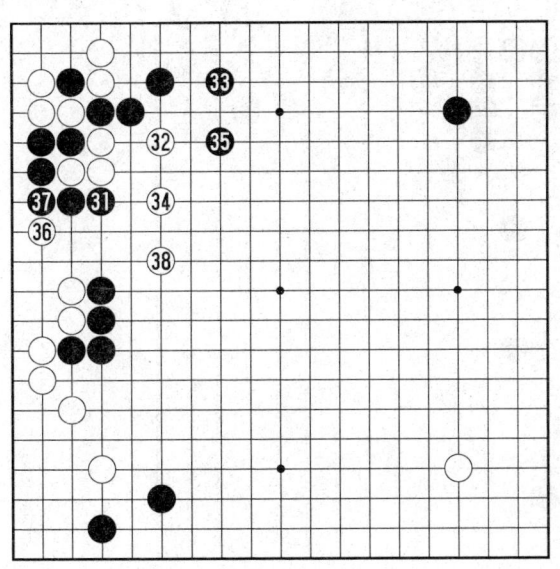

实战图 3

实战图 4 下到这里其实我们发现黑棋已经很难对白棋施加压力了，白 30 这招釜底抽薪是这个局部最狠也是最直接的"爆破口"。

现在黑棋的实空没有优势，只能寄希望于上边的发展。

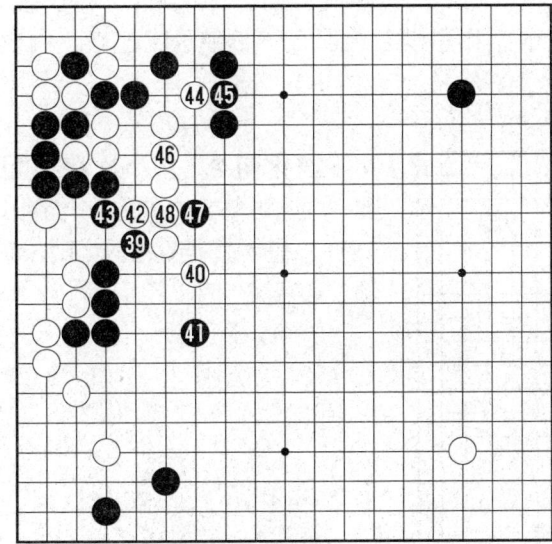

实战图 4

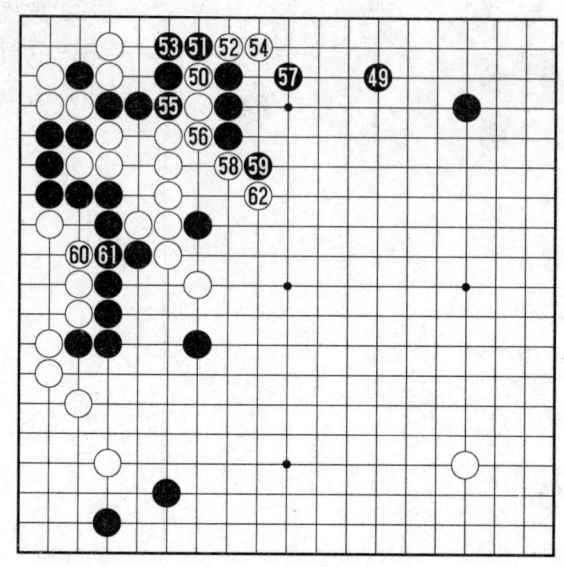

实战图 5

实战图 5 白棋利用黑棋棋形的怪味处理自己的棋形，一旦有了眼位，治孤就成功了，应该说和黑棋左边那么一长串子比起来，白棋反而更好处理。

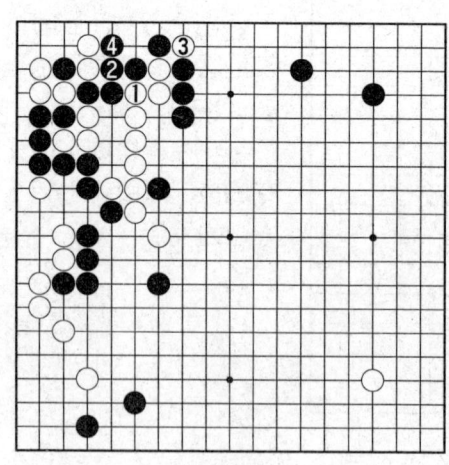

变化图 2

变化图 2 白棋次序很重要，上图白 52 如果先在本图 1 位挤，黑 4 就挡，白棋无法兼顾。

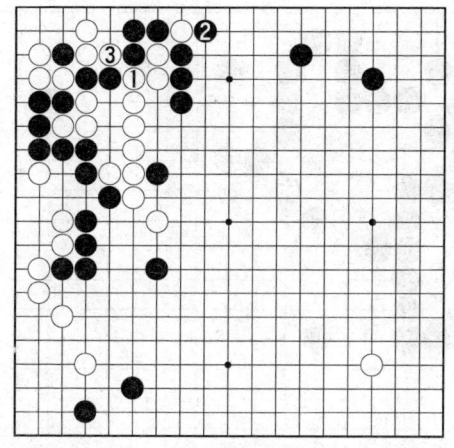

变化图 3

变化图 3 实战图 5 白 54 如果在本图 1 位挤,这样虽然白棋可以吃掉两子棋筋,但是是后手,白棋并不满足。

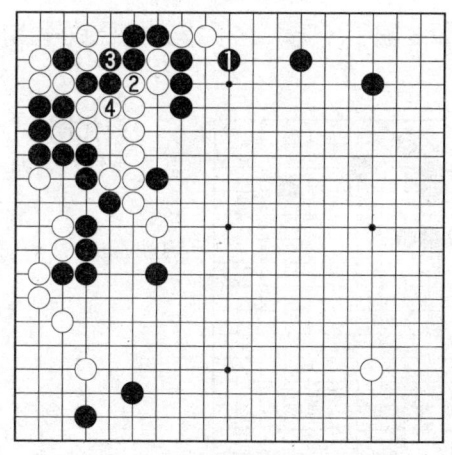

变化图 4

变化图 4 如果黑棋不先在实战图 5 黑 55 位打一下延气,而直接在本图 1 位跳的话,白 2 挤可以先手吃掉棋筋,黑棋如果 3 位粘住则气不够被杀。

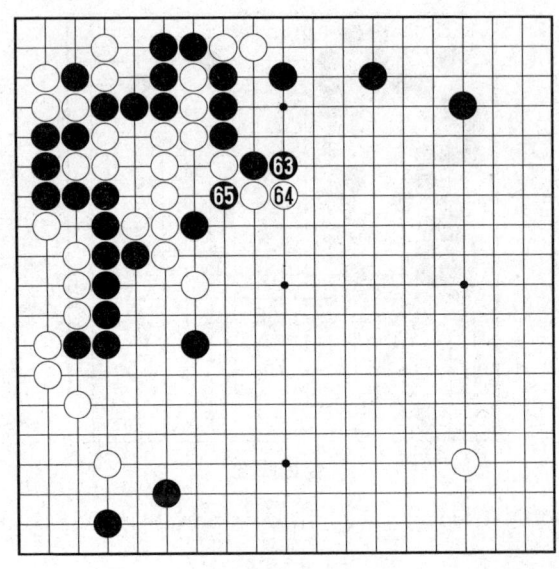

实战图 6

实战图 6　黑 65 随手一吃，这手棋直接导致黑棋崩溃了。

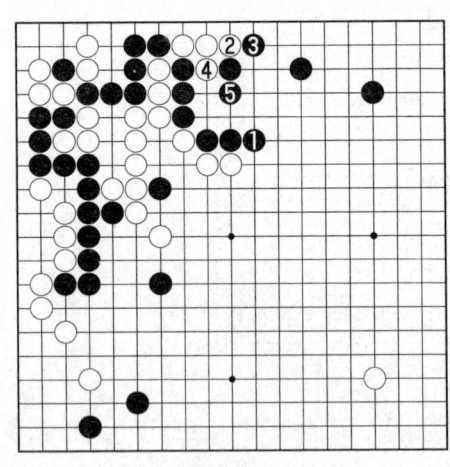

变化图 5　虽然不情愿，但是上图黑 65 也只能在本图 1 位继续长，白棋在这里延不出气，黑棋确保杀白，棋局还漫长。

变化图 5

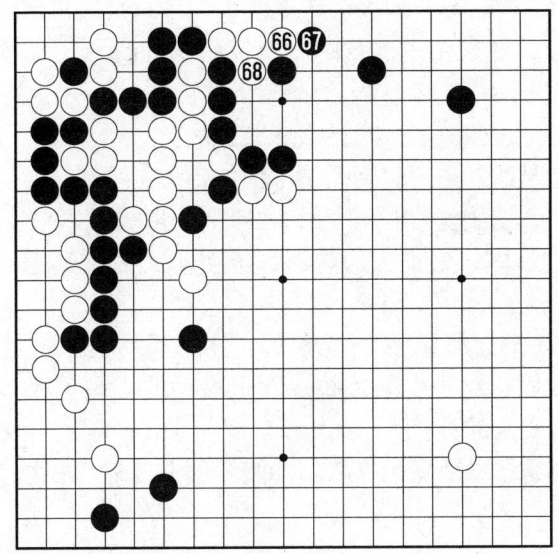

实战图 7

实战图 7 此时黑棋已经无应手了,白棋冲破了黑棋的封锁。

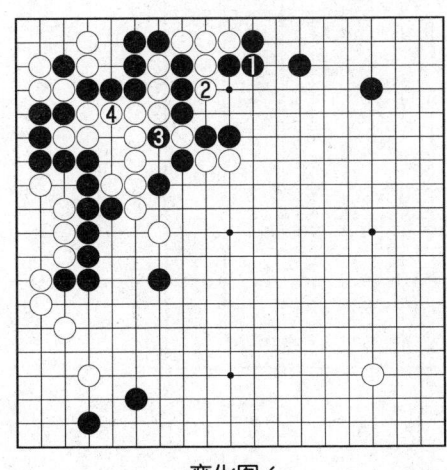

变化图 6

变化图 6 接上图,继续走的话对杀黑棋差一气。

实战图 8 黑棋一着随手造成崩溃，如果只是白棋自己逃出还不算什么要紧事，关键是白棋逃跑的同时黑棋上面◉六子都顺势被白棋杀了，这比之前被白棋先手吃两子棋筋惨多了。

黑▲逞一时之勇随手打吃，酿成悲剧。

黑▲的失误也是源于对局面的不自信，失去冷静。

这都是白△这手釜底抽薪的下法带来的影响，本来实战图 1 黑 23 想要高效率地补棋，看上去形势很大很可观，没想到还不如老老实实地跳枷补棋。

说明 AI 是透过现象看到了本质，你想轻易唬住它是达不成目的的。白△连根拔起对黑棋的威胁反而是最大的，应了那句话：最危险的地方也是最安全的！

确实黑棋拿白△粘毫无办法。即使黑▲不打勺，形势也并不占优。

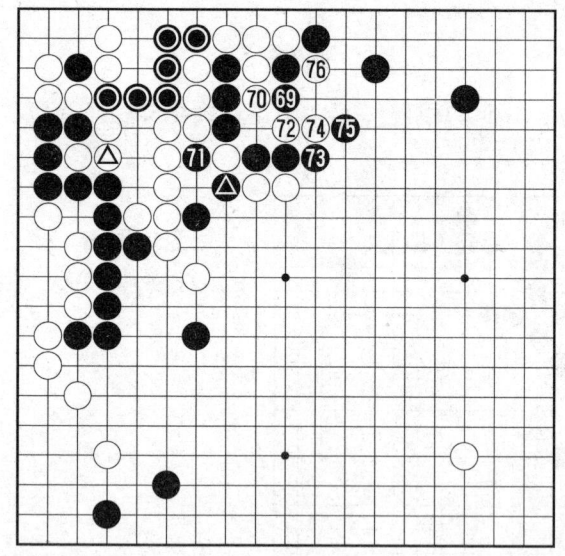

实战图 8

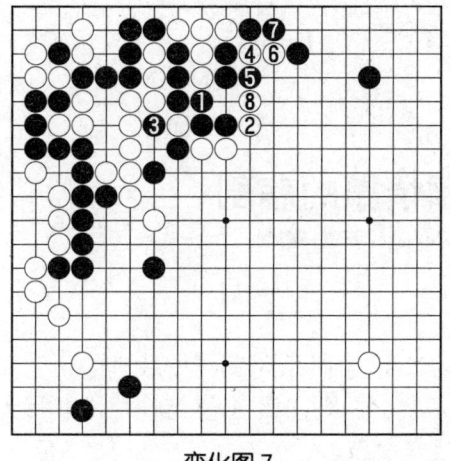

变化图 7

变化图 7 上图黑 71 即使如本图 1 位粘住也没办法封住白棋。

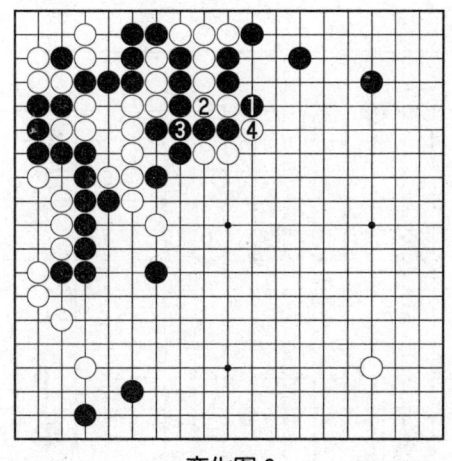

变化图 8

变化图 8 实战图 8 黑 73 如本图 1 位挡住，依然是黑棋不行，外围已经一塌糊涂。

第47局 一厢情愿的悲剧

● Master ○ 段誉（檀啸）

实战图1 白20这手棋是局部撑得最满的一手，这手棋催促黑棋必须马上在局部表态，否则白棋A位自补将是非常大的一手棋，白棋局部棋形饱满，效率很高。

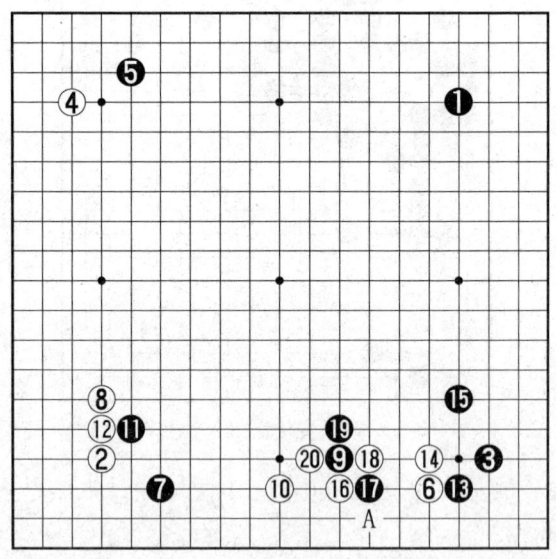

实战图1

第47局
一厢情愿的悲剧

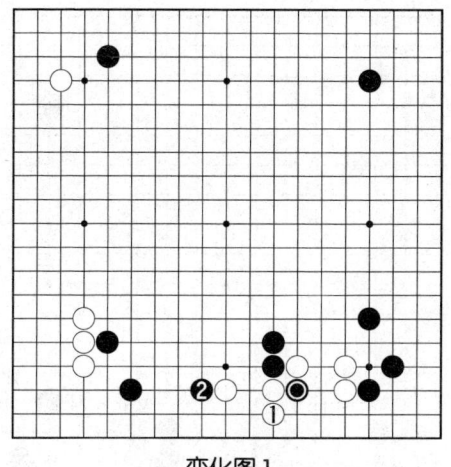

变化图1

变化图 1 如果上图白 20 如本图 1 位下立，黑棋已经起到了便宜的目的，黑⊙一子已经变轻，弃掉也不心疼。黑棋可能会考虑 2 位继续借用占便宜。

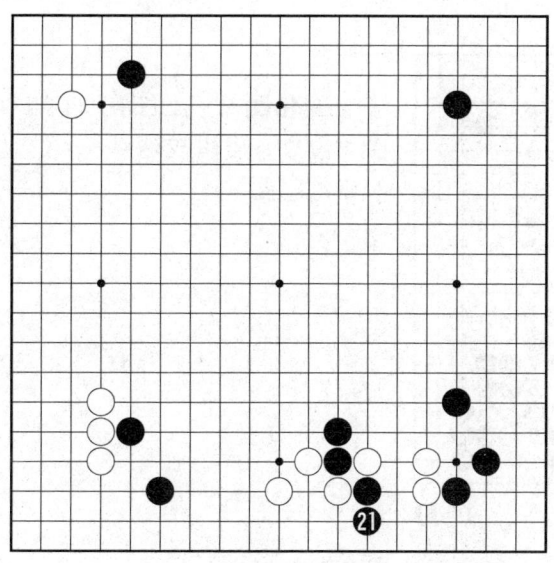

实战图 2

实战图 2 下立是好棋，准备通过弃子封锁白棋。

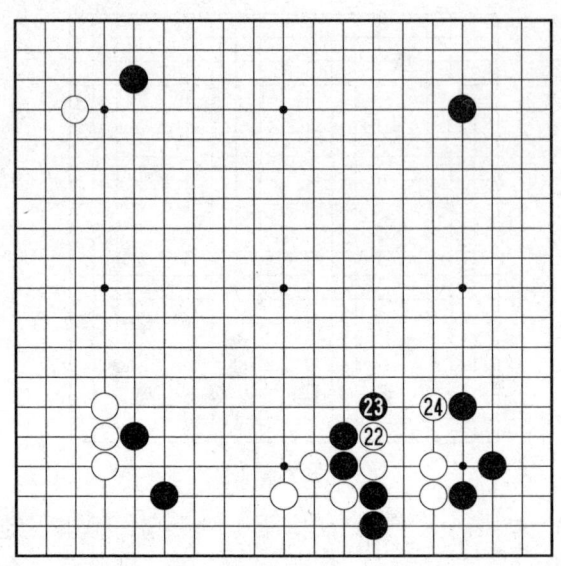

实战图 3

实战图 3　白棋反击,向外出头。

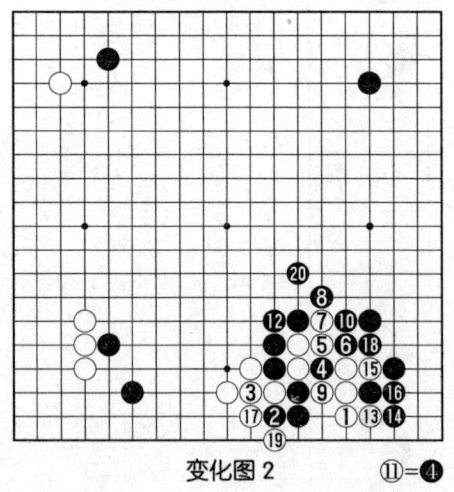

变化图 2

⑪=❹

变化图 2　上图白 24 如本图 1 位立,黑棋成功弃子,这是黑棋的意图。

第 47 局
一厢情愿的悲剧

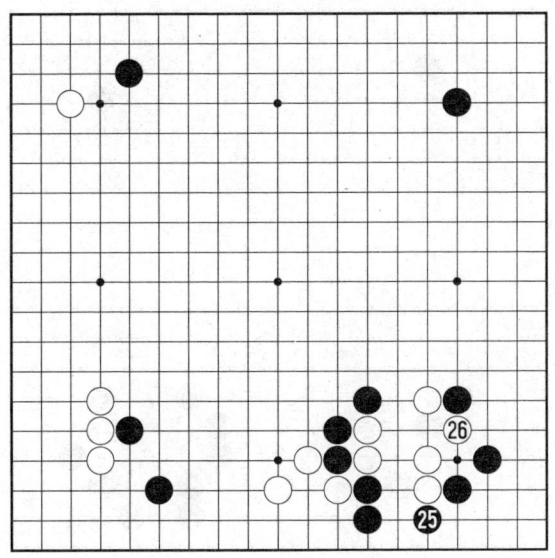

实战图 4

实战图 4　白 26 是想当然的一手。

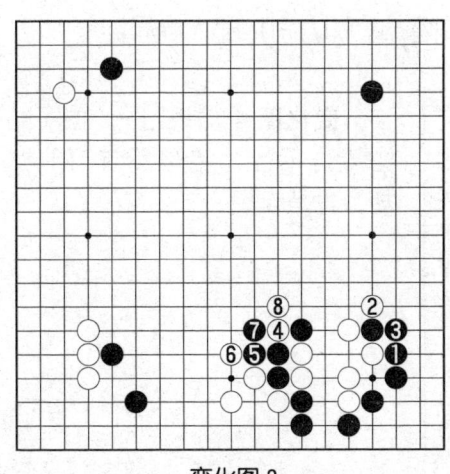

变化图 3

变化图 3　实战图 4 之后，本图是白棋的理想变化图，白棋出头顺畅。而黑棋自己负担也比较重，谈不上进攻白棋。

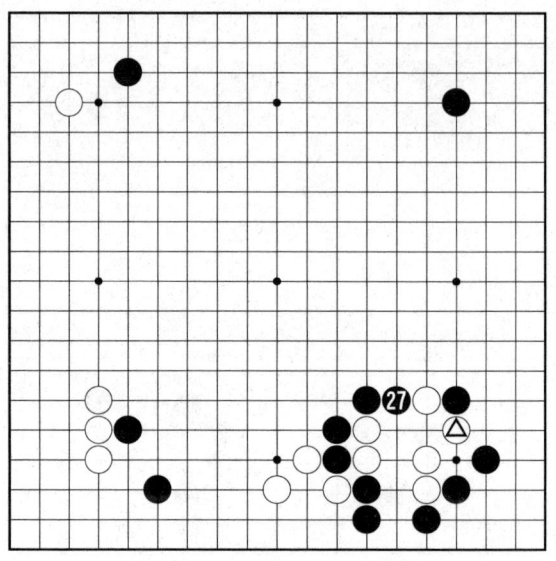

实战图 5

实战图 5 黑 27 是异常犀利的一手棋，跟 AI 下棋每分每秒都不能大意，更不能有一厢情愿的想法。

黑 27 果断反击，打破了当初白△的意图，白棋陷入难局。

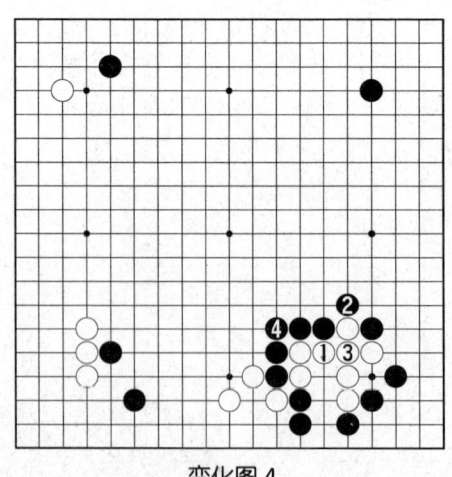

变化图 4

变化图 4 接上图，白 1 贴住气也不行，完全没有可能开劫，也是无用。

实战图6 白棋委屈，但也无可奈何，只能如此。

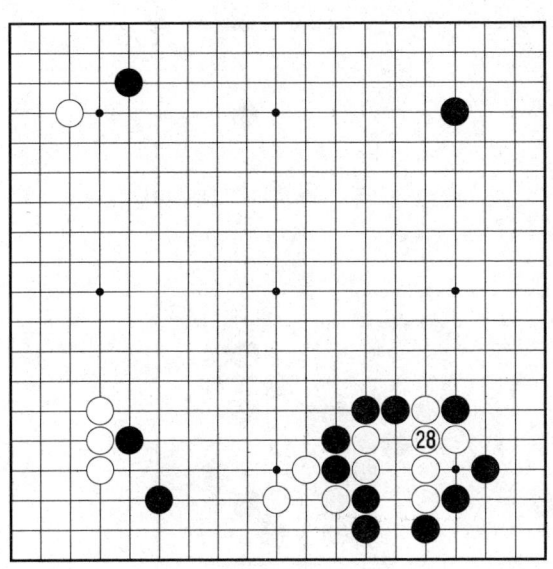

实战图6

实战图7 黑棋先手压几下是为了加强自己，为封锁右边的白棋做准备。

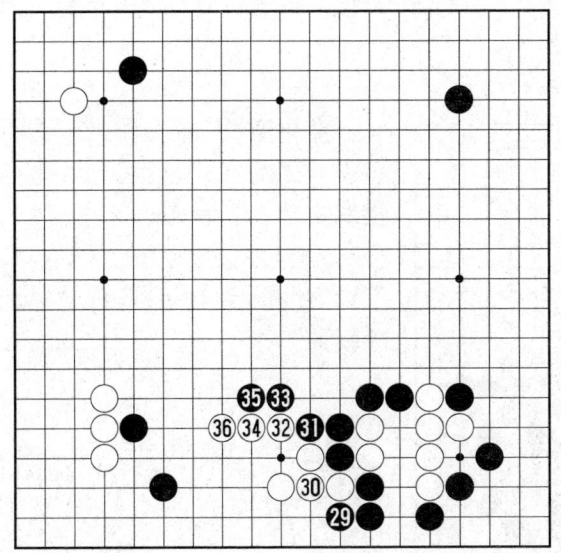

实战图7

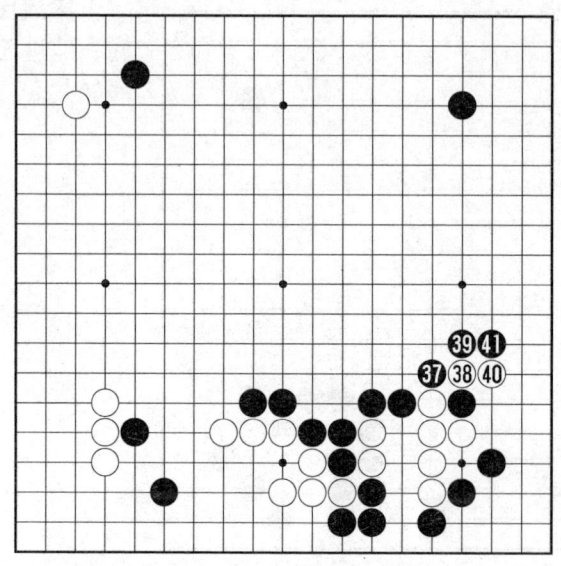

实战图 8

实战图 8 强手！黑棋将白棋彻底封锁，外围看似有很多断点，但白棋也没有很有力的手段。

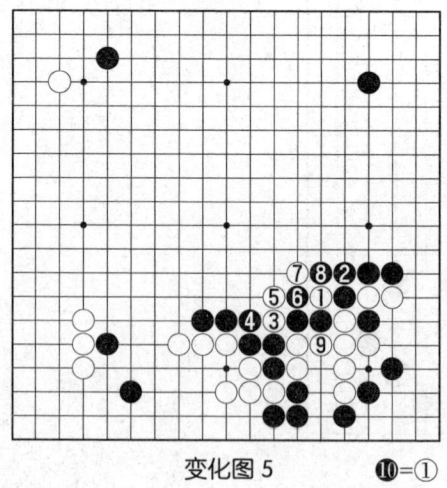

变化图 5　　❿=①

变化图 5 接上图，一眼看过去，白棋将黑棋滚打包收是白棋的权利，但是实际作用是什么呢？只起到了视觉上的愉悦。我们通俗地管这样的棋叫作"过把瘾就死"。

第47局
一厢情愿的悲剧

实战图9 要注意，黑棋从上面压了这么多个并没有把自己❷位一子舍弃，以后 A 位飞角还是可以活的。

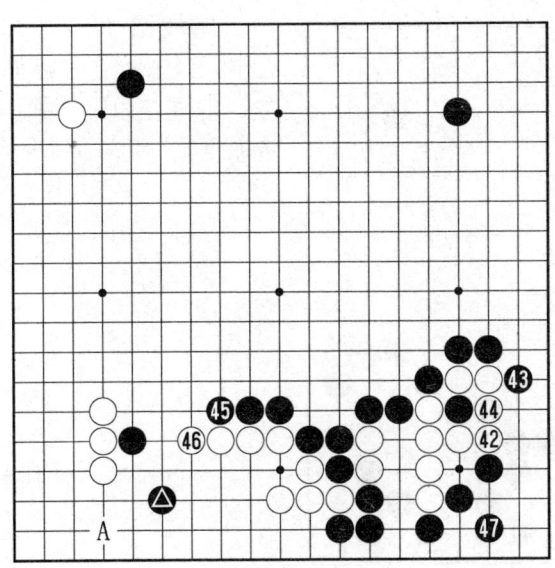

实战图9

实战图10 白48这手棋是滑标，白方下完这盘棋之后第一时间在朋友圈里反省了这盘棋，他认为黑❷抓住白棋问题手反击的时候白棋已经不好了，但是白48的滑标简直雪上加霜。

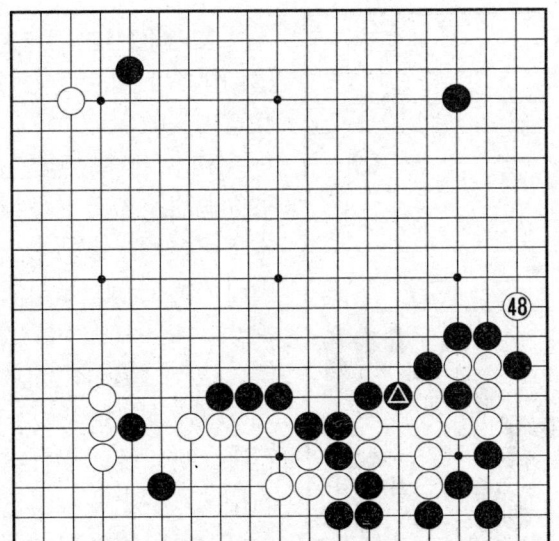

实战图10

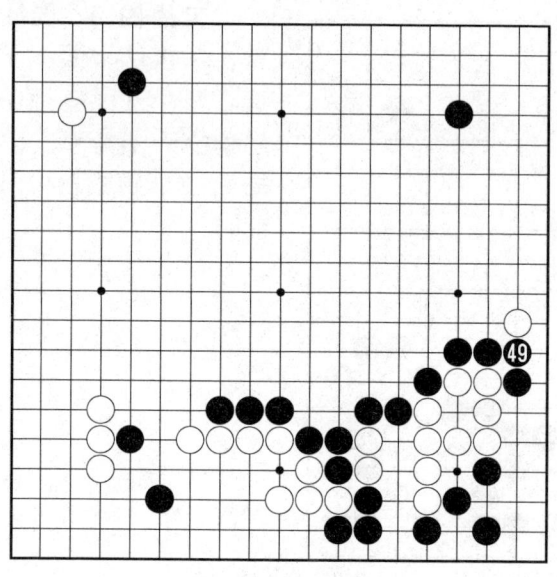

实战图 11 本来白棋已经活了可以脱先,但现在白棋必须得去做眼,里外差一手棋。

实战图 11

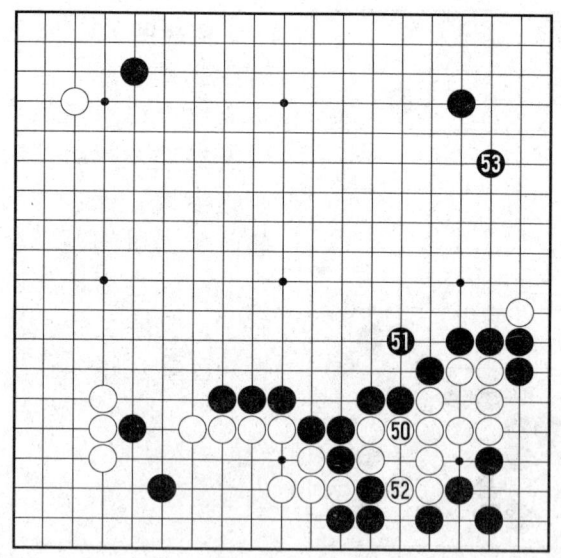

实战图 12 到这里白棋右下角的变化彻底宣告失败。

和 AI 下棋想要它被你的思路带着走是根本不可能的,必须拿出自己的绝招,比如吴清源大师提倡的六合围棋,这样远超时代的真知灼见,跟 AI 下也许还有一拼。走一些寻常的招法,不求有功但求无过的棋,想赢AI目前看来希望渺茫。

实战图 12

第48局 多一种尝试

● maker（朴廷桓） ○ Master

实战图1 这个局部Master在之前就这样下过，但是不同类型的棋手面对这手棋所表现出的应对也截然不同。这盘棋因24引发了激战。

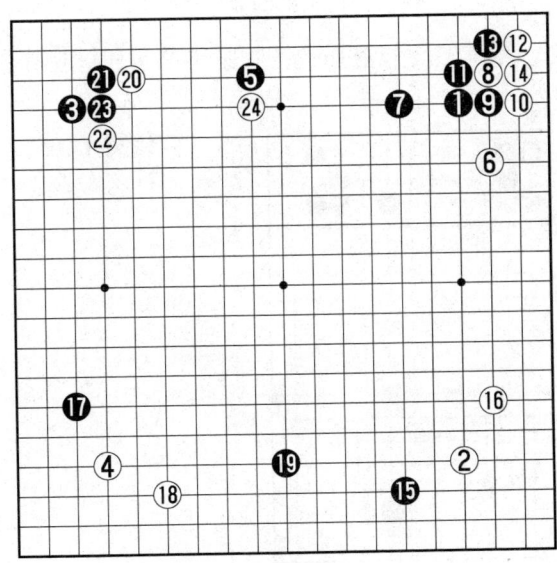

实战图1

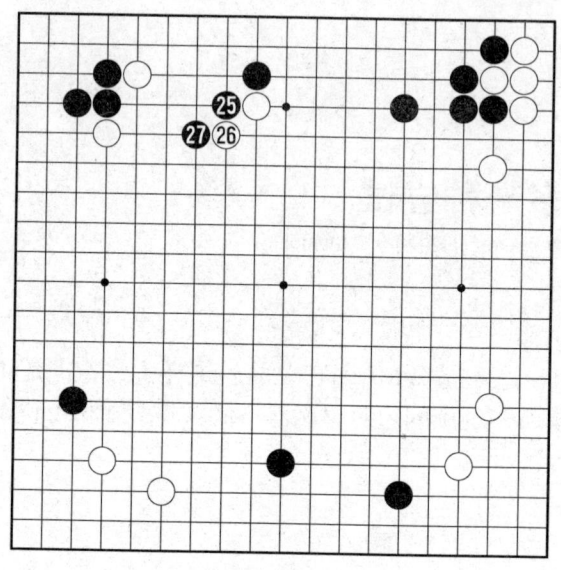

实战图2

实战图2 黑棋态度非常强硬,用紧凑的手段让白棋脱不开手。

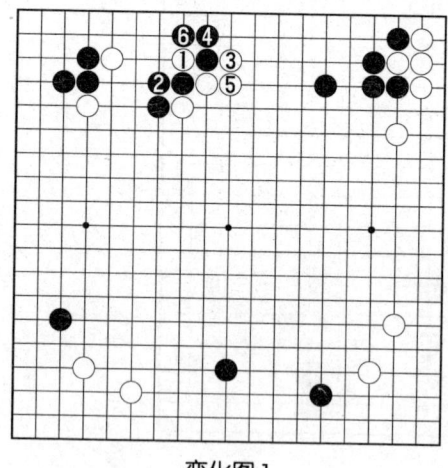

变化图1

变化图1 接上图,这样下白棋没什么收获,不会考虑。

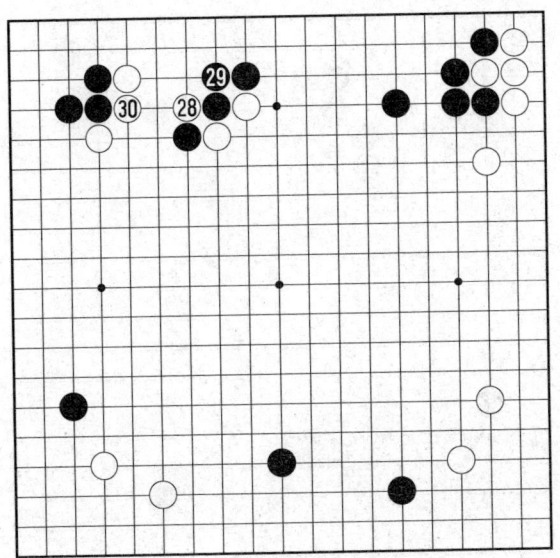

实战图3

实战图3 实战是必然的下法,白棋也没有其他变化可选。

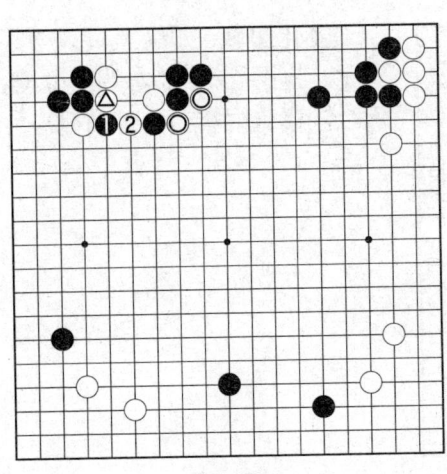

变化图2

变化图2 白◎子靠、扳其实都是障眼法,这一切准备工作的真实目的,都是为了白△挡的时候黑棋不能断。

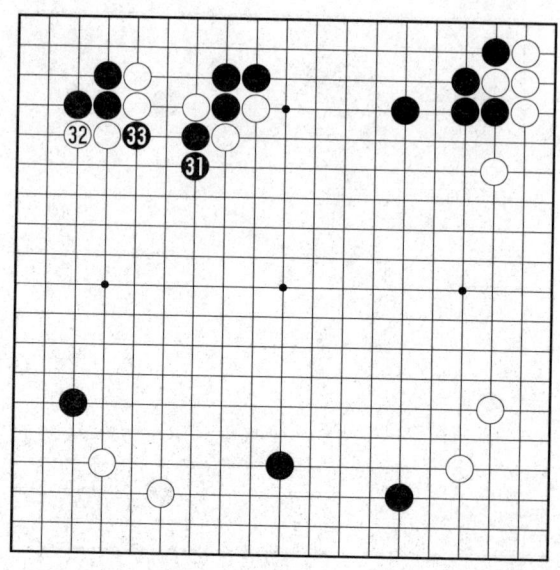

实战图 4

实战图 4 黑棋依然贯彻强硬行棋的思路。

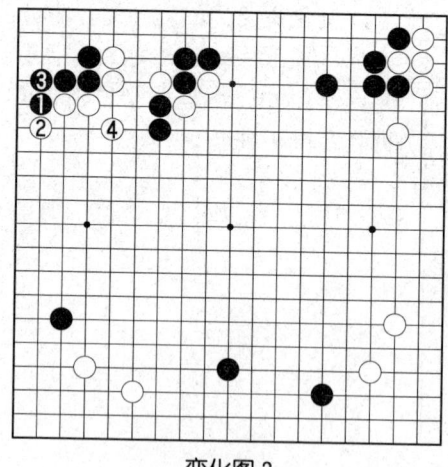

变化图 3

变化图 3 如果黑棋只为了安定，上图黑 33 如本图 1 位挡，那么白棋也很容易处理自己。

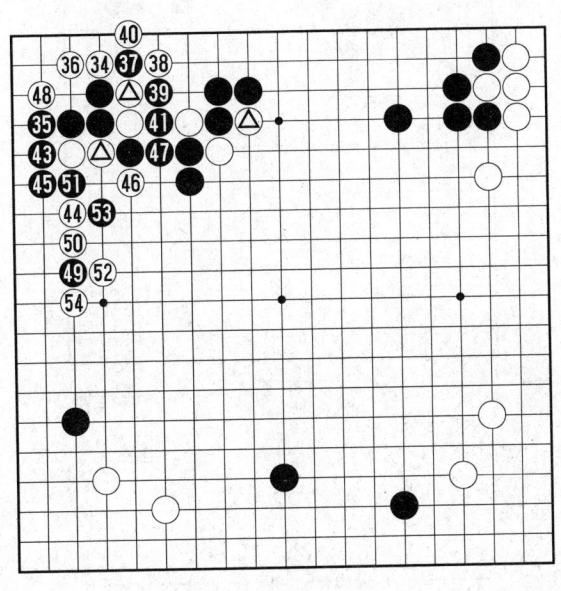

实战图 5   ㊷=㊲

实战图 5 左上角的变化告一段落，黑棋比较厚，不过白棋活角捞了实地。

我们说布局理论"棋从宽处走"，但 AI 不遵从这些，白△三手棋也让人又多了一种尝试的可能。

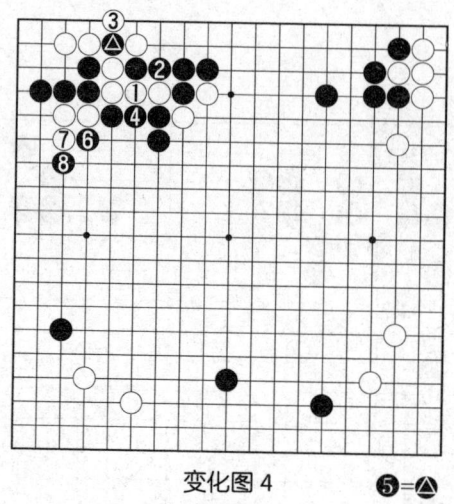

变化图 4   ❺=△

变化图 4　实战图 5 白 40 如本图 1 位先冲的话，有了 4 位一子之后，黑棋就可以直接 6 位扳吃掉白棋。

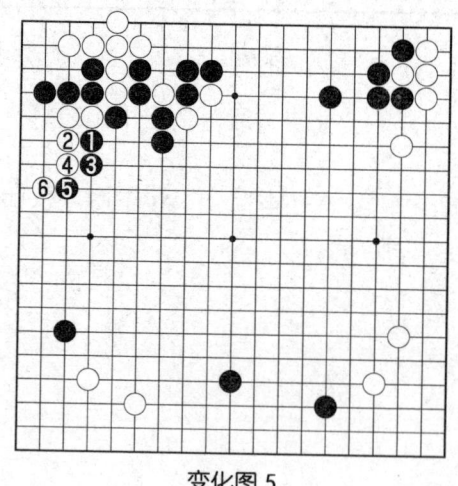

变化图 5

变化图 5　实战图 5 黑 43 如本图 1 位扳的话，差异显而易见。

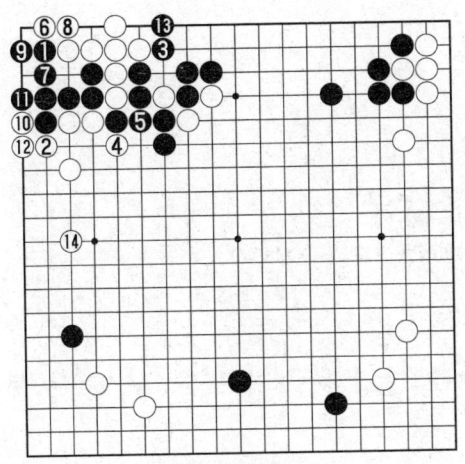

变化图6

变化图6 如果实战图5黑45如本图1位想要杀角，白棋其实气是很长的，黑棋只能走成后手双活，不满意。

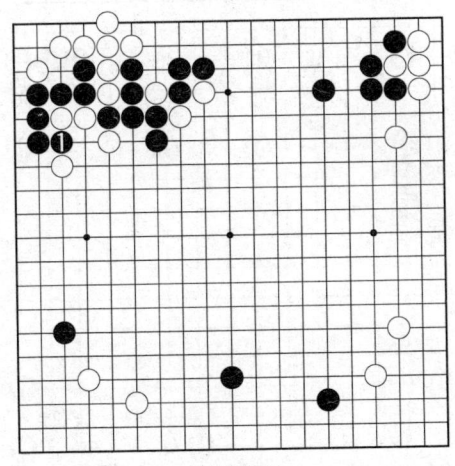

变化图7

变化图7 实战图5黑49如本图1位直接冲也可以吃掉白两子，但是实战的下法是把白棋下重。

第49局 留下伏笔

● wonfun(元晟溱)　○ Master

实战图1　全盘看起来似乎比较平稳，白棋该从哪里寻找头绪？

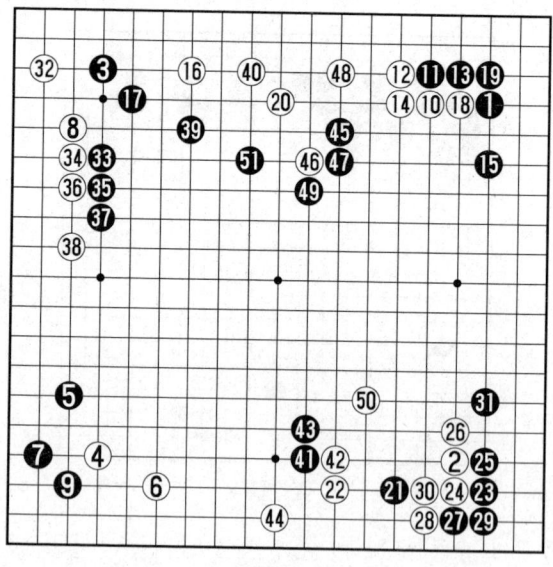

实战图1

第49局
留下伏笔

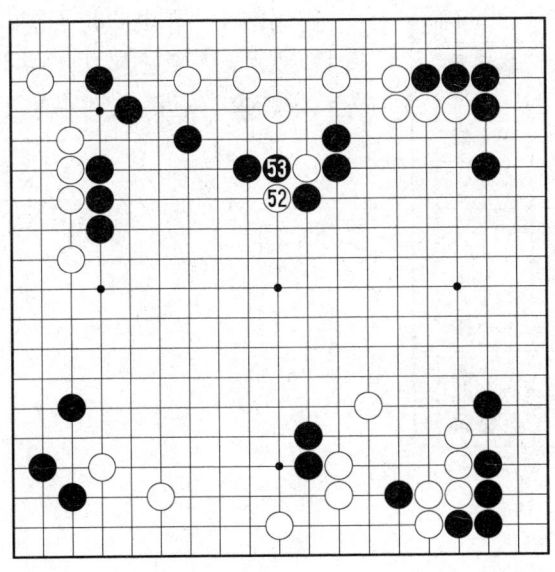

实战图 2

实战图2 白棋扳并不是要分断黑棋，这里显然不是要作战的战场，白棋是在为以后的战斗做准备。

当然，这样的棋也是很有风险的，运用得好可以起到点睛之笔的作用，运用得不好，有可能就是白白亏损目数。

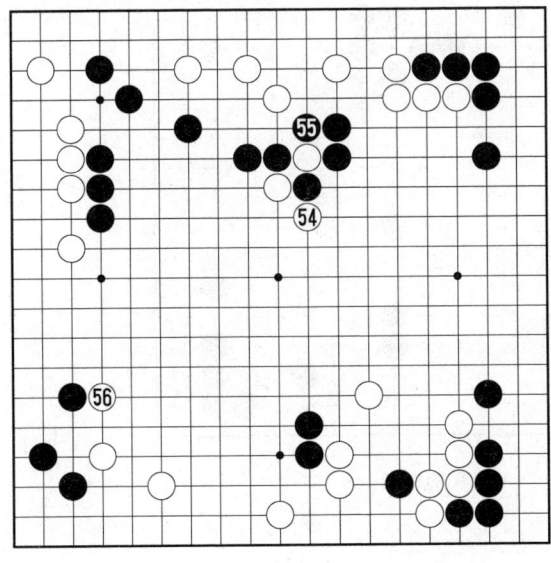

实战图 3

实战图3 这时候大概能看出白棋的意图了，白52、54远远地呼应着下边即将展开的战斗。

变化图 1 黑棋此时不能在左边恋战，一旦被白棋纠缠脱不开手，黑⚫二子将会越来越困难。

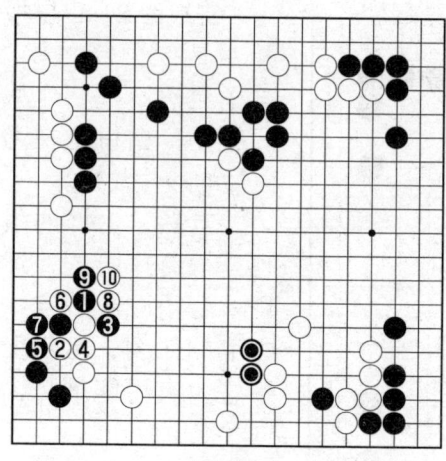

变化图 1

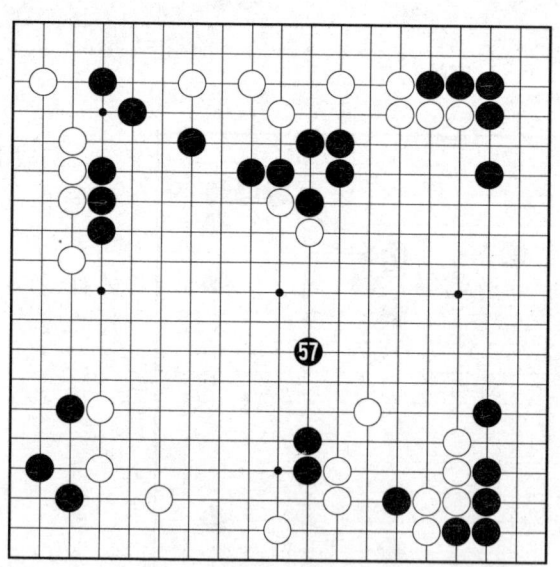

实战图 4

实战图 4 毫无疑问，黑棋必须出头。

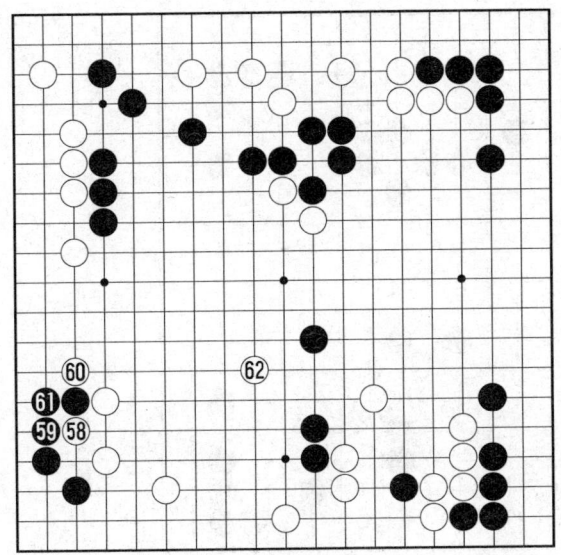

实战图5

实战图5 白62好点!

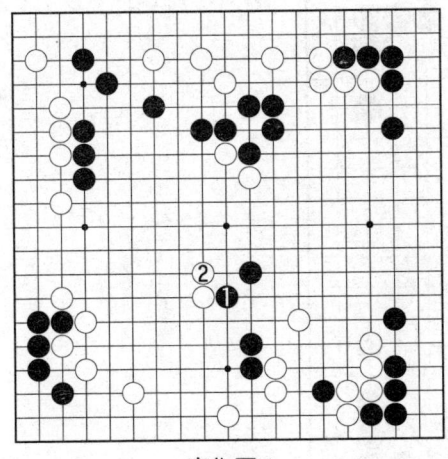

变化图2

变化图2 黑1可以补住自己棋形的问题,但是也顺势帮白棋走棋,在心情上是不愿意的。

这也可以看出职业棋手和业余爱好者对棋的思考方式的不同,职业棋手下这样的棋要多难受有多难受,但是咱们爱好者朋友们可能根本没感觉,这样的棋比比皆是。

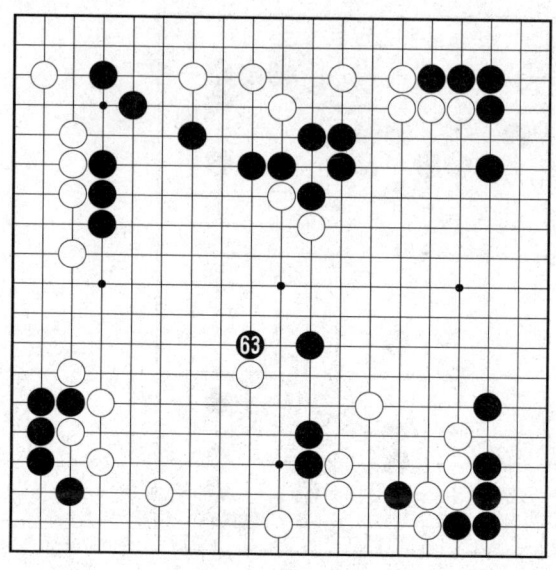

实战图6 所以黑棋选择高效率的方式来联络。虽然也出现了漏洞，但是这手棋是快棋里最先考虑的"职业感觉"。

实战图6

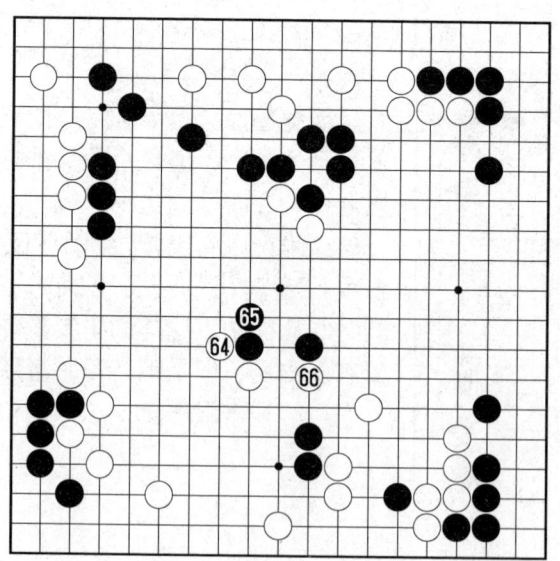

实战图7 白66反击，好棋！

实战图7

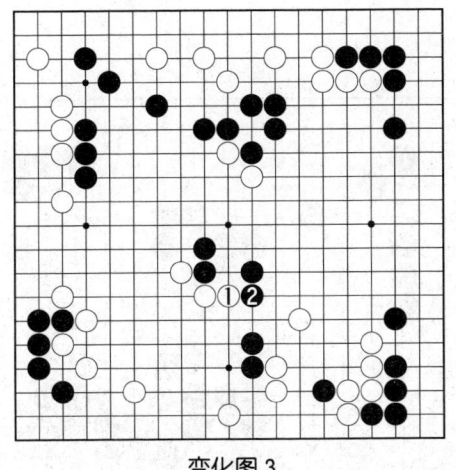

变化图 3

变化图 3 上图白 66 如果在本图 1 位长，正中黑棋下怀。黑棋既把白棋的头限制了，又联络了自己，一石二鸟。

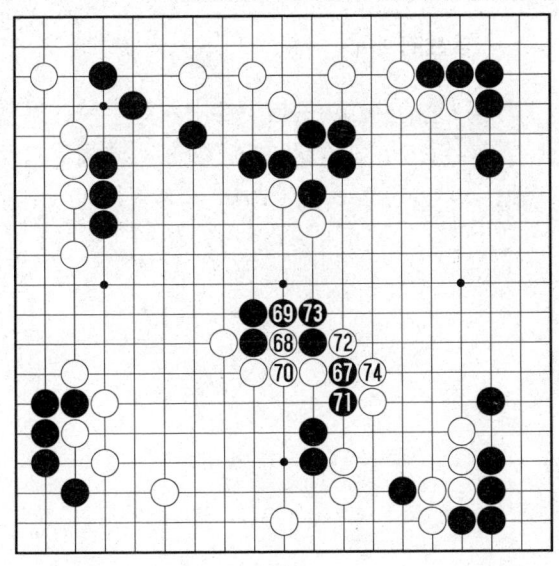

实战图 8

实战图 8 黑棋陷入白棋的包围圈。

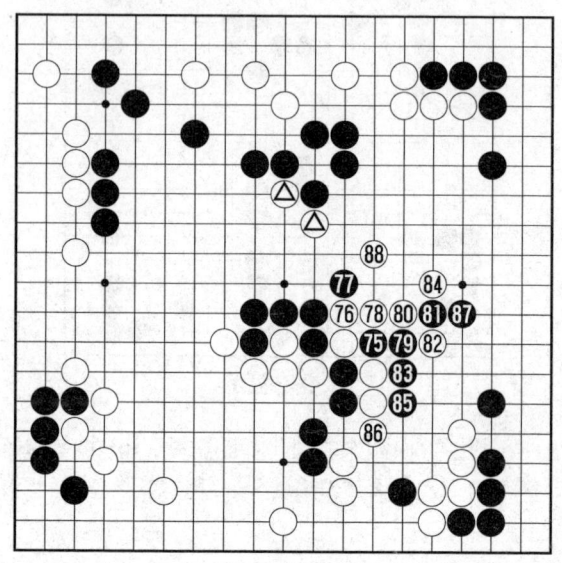

实战图 9

实战图 9 这时候我们发现，之前白△两子就发挥出作用了。如果当初没有这两手棋的交换，到了现在肯定是交换不到的，现在看这两手棋真的发挥作用了。

第49局
留下伏笔

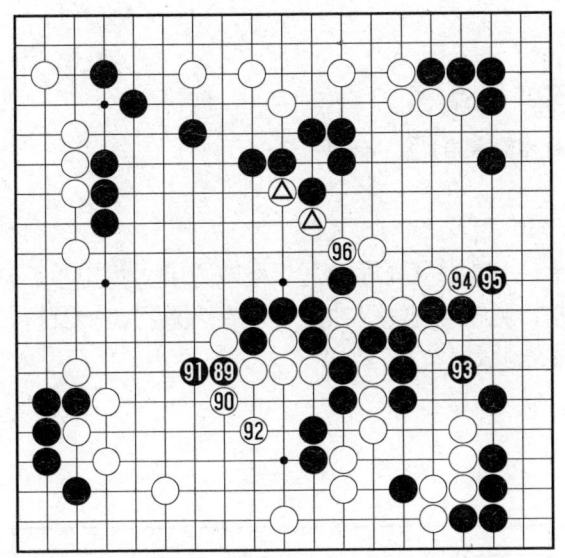

实战图 10

实战图 10　白棋彻底联络，气很长，黑棋下方不是弃子，而是死掉了。白棋之前留下的伏兵派上了用场。

这一刻让我想到过去非常著名的"淝水之战"。这个故事大家都非常熟悉，不再赘述。

取一个例子，两军对垒的时候僵持不下，那么就有一方需要后退一步，才能打破僵局。秦王符坚决定后退一箭之地，他打的主意是想要对手北府兵渡河，"半渡而击之"。但其实自己阵营中早有对方留下的"伏兵"，在大军后撤时高喊"秦败了"，导致军心大乱溃不成军，东晋大胜。

留下伏笔的妙味在围棋中非常常见，利用好"伏兵"的作用往往事半功倍！

第50局 智斗

● 潜伏(柯洁) ○ Master

实战图1 这盘棋从开局十几手棋双方就大打出手,从左上一直混战到了左下角,现在角部黑67断上去依然激烈,涉及好几块棋,错综复杂,不是你死就是我亡。

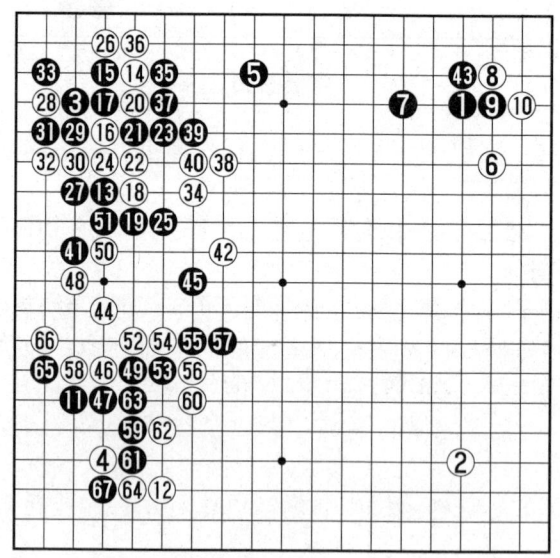

实战图1

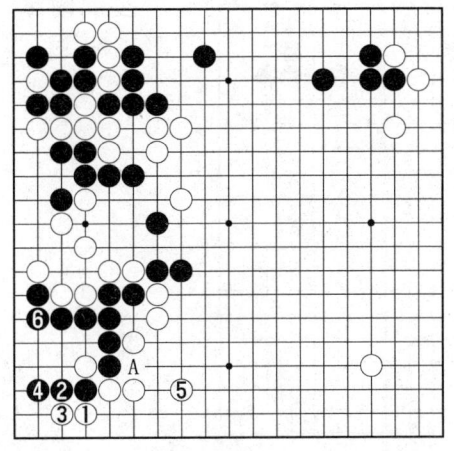

变化图1

变化图1 由于有 A 位的冲断，白棋在 1 位打虽然是最容易想到的，但是效果并不好，黑 6 粘住之后白棋左边面临苦活，这样下白棋太软弱了。

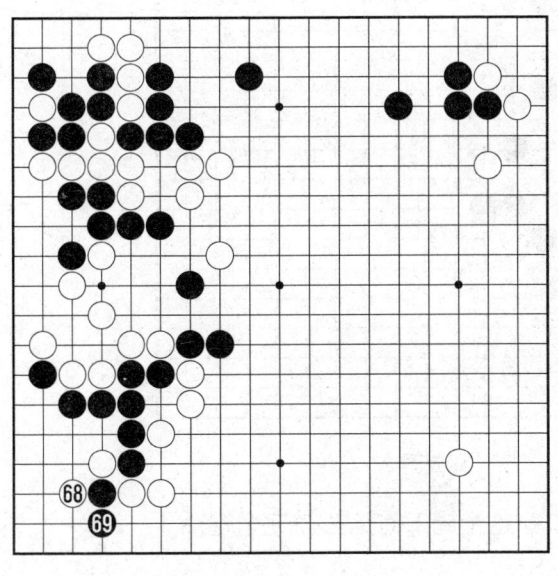

实战图2

实战图 2 白 68 有魄力！但面临的问题是该怎么操作，一起来看白棋的下法。

变化图 2 接上图，如果白1老实粘住，黑2冲断之后一本道，白棋全部"交代"了。

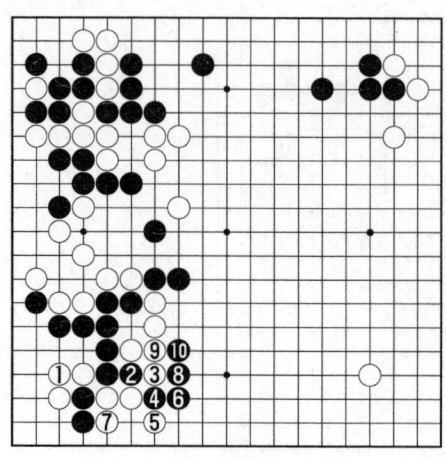

变化图 2

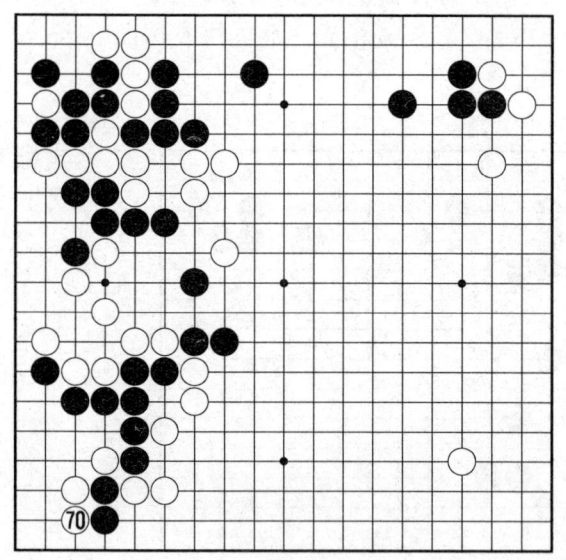

实战图 3

实战图 3 白70好棋！这个局部有这招就完全走活了。

变化图 3 接上图，如果黑棋退缩那实在是太不像样子了，跟我们之前讲的白棋退缩的变化图简直天壤之别。

A 位的冲断也不成立，黑棋彻底变成两眼做活。

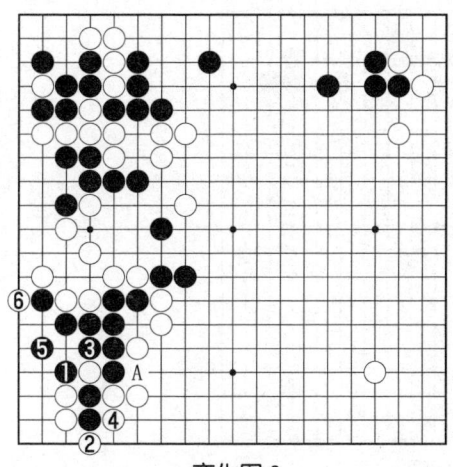

变化图 3

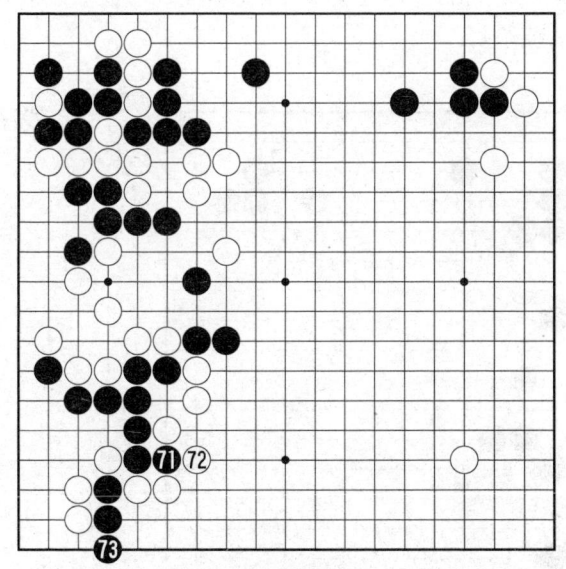

实战图 4

实战图 4 黑棋现在必须要分断白棋。

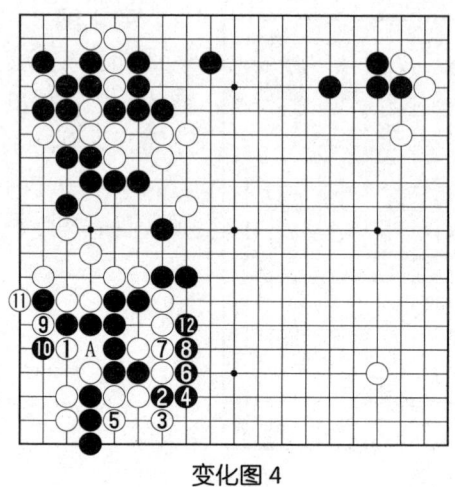

变化图 4

变化图 4 接上图,本图是白棋最顽强的应法,依然由于 A 位不入气,差一气被杀。

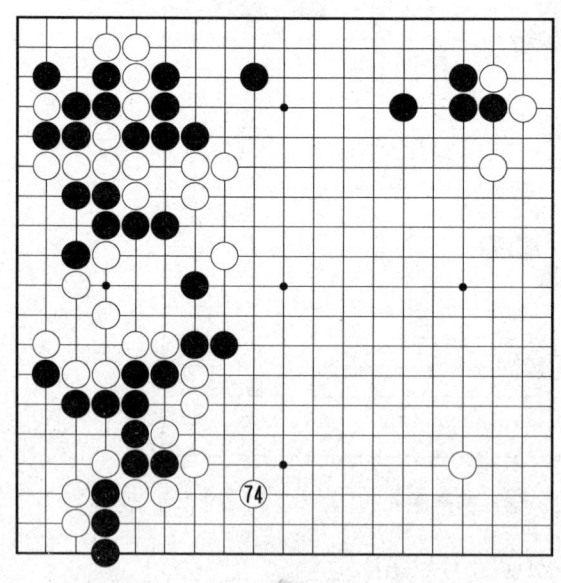

实战图 5 所以白棋必须补棋。

实战图 5

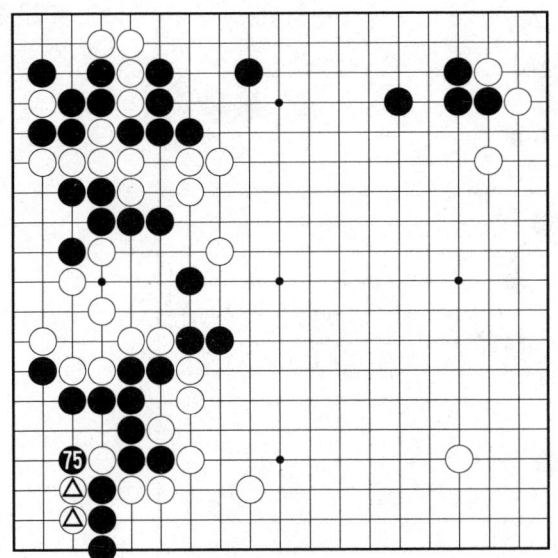

实战图6

实战图6 看似黑棋吃掉角部，应该是大获全胜才对，但是白△两手的苦心现在也显露出来了。

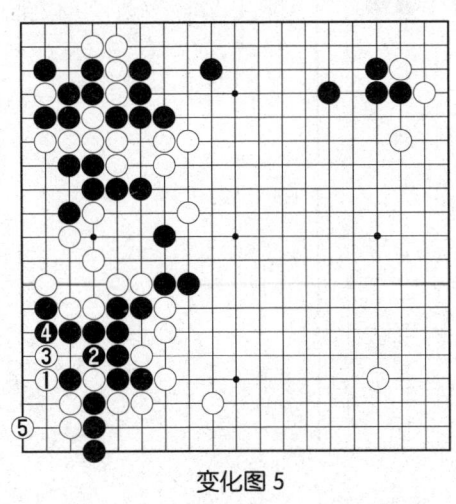

变化图5

变化图5 白棋居然可以活角！黑棋看似吃掉了最为关键的星位一子，但是白棋依然可以聚杀！这对黑棋来说无疑是致命的杀招。

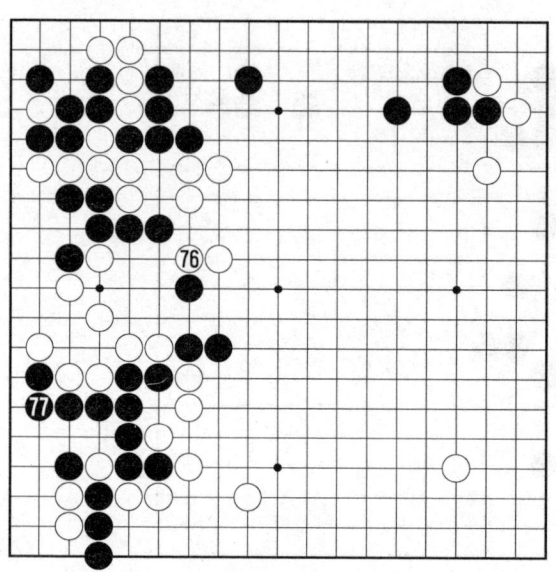

实战图7 黑棋保命要紧,还是妥协了。

实战图7

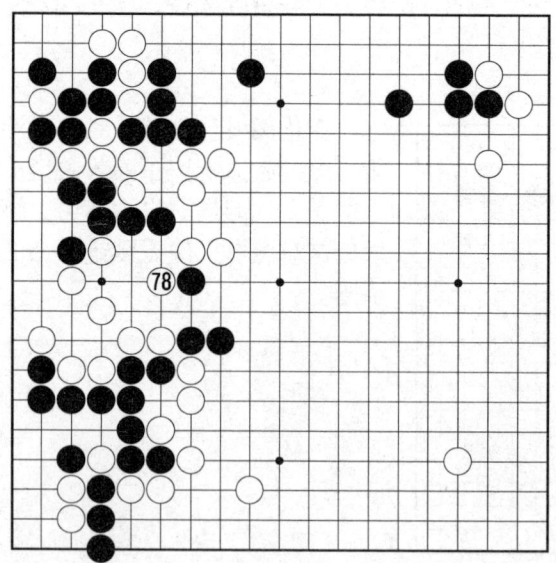

实战图8 这样一来形成了转换,黑棋吃掉角部有接近20目的实地,白棋吃掉左边6子,白棋全部连厚了。

实战图8

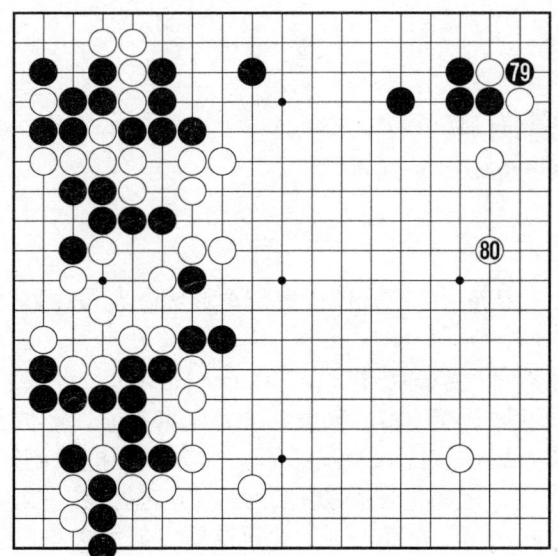

实战图9

实战图9 下到这里我们审视一下棋局，整个右边乃至中腹都是白棋控制的势力范围，黑棋中央三颗黑子孤掌难鸣，基本属于残子。不知不觉中白棋已经在外围形成了无形的潜力。

反观黑棋，取了三个角加上边的实地，不过已经再也没有其他的发展潜力了，说明左边的转换还是亏了。

在快棋中人的瞬间反应还是无法跟AI抗衡，AI的大局观确实远远超过今天我们一线的任何高手。不过讲了这么多盘棋我们也看到很多高手们的失误都有快棋"不缜密"的烙印，虽然作为职业棋手不想承认这个事实，但是也不得不面对差距。

第51局 模仿棋

● 周俊勋　○ Master

实战图 1　宝岛台湾第一位世界冠军周俊勋九段以真面目上阵，网名直接就是本名。

这盘棋显然是一盘模仿棋，对 Master 的布局不应该一成不变，我很赞同周俊勋老师下模仿棋的初衷，给我们看 Master 不同类型的布局。

不过执黑下模仿棋比较容易破解，对方只要把当初天元那颗子让它发挥不了作用，黑棋的贴目就是问题。像这盘棋一样，白棋把四周都打散，双方的子力分布都很平均，再这样发展下去黑1几乎可以说沦为"单官"，黑棋的模仿棋战术失败。

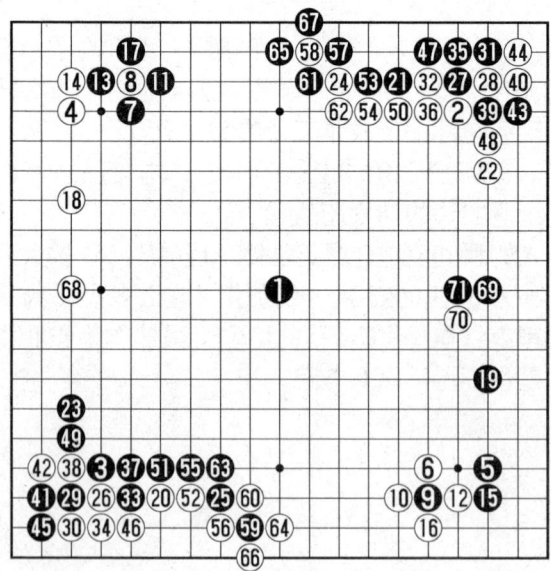

实战图 1

所以黑 71 积极求变，再模仿下去没有任何意义。

实战图 2　白 78 犀利！你看到的它看得到，你看不到的它也能看到，跟 AI 下棋一点侥幸心理都不能有。这里棋形的敏锐度真是叫人拍手称绝！

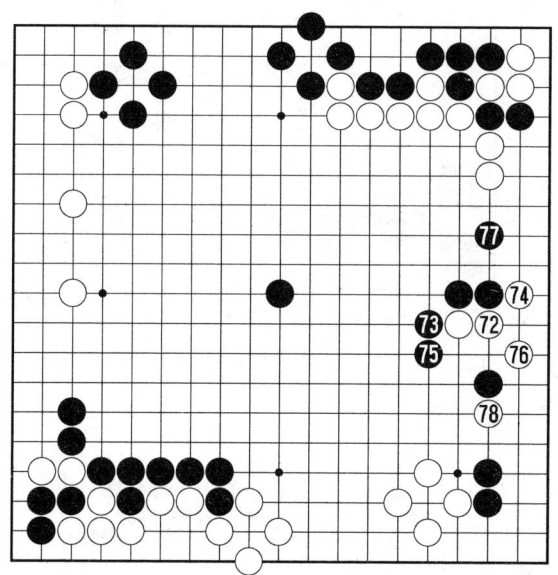

实战图 2

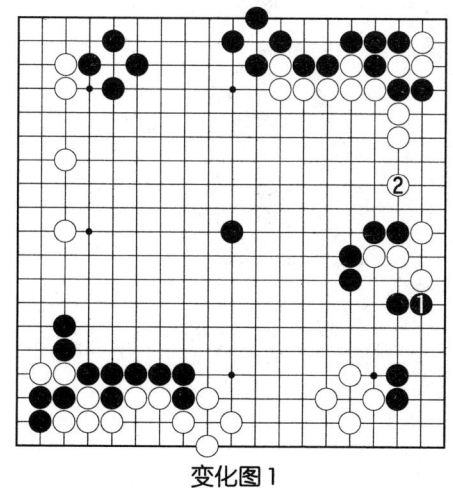

变化图 1

变化图 1　上图黑 77 的本手应该在本图 1 位挡，白 2 补一手是正着。但是由于现在黑棋的贴目负担沉重，所以黑棋实战选择了激进一点的下法。

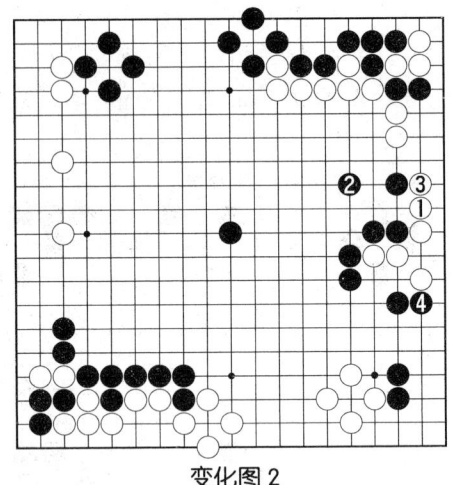

变化图 2

变化图 2 实战图 2 黑 77 之后,本图是黑棋的理想变化。先把白棋压缩一下便宜完再回到 4 位挡。

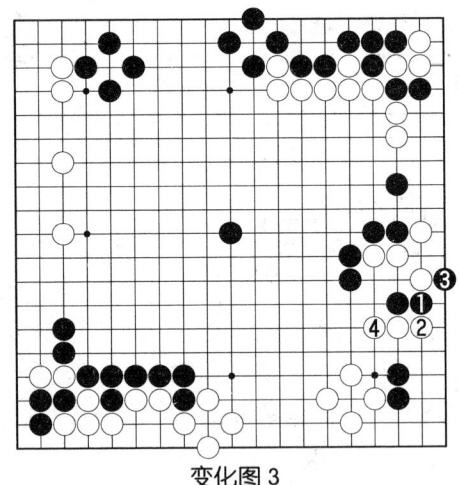

变化图 3

变化图 3 实战图 2 之后,如果黑棋还要挡下分断白棋,那么角部黑棋活不了,转换不成正比。

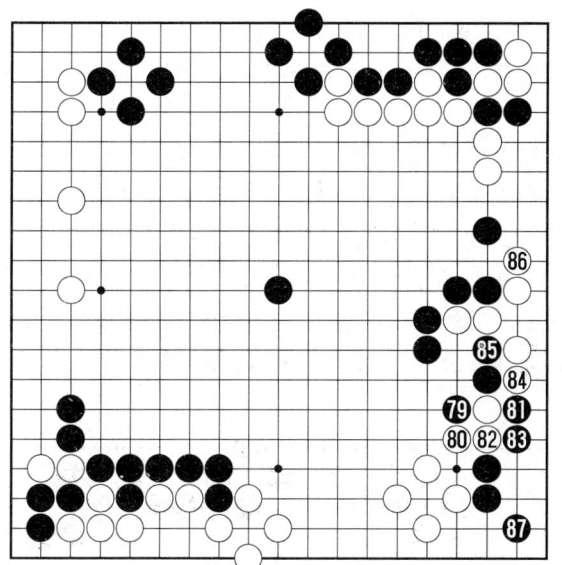

实战图 3

实战图 3 黑 87 还得花一手棋做活。

实战图 4 黑棋想要占白棋便宜的目的没有达到，白⚪的出色手段使得黑棋本来就不利的局面基本无望了。

关于模仿棋自古以来就有很多争议，一流高手很少在比赛中使用的主要原因是模仿棋被认为是没有自信的下法，有一种缺乏艺术创造又有些戏谑的感觉。因为每一手棋都在模仿对方，所以尝试模仿棋需要很大的勇气。

不过其实模仿棋想要下得好也非常有难度。历史上模仿棋最有名的大家是日本的藤泽朋斋九段。他因为模仿棋出名，也有自己很高的造诣，对方的棋只要他觉得不是好棋就终止模仿，一度在日本成绩斐然。

现代围棋中模仿棋几乎难觅身影，周俊勋老师在台湾的很多比赛中也经常使用天元开局，这盘棋下模仿棋也可能是有意考验 Master，不过可惜的是如果是执白下模仿棋可能会有更大收获。

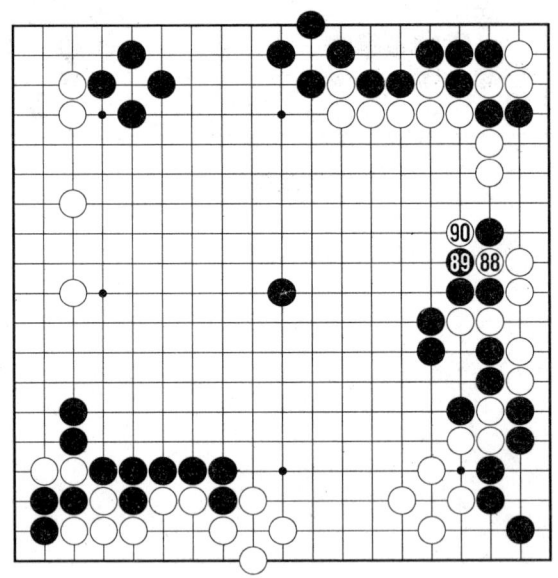

实战图 4

第52局 温和的退

● ykpcx(范廷钰)　○ Master

实战图1　白90这手棋简直平淡得不能再平淡了。

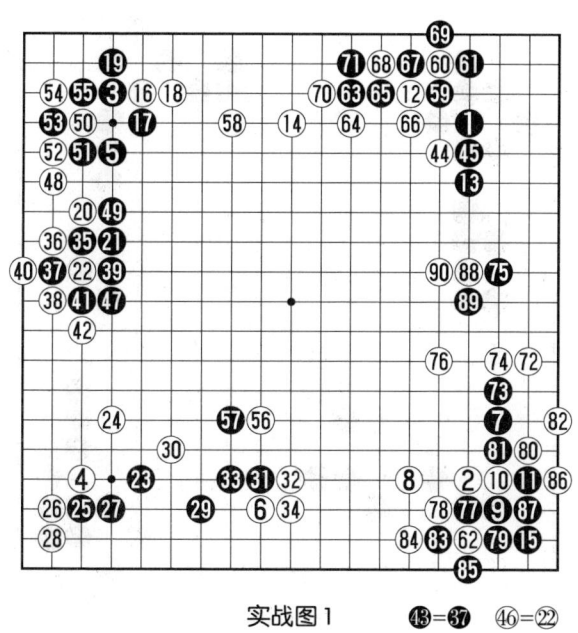

实战图1　㊸=㊲　㊻=㉒

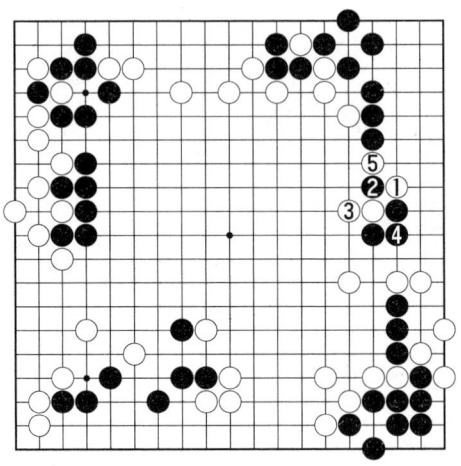

变化图 上图白90总觉得要在本图1位扳下才是连贯的手段，但是 Master 居然对这步棋熟视无睹！

变化图

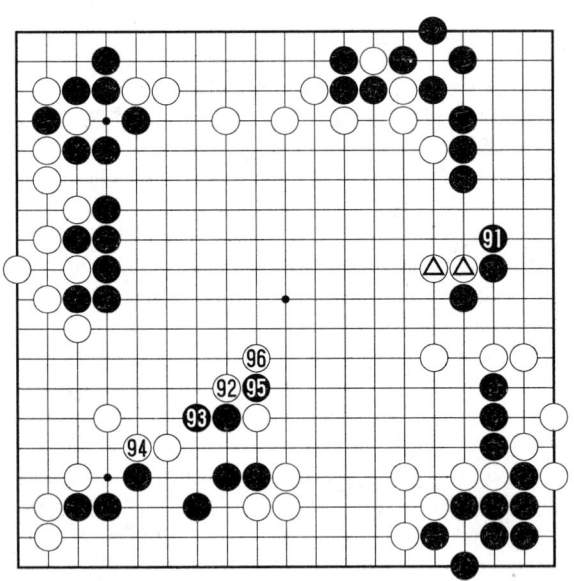

实战图2

实战图2 强手！应该是有了白△两手接应，白棋才在左边发力了。

第 52 局
温和的退

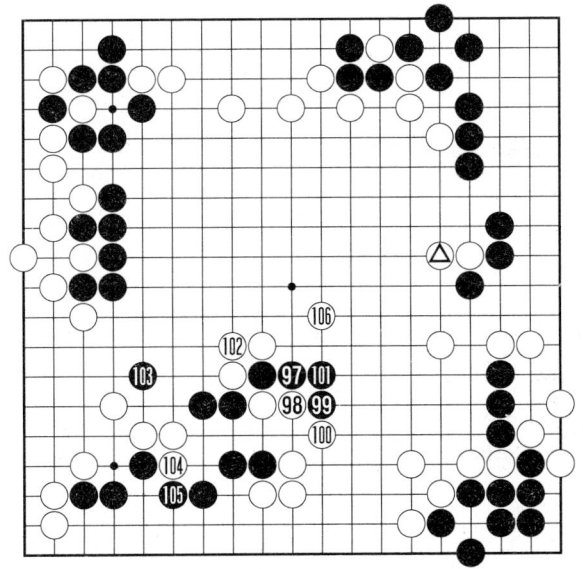

实战图 3

实战图 3 黑四子陷入包围圈，在白△退的时候，我们非常困惑白棋为何没有发力用强，实际上白△是虚晃一枪，真正的战场在中央。

白棋目的明确，不拖泥带水，也体现了 AI 不拘泥于棋形的特性。

AI 和人下棋的方式不同，运用它的神经网络可以做到的运算程度超乎我们的想象，但是人因为对棋盘上接下来会发生的事情没有把握，所以一定是每手棋都追求最大程度的胜利，多得利一分是一分，所以人几乎不可能出现白△的招法，而容易陷入小局失了大局。

当然也有人推测说 AI 的弱点是在大型对杀的时候计算力不行，而且失误很多，它下棋的主要优势是大局观秒杀人类。所以像白△这手棋它不去纠缠而是温和地退一手可能它的出发点是由于它会不自觉地避开自己的弱点，避免引发自己的漏洞？

第53局 欲速则不达

● Master　○ 孔明（黄云嵩）

实战图1　黑83这手棋内敛又含蓄，一眼看不出这步棋的含义，感觉是不是太谨小慎微了？

确实，这样的棋不是理想中"积极"的下法，但是从事后的结果来看这手棋又是诱发对手犯错的好棋。

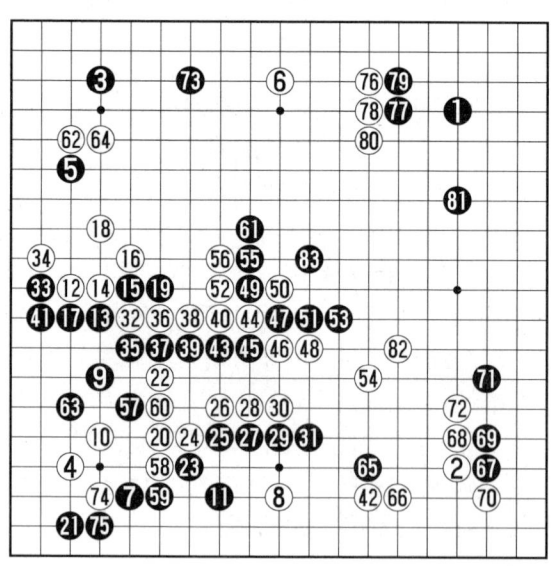

实战图1

第 53 局
欲速则不达

实战图 2 白棋准备吃黑棋。

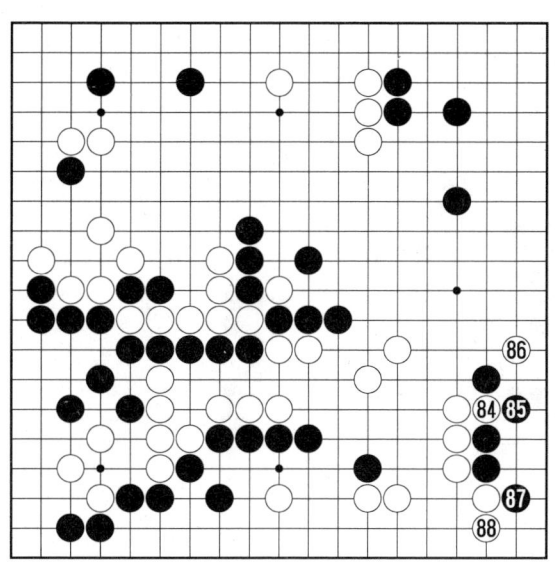

实战图 2

实战图 3 黑 95 是好棋，是这个局部可以脱困的一招。

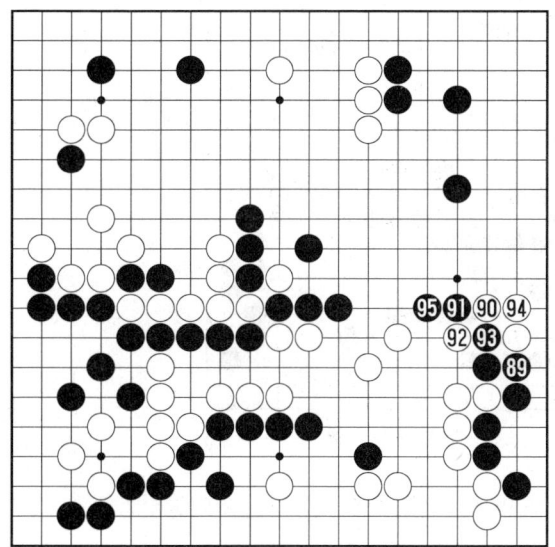

实战图 3

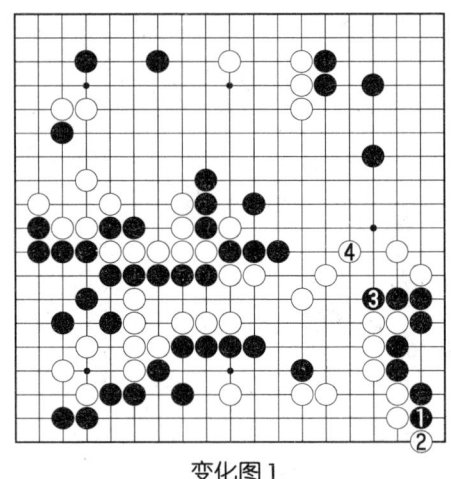

变化图1

变化图1 实战图3黑91如本图1位爬，黑棋局部活不了，简单出头也跑不出去。

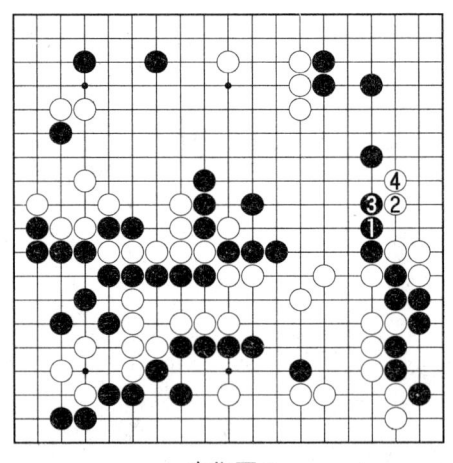

变化图2

变化图2 实战图3黑95如本图1位长，则白棋顺势延气。

第 53 局
欲速则不达

实战图 4 白棋因为联络被切断了，只得苦苦求活。

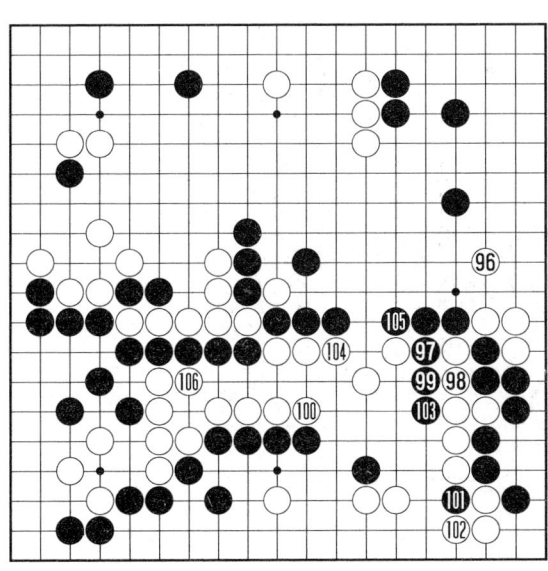

实战图 4

实战图 5 黑棋在这边收气。

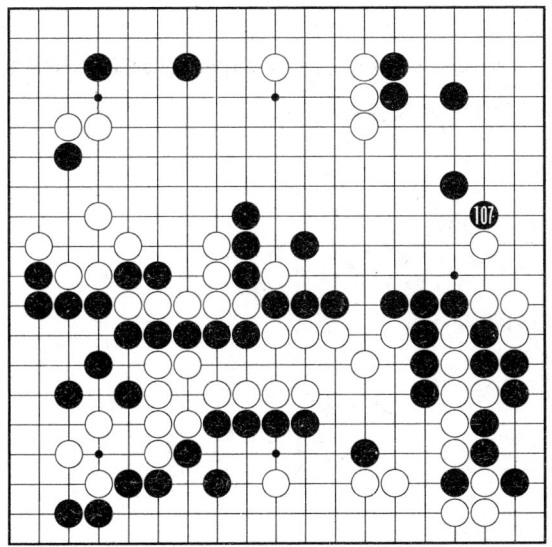

实战图 5

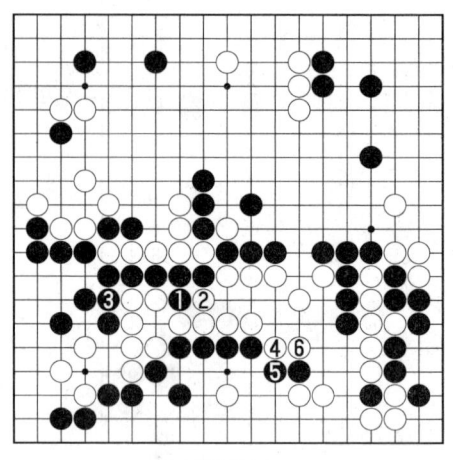

变化图 3

变化图 3 上图黑 107 如本图 1 位，则白棋委屈一点可以活。

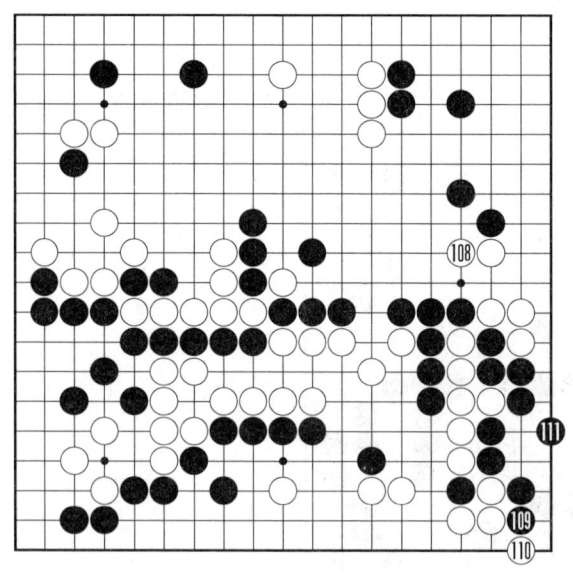

实战图 6

实战图 6 延气的好手，这里利用角部的特殊性，气是很长的。

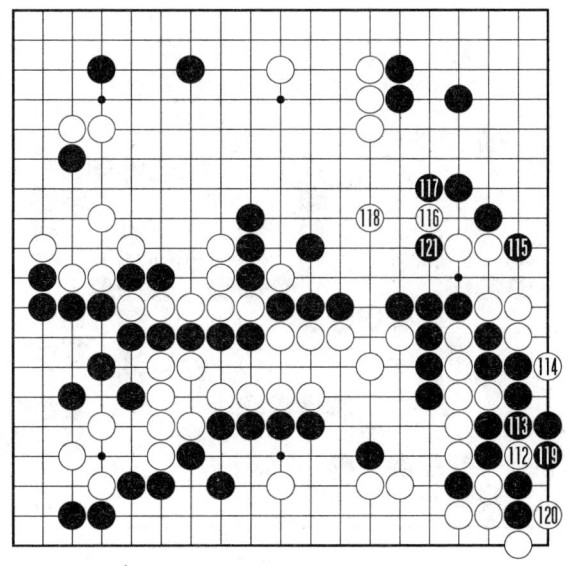

实战图 7

实战图 7 黑 121 又是收气的好手,通过弃子把白棋的气收紧。

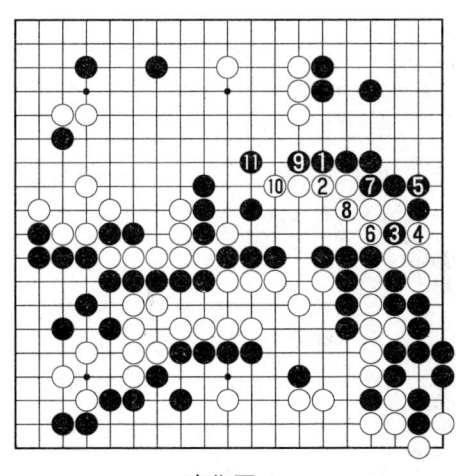

变化图 4

变化图 4 上图黑121 如本图 1 位长的话,这和实战的收气效果差了好几口气。

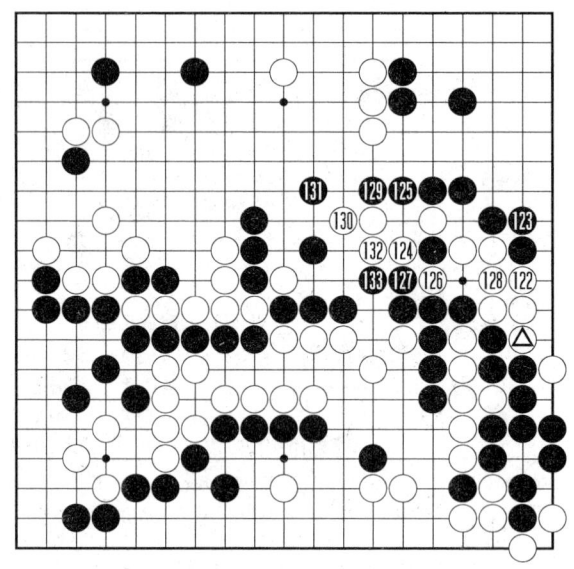

实战图 8

实战图 8 棋局戛然而止，白棋投子认负，如果继续对杀会发生什么呢？白棋的失败在于白△动手有点早，欲速则不达。直接将棋局导向了不能挽回的局面。

古时候齐景公在外游玩，听闻晏婴病重，下令急速返回。齐景公心急如焚，先是夺过车夫手里的缰绳亲自驾驭，还是嫌马跑得太慢，后来干脆跳下车徒步向前奔跑，结果只能是欲速则不达，成为笑谈。

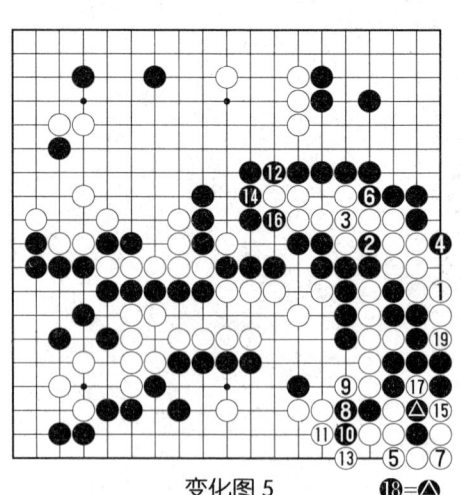

变化图 5　⑱=△

变化图 5 如果继续下去是白棋快一气杀黑。但是黑棋就当作弃子，A 位点入搜刮白棋，白棋的实地也不够了。

第54局 推陈出新

● Master ○ 聂卫平

实战图1 著名的聂棋圣披挂上阵，是所有与Master交手的高手里面年龄最大的，所以这盘棋也是因为聂老特地调整成为每方一分钟读秒快棋。这是60局里面双方用时最长的对局。

聂老师与Master对局时很多棋手都被聂老追求棋道的精神所感动，虽然最终不敌AI，但是布局一度形势非常不错。如果用聂老的大局观配上一位年轻棋手的计算力和AI下我觉得一定非常精彩！鹿死谁手还不一定！

白18之后，没想到黑棋在这里还下出了新变化。

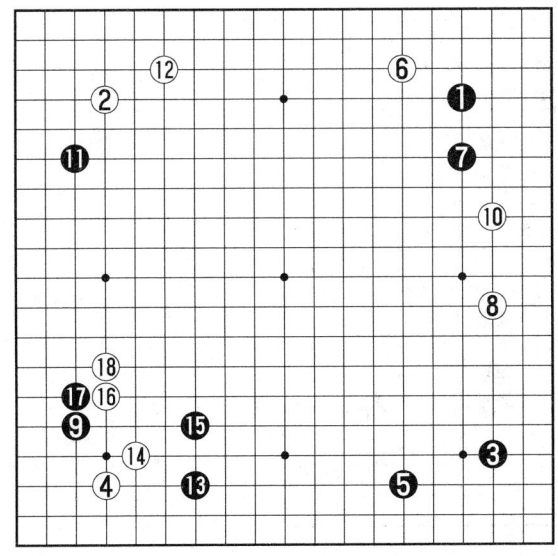

实战图1

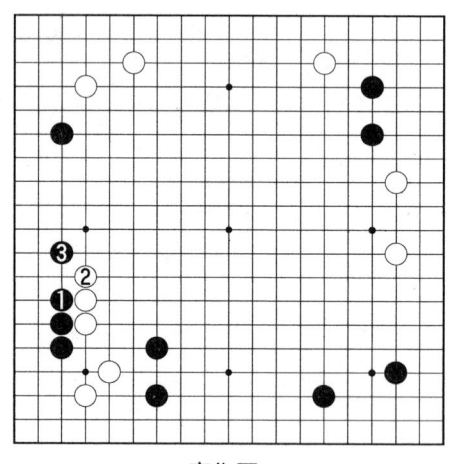

变化图 1

变化图 1 过去的定式都是这样下的，这里黑棋要爬就爬三个再跳出，要不然就第一下的时候不爬直接跳出。

实战图 2 这时候跳有意思，又一个将要被写入历史的定式。

这步跳不知道为什么在过去没有这么下的，但是三路和四路的交换能少则少这个理论是一直都存在的。道理很简单，你多爬一个只多两目棋，而对方在中央长一子应该不会少于两目棋的控制，一算账就知道爬和长不合算。

不得已没办法的时候要爬，但是能跳的时候肯定要跳啊，可是这么简单的道理，为什么这个棋形就没有人琢磨过味呢？

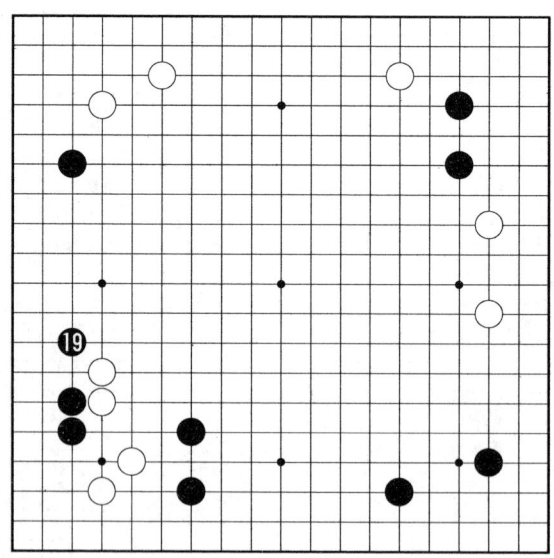

实战图 2

第 54 局 推陈出新

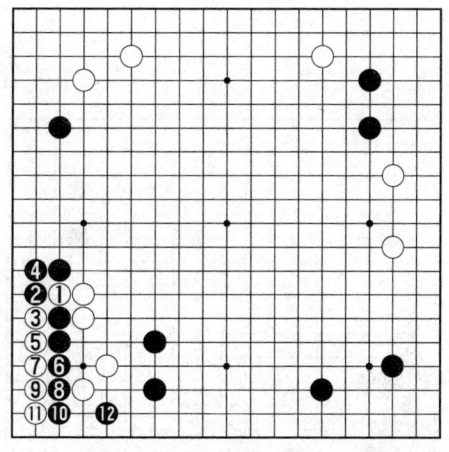

变化图 2

变化图 2 接上图，白棋冲断不成立。

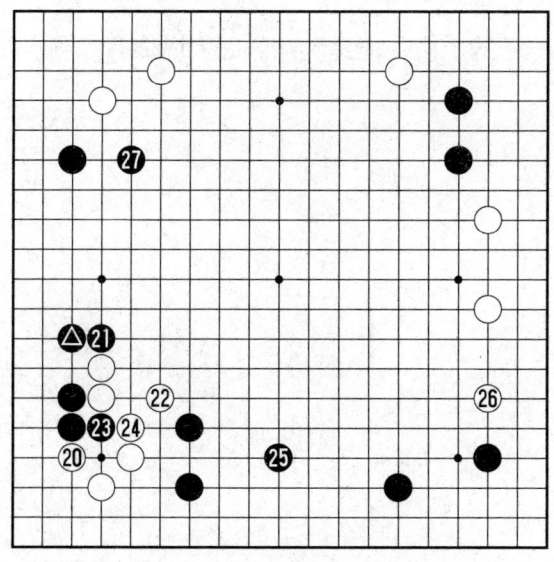

实战图 3

实战图 3 左下角的变化告一段落。

黑△不算新手，但是有启发，职业棋手们看过之后觉得这的确是一招可行的棋，但是为什么之前我们都循规蹈矩地多爬一下？Mastre 下出之后大家才感叹："哦，学了一招。"

围棋浩瀚的变化中我们所了解的真的太有限了，有了 AI 之后，棋盘上禁锢的思想也会被打破，会不断推陈出新。

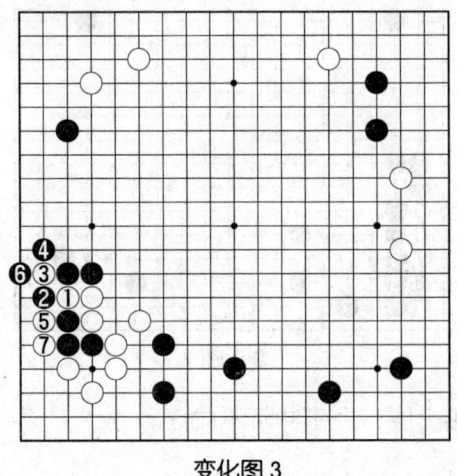

变化图 3

变化图 3 白棋有吃三子的手段,但是现在外面大场很多,顾不上吃三子。

千变改一招

● 谜团（陈耀烨） ○ Master

实战图 1 俗话说妖刀千变，但是在Master这里只有一招，就是白24、26赤裸裸地冲。

这个下法过去也曾是一个定式，白棋取实地黑棋得外势。但是白棋过早地被黑棋形成外势总感觉不便宜，但是 Master 这么下把一切都改写了。

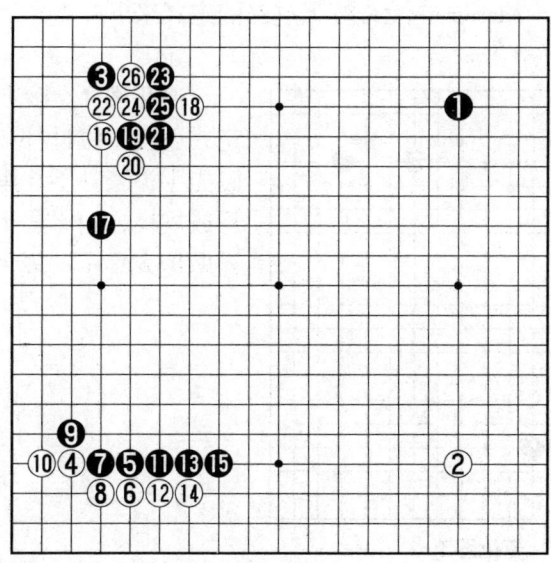

实战图 1

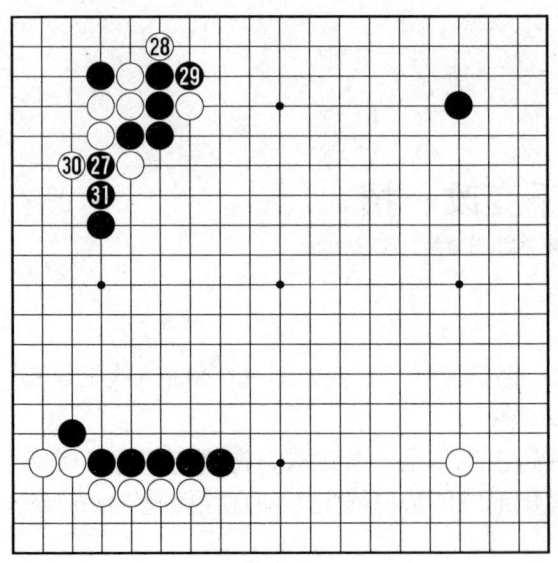

实战图 2

实战图 2 Master 并没有按照过去的定式来下。

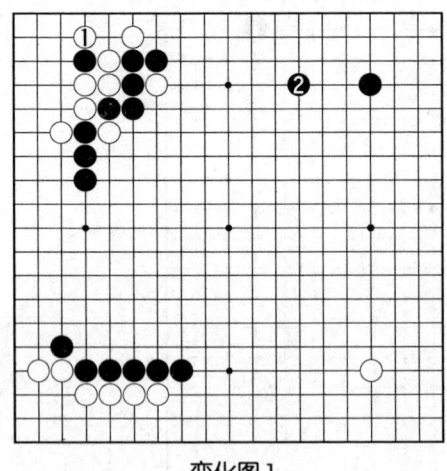

变化图 1

变化图 1 接上图,过去的定式还要 1 位再补一手,黑棋得以先手扩张外围。黑棋一旦扩张形成规模,白棋居于一隅还是觉得取地太早了,失大局。

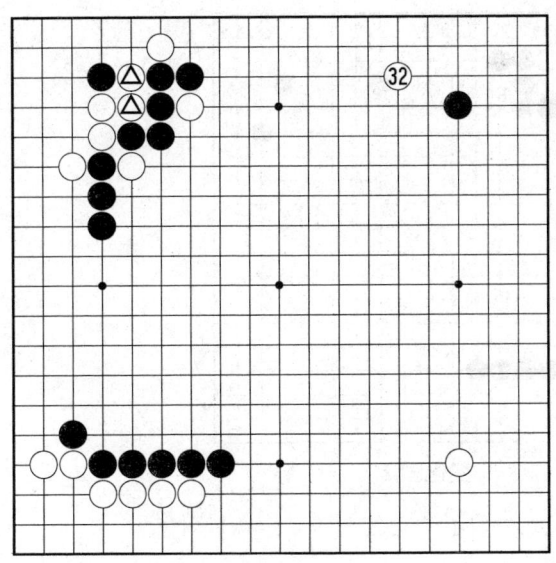

实战图 3 白棋此时脱先挂角是白△两手棋成立的主要原因。左上角白棋即使脱先，黑棋也并没有很有力的手段在左上角出棋，那么这时候外围的一手棋至关重要。

实战图 3

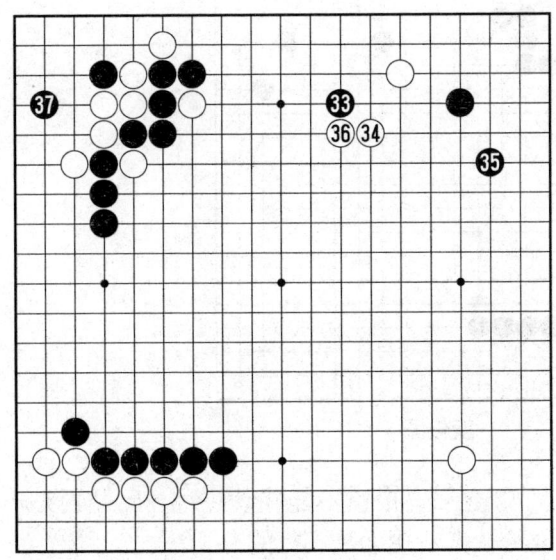

实战图 4 黑棋没有严厉的手段，黑37只能算是隔靴搔痒。白棋退让一点完全可以满足。

实战图 4

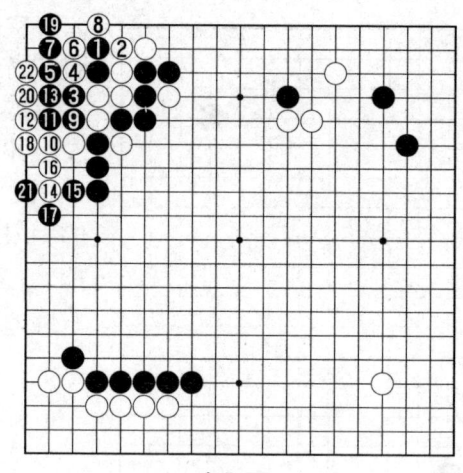

变化图 2

变化图 2 上图黑37如本图1位直接动手，白棋不怕。

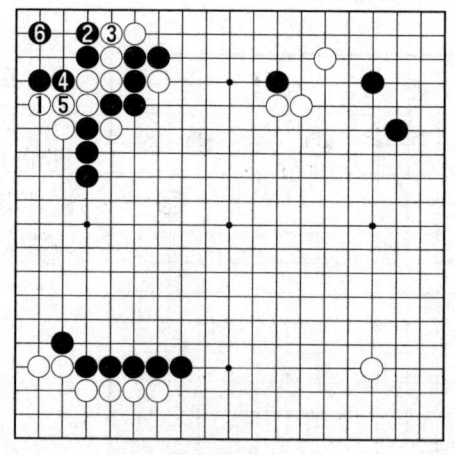

变化图 3

变化图 3 实战图4黑37之后，白棋不能冲动应对，已经脱先一手了，该给黑棋便宜的也要给，武断用强是不行的。

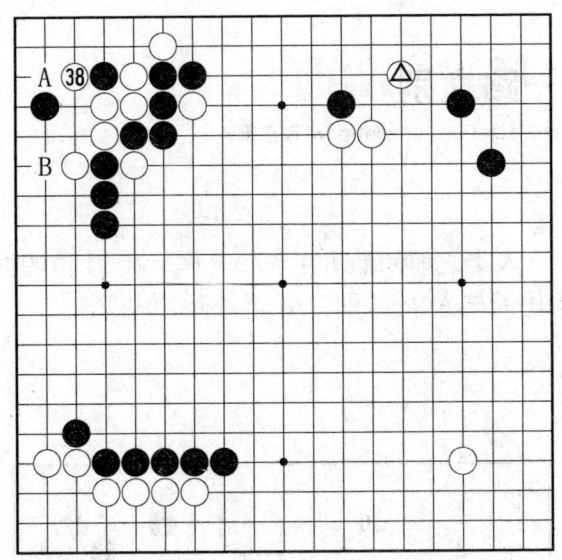

实战图 5

实战图 5 以后角上黑棋有 A 和 B 的手段,但是对黑棋而言这样的手段没有伤到白棋的根本。白△脱先完全可行。

这盘棋当时是在围棋 TV 网总部直播进程给网友看,而且为了节目效果还有另外一位职业棋手也在一旁帮看,但是实际上也没有什么用处,两个人说话反而分散了精力,思路不同还不如一个人下得好。

第 56 局 一路之别

● Master　○ shadowpow（赵汉乘）

实战图1　人类之前都是下在 A 位补棋，在 21 位的很少，这一路之隔其实看得出人与 AI 的区别，AI 更看重空间感。

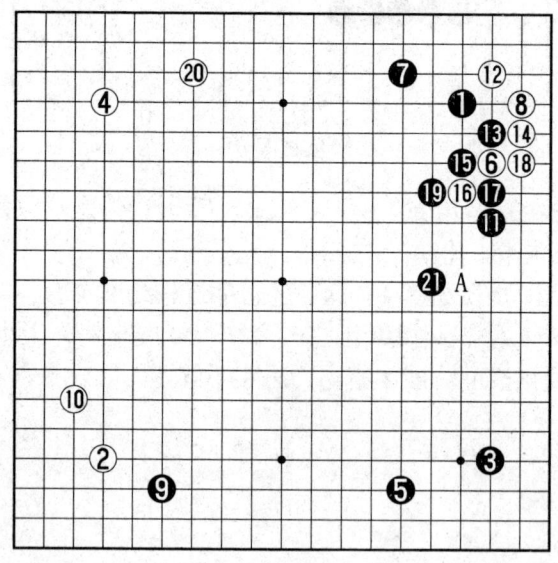

实战图1

第 56 局
一路之别

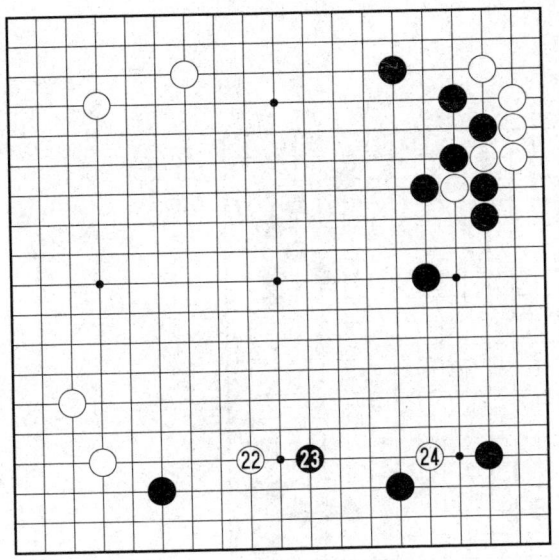

实战图 2

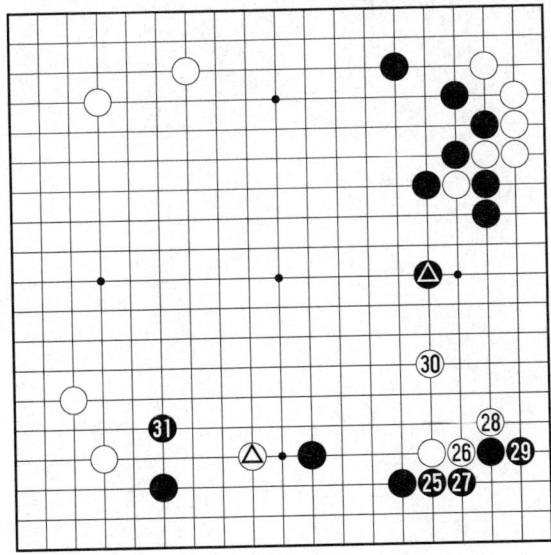

实战图 3

实战图 2 白棋以其人之道还治其人之身，白 24 这手尖冲是之前 Master 下过的。反过来看 Master 怎么应对。

实战图 3 黑 31 重新把作战重心放在白△一子这里。

黑△的一路之隔看似无关大局，补在哪里都一样，其实是带给我们和 AI 沟通的一个信号，它的出发点跟我们完全不一样。

AI 的"棋感"一开始是跟人学的，但精确的形势判断能力是自己发展起来的，形势判断能力其实是下围棋的核心能力，这恰恰是人类的弱点和容易被忽视的地方。人在序盘和中盘用点目法做形势判断的方法是非常宽泛的数据，只能得出一个大概结论，无法和 AI 数据量化的方式抗衡，如果时间充足高手们把变化算清楚不困难，但是都成立的情况下选哪个下法就很有讲究了，在选择下法上犯糊涂就没办法了。

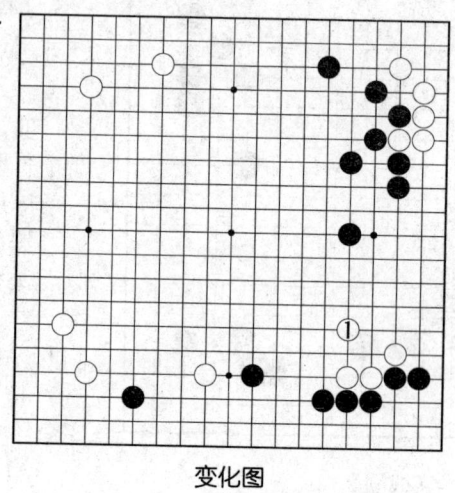

变化图

变化图 上图白 30 的普通棋形的感觉是本图白 1。

第57局　坍塌理论

● Master　○ nparadigm（申真谞）

实战图　黑9点，这手棋在Master的对局里出现了很多次，如果从刺一下就便宜了的角度去理解，真的有点说不过去。黑9点之后，A位的挂就没有了。

这就要说到另一个有趣的数据了，有计算机方面的专家提出过非常有意思的理论。

我国计算机运算速度达到全世界第一，到了2018年运算速度是每秒100亿亿次，100亿亿次是什么概念？简单说就是1后面18个0。那

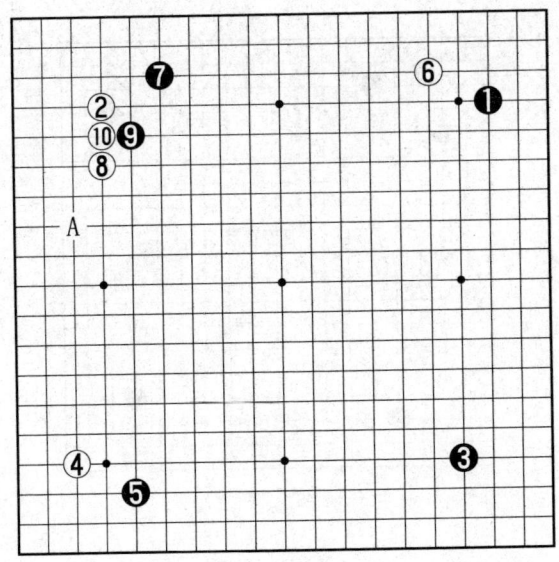

实战图

303

么围棋中的变化是多少呢？是1后面769个0，简直是无法想象的变化量。这么说起来电脑虽然比人脑快多了，但是和1后面769个0相比它完全没有优势。

顺势就有专家提出了坍塌理论。假设当你下第一手棋的时候棋盘就开始坍塌，769个0后面就掉两个0，落一个子就抹掉两个0，当下第二手的时候又要抹掉两个0，越来越多棋子落在棋盘上之后可能每手棋抹掉的不止两个0，甚至可能3个0，因此人和计算机的获胜不能拖到官子，一旦到后半盘根本就没有机会了。那时候真的是1和1后面18个0在下了，但是要让1后面18个0和1这两个一个叫作机器人、一个叫作人的对手去面对围棋769个0的时候，他们的能力几乎是一样的。

为什么我要说这么生涩又让人眼晕的理论呢？就是想去解读，可能黑9的下法并没有什么道理，只是AI想要多坍塌掉一些变化，降低它的运算难度。

变化图 至少还可以保留1位点的可能。

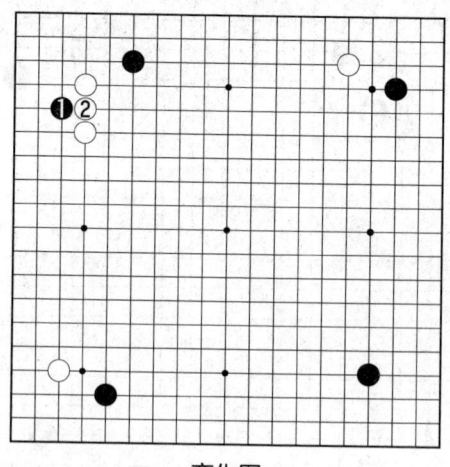

变化图

第58局 漂亮定型

● 小香馋猫（常昊）　○ Master

实战图1 从此时，Master将左下角未解决的问题先放一边，白棋从上方压低黑棋开始找到了行棋的节奏。

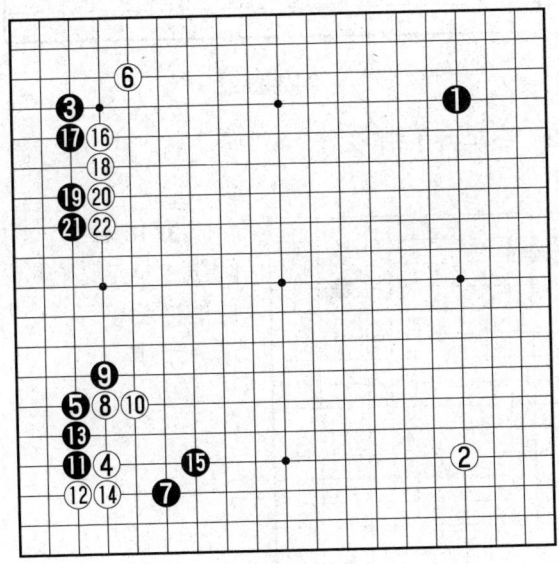

实战图1

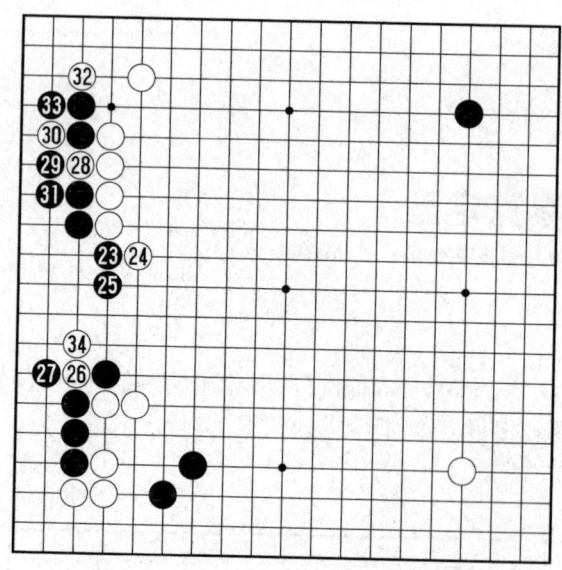

实战图 2

实战图 2 白棋弃子精彩。

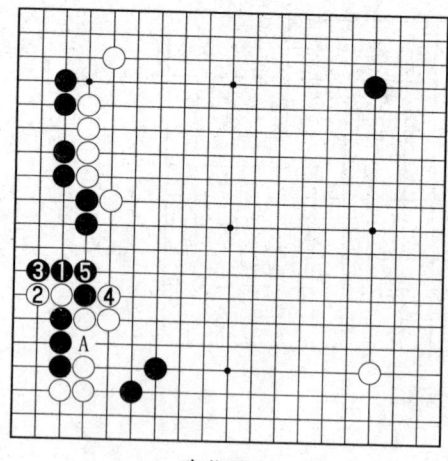

变化图 1 上图黑 27 如本图黑 1 从这边打吃不肯，白棋 A 位的冲断不存在，相当于白棋省了一手棋。

变化图 1

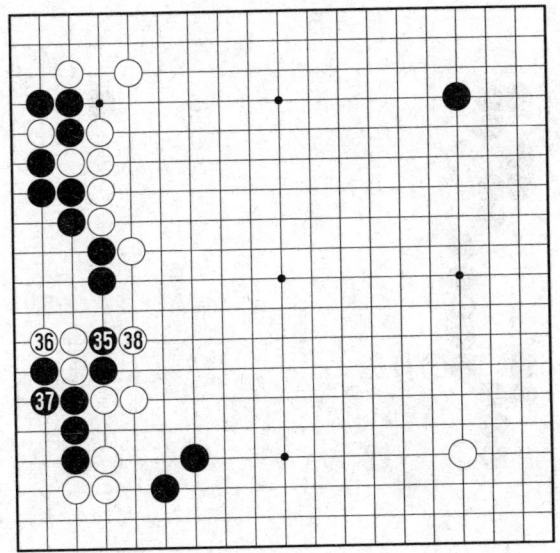

实战图 3

实战图 3 黑棋此时两难。

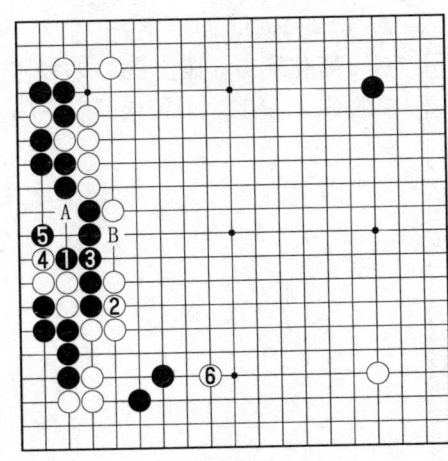

变化图 2

变化图 2 如果从目数角度考虑，上图白38之后，黑棋想在本图1位虎，但是外围白棋打吃之后厚势非常完整，由于有A位的断点，将来白棋B位贴一手棋，可以把外围封得非常完整，黑棋难以接受。

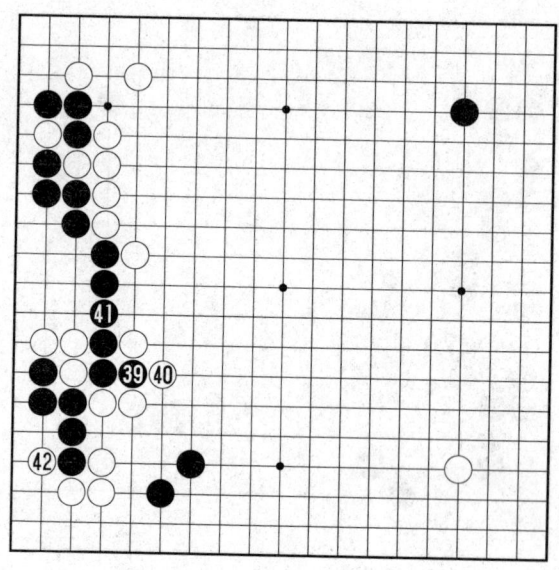

实战图 4

实战图 4 白棋在上面利用完，下面目数继续便宜，关键是白角已经活了，不需要再担心冲断了。

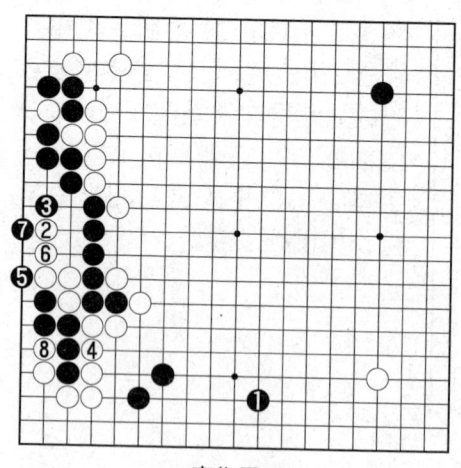

变化图 3

变化图 3 接上图，如果黑棋脱先，白棋快一气杀黑。

第58局
漂亮定型

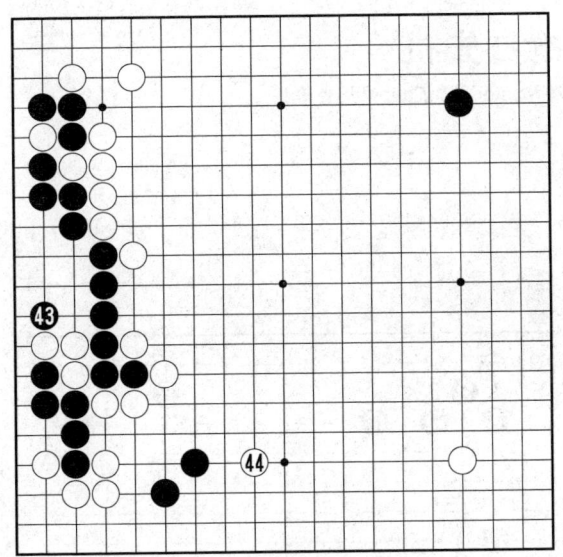

实战图5

实战图5 白棋在左边通过弃子，不但获得了外势，还有目数的便宜，回过头再44位进攻黑棋，黑棋苦不堪言。

AI的风格到底是什么？有人说像吴清源大师，有人说有李昌镐的影子，其实这都有一个共性，就是高于时代眼光的先驱者，所以AI所代表的就是超前的思想。

第59局 抢占先机

● Master　○ Eason（周睿羊）

实战图1　白28本意是试应手，却引发了意想不到的变化。

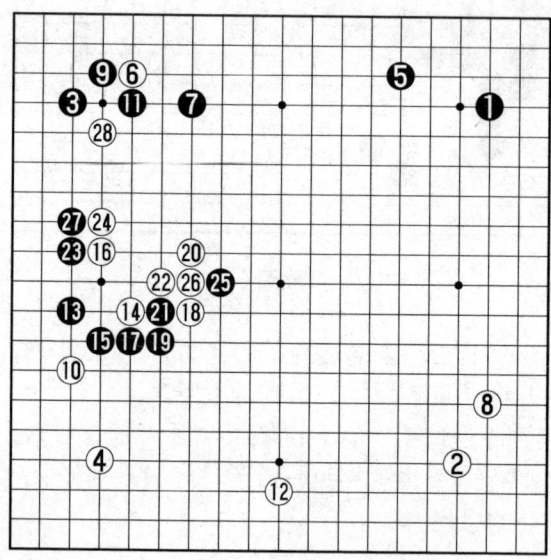

实战图1

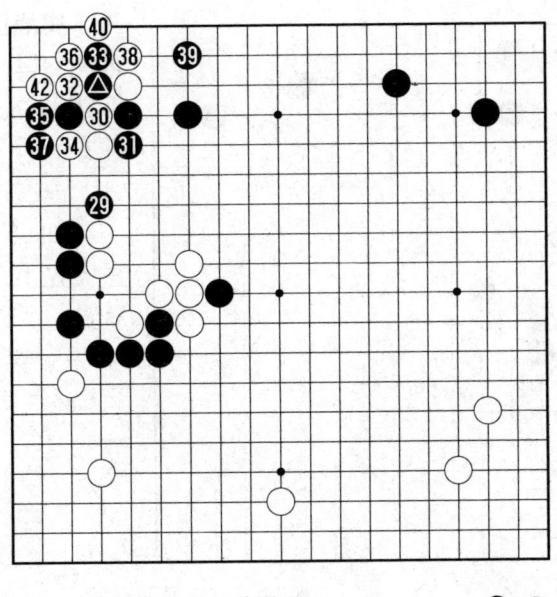

实战图2　突然白棋就卷进了角地。

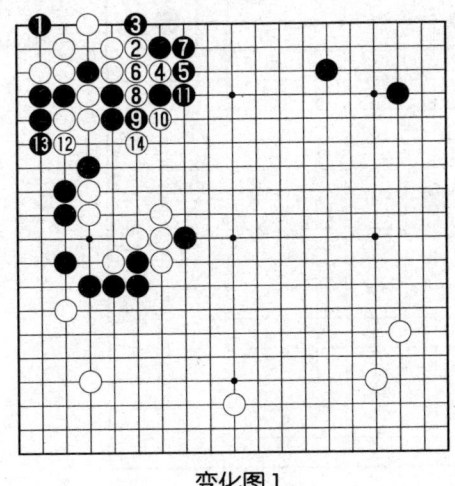

变化图1　接上图，黑棋外围有漏洞，不能强杀白棋。

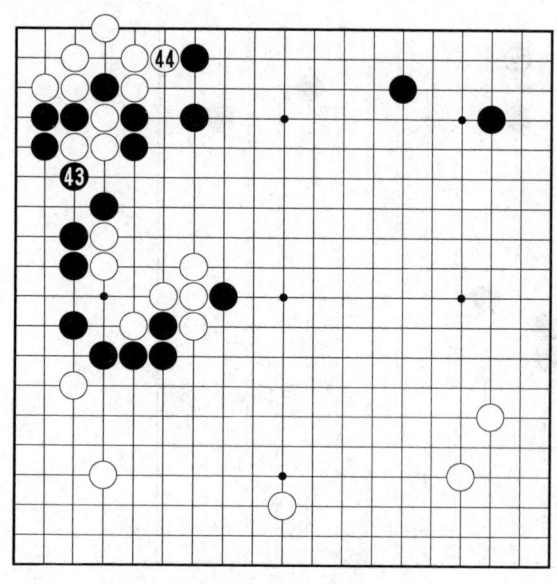

实战图 3 进角按理说白棋比较实惠,那么黑棋的目的是什么呢?

抢占先机!

AI 下棋很多时候重视先手,能争先绝不犹豫,所以实战其实它就是舍弃角部实地换来大局的主导权。

实战图 3

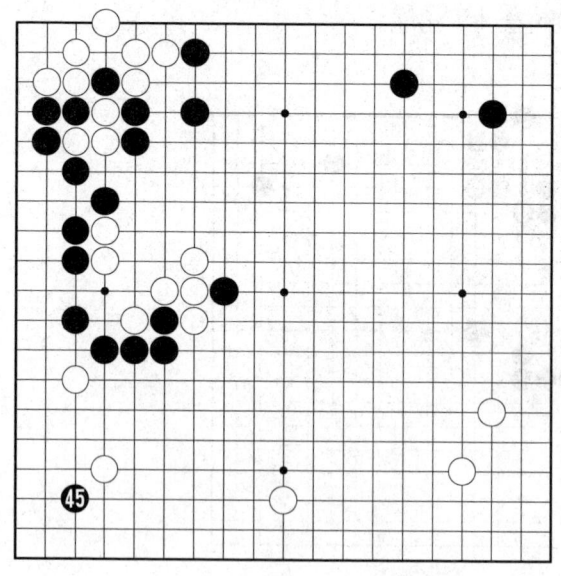

实战图 4 黑 45 先手进三·3,这招在问白棋应手。

实战图 4

第 59 局
抢占先机

变化图 2 接上图，从这边挡也是正常思路，但白棋接下来很犯难，中央有点薄，似乎不好下。如果还要 A 位补一手防止黑棋打入，这手棋效率太低白棋也不愿意下。

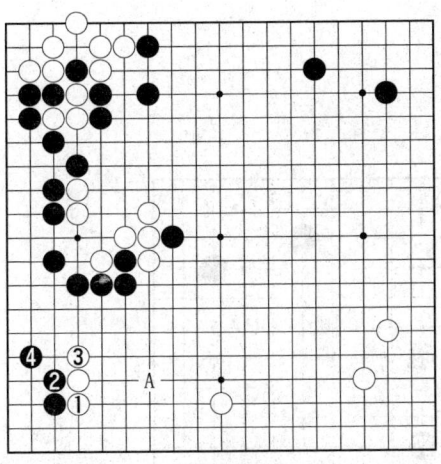

变化图 2

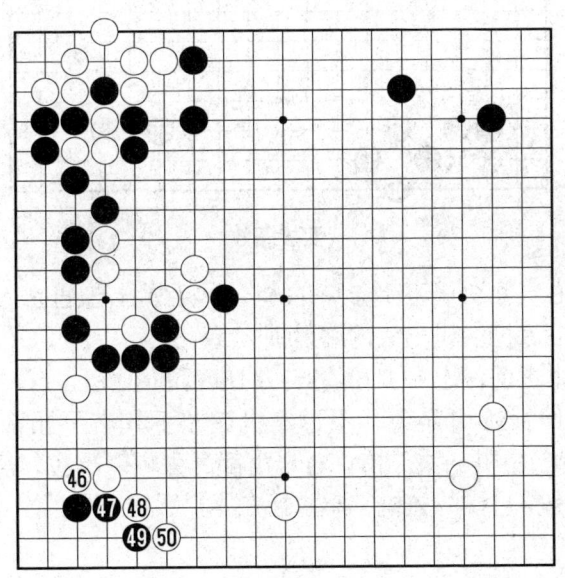

实战图 5

实战图 5 白棋想取角地可以理解。

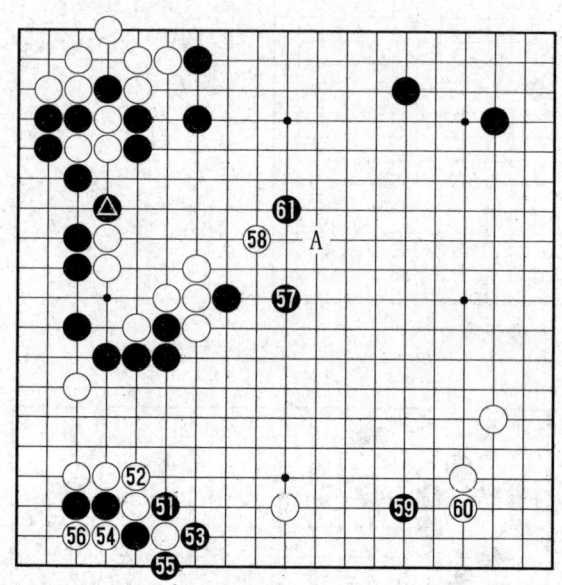

实战图 6

实战图 6 黑 61 积极地封锁白棋,这手棋比普通的 A 位飞镇更有魄力,打算彻底把白棋出头的路封锁。

这是黑棋之前付出左上角的实空时准备的手段。

接下来作战不可避免,不过黑棋在左下和右下角都有"预备动作",黑棋牵制白棋一块孤棋,对全盘都产生辐射反应,黑▲虽然付出了实地,但是整盘棋的先机牢牢掌握在黑棋手里。

第60局　捕捉棋形的缺陷

● 星宿老仙（古力）　○ Master

实战图1　黑棋形成了大模样，中腹实空十分可观，这也是黑棋的战术。

在Master对棋手们产生巨大的冲击时，棋手们也在研究如何能够还击，有一种说法就是做中腹大模样，等它进来之后强杀，大家一致认为AI的死活计算是它相对薄弱的环节。

所以这盘棋其实就是沿用了这个战术，黑棋在中央形成的大模样不可谓不大，但是Master还真就不进去，让黑棋成空，现在的局势黑棋不差。

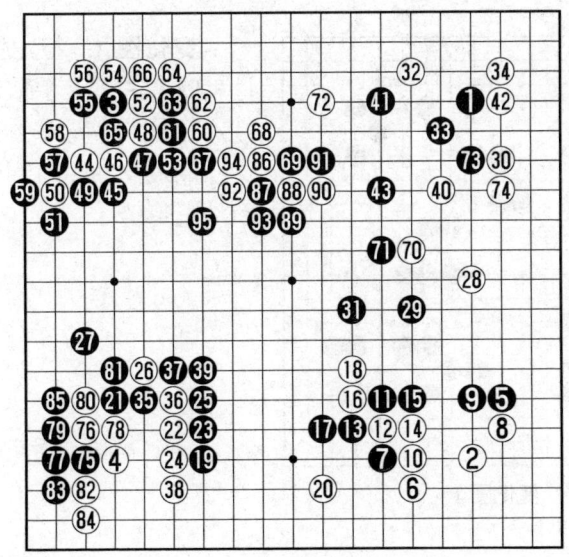

实战图1

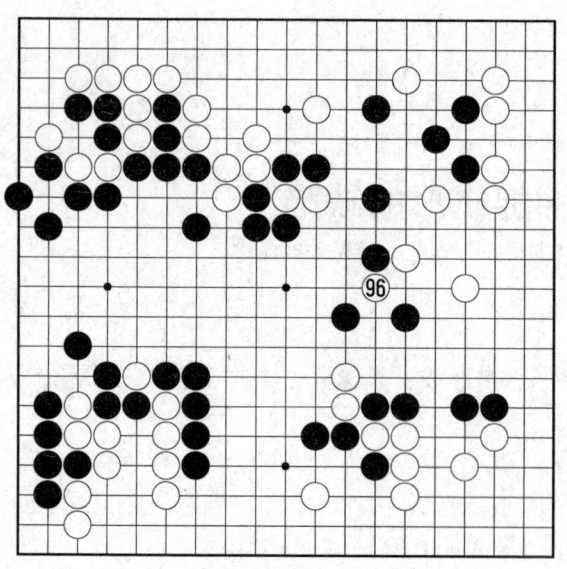

实战图2

实战图2 白96扳，原来这里有招！

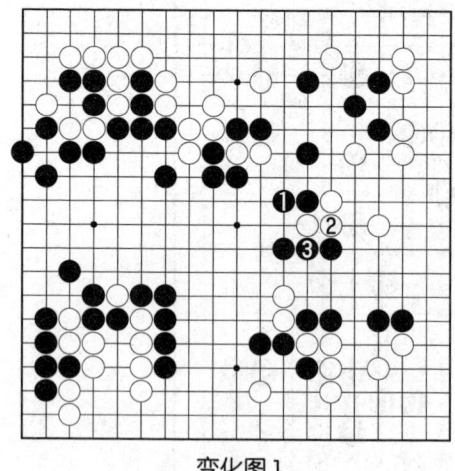

变化图1

变化图1 接上图，黑棋退让就吃亏了，先手被白棋便宜目数。在局势差距很细微的时候，这样的退让在短时间里没办法判断清楚形势。

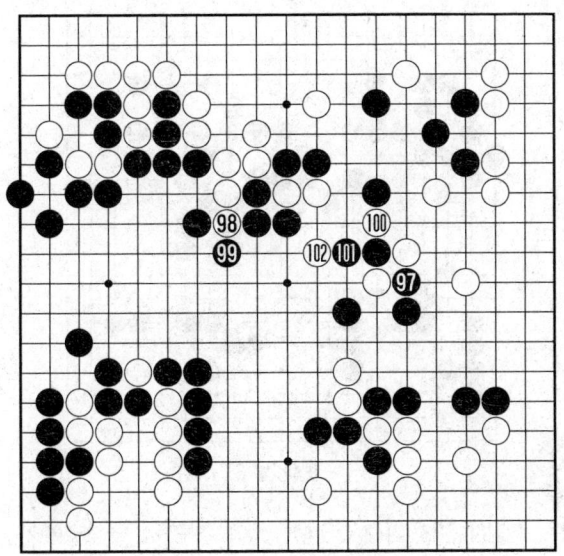

实战图3

实战图3 精妙！这里利用黑棋棋形的弱点在小空间里做出了文章。

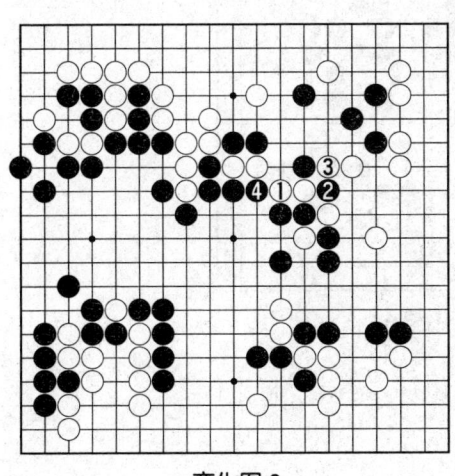

变化图2 上图白102如本图1位简单贴的话，由于气紧，两子棋筋跑不出去，白棋失败。

变化图2

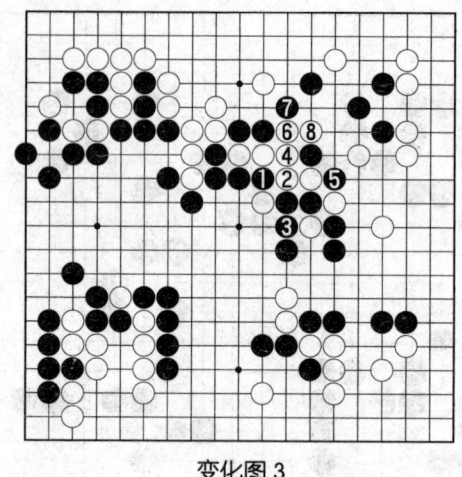

变化图 3

变化图 3 实战图 3 白 102 之后，本图黑 1 直线冲吃不掉白棋。

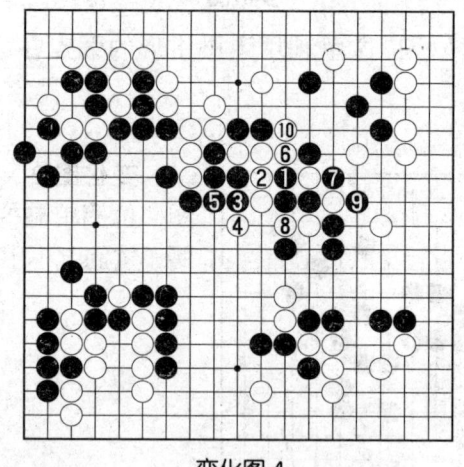

变化图 4

变化图 4 上图黑 1 如本图 1 位拐，黑棋一样不行。

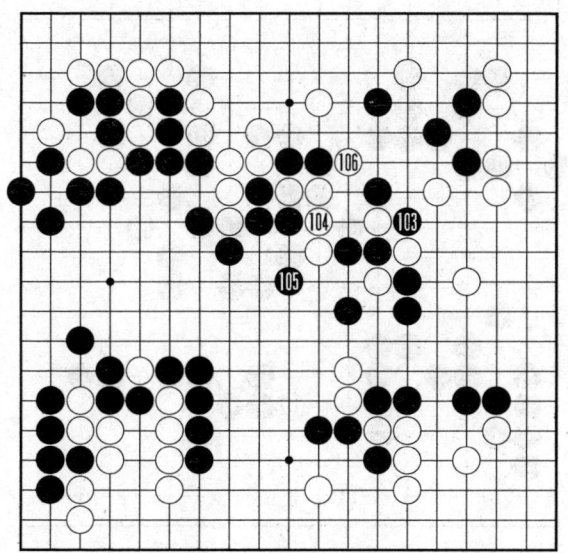

实战图4

实战图 4　白棋不仅自己成功逃出，还吃掉了黑棋两子，最后的战役被白棋反超。

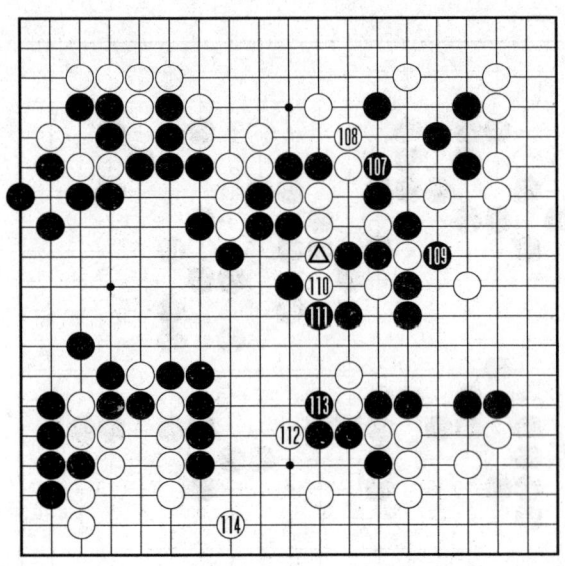

实战图 5

实战图 5 白棋开始掌握局面。黑棋非常遗憾,原本形势还不错,但是白△又在最后时刻让黑棋希望破灭。

下完这盘棋之后,谷歌的黄志杰博士在网络对局室里承认了 AI 的身份,并与大家说了再见。

至此,Maser 终于揭开了神秘面纱。与 Master 交手 60 局的职业棋手们无一人获胜。这 60 局里面前 30 局在弈城网上随机选择带 "p" 的对手,后 30 局在野狐网上,经过挑选之后都是与世界冠军、全国冠军级别的棋手交战,包含中、日、韩三国所有一流高手,AI 的胜利可谓含金量十足。通过观看 Master 的对局,可以感觉到它确实称得上 "大师" 这个网名。

图书在版编目（CIP）数据

孤高求败：阿尔法GO 60局精彩绝招详解/王祥云著. —太原：书海出版社，2018.1（2018.12重印）
ISBN 978-7-5571-0012-4

Ⅰ.①孤… Ⅱ.①王… Ⅲ.①人工智能-应用-围棋-对局（棋类运动） Ⅳ.①G891.3-39

中国版本图书馆CIP数据核字（2018）第003060号

孤高求败：阿尔法GO 60局精彩绝招详解

著　　者：	王祥云
策　　划：	姚　军
责任编辑：	张　洁
复　　审：	员荣亮
终　　审：	梁晋华
装帧设计：	谢　成

出　版　者：	山西出版传媒集团·书海出版社
地　　址：	太原市建设南路21号
邮　　编：	030012
发行营销：	0351-4922220　4955996　4956039　4922127（传真）
天猫官网：	https://sxrmcbs.tmall.com　电话：0351-4922159
E-mail：	sxskcb@163.com　发行部
	sxskcb@126.com　总编室
网　　址：	www.sxskcb.com

经　销　者：	山西出版传媒集团·书海出版社
承　印　者：	山西出版传媒集团·山西新华印业有限公司

开　　本：	890mm×1240mm　1/32
印　　张：	10.5
字　　数：	280千字
印　　数：	3001—6000册
版　　次：	2018年1月　第1版
印　　次：	2018年12月　第2次印刷
书　　号：	ISBN 978-7-5571-0012-4
定　　价：	58.00元

如有印装质量问题请与本社联系调换